Clément / Kakar
Der Heilige
und die Verrückte

Catherine Clément/Sudhir Kakar

Der Heilige und die Verrückte

Religiöse Ekstase und psychische Grenzerfahrung

Verlag C.H. Beck München

Einleitung, 1. und 5. Kapitel wurden von Catherine Clément,
2., 4. und 6. Kapitel wurden von Sudhir Kakar geschrieben.

Die Übersetzung der Texte von C. Clément besorgte Linda Gränz, die der Texte von S. Kakar Barbara Hörmann.

Mit 4 Abbildungen

Die Deutsche Bibliothek – CIP-Einheitsaufnahme

Der *Heilige und die Verrückte* : religiöse Ekstase und psychische Grenzerfahrung / Catherine Clément ; Sudhir Kakar. [Die Übers. der Texte von C. Clément besorgte Linda Gränz, die der Texte von S. Kakar Barbara Hörmann]. –
ISBN 3 406 37334 8
NE: Clément, Catherine; Kakar, Sudhir; Gränz, Linda [Übers.]

ISBN 3 406 37334 8

Satz: Fotosatz Otto Gutfreund GmbH, Darmstadt
Druck und Bindung: Spiegel, Ulm
Printed in Germany

Gedruckt auf säurefreiem, aus chlorfrei gebleichtem Zellstoff hergestellten Papier

Inhalt

Einleitung: Der Ziegenbock und der Schwan

Was verbindet einen indischen Psychoanalytiker und eine französische Philosophin? Und was einen Schwan mit einem Ziegenbock?

Nichts und alles. Nichts: Der Psychoanalytiker praktizierte in Neu Delhi, die Philosophin arbeitete in Paris. Sie konnten sich nur mit Hilfe der englischen Sprache verständigen, die weder seine noch ihre Muttersprache war; er sprach kein Französisch, sie kein Hindi. Er befaßte sich in seinen theoretischen Arbeiten mit seinem riesigen Land, das für einen Psychoanalytiker ein unerschöpfliches Reservoir darstellt; sie, Philosophin und manchmal Schriftstellerin, war schon häufig in den dichten Dschungel der Psychoanalyse vorgedrungen. Außer dieser prägnanten, aber dennoch nur punktuellen Gemeinsamkeit, gab es also nichts, was die beiden hätte zusammenbringen können. Und doch kam alles anders.

Der Inder und die Französin hätten niemals gemeinsam ihre Gedanken entwickeln können, wenn sie nicht aufgrund einer Reihe von Zufällen vier Jahre lang zur gleichen Zeit in der indischen Hauptstadt gelebt hätten. Sie waren sich bereits in Paris begegnet, anläßlich der Veröffentlichung der französischen Übersetzung eines Buches, das er über Kindererziehung in Indien verfaßt hatte. Doch eingezwängt in einen westlichen Anzug und in die von den Gesprächen der französischen Intellektuellen geprägte Pariser Atmosphäre fühlte er sich nicht wohl. Als die Französin in Neu Delhi lebte, kehrte sich die Situation um. Dort wurde er in seinem weißen *Kurta-pyjama*, der der geschmeidigen indischen Gestik vollen Spielraum läßt, zur strahlenden Erscheinung; sie hingegen fühlte sich deplaziert in ihrem dort unten höchst lächerlich wirkenden europäischen Kleid. Es stand also unentschieden zwischen beiden, und die Geschichte hätte hier schon zu Ende sein können, wenn die Psychoanalyse nicht ihr Hexenwerk getan hätte.

Denn in Indien gibt es nur ein kleines Grüppchen von Psychoanalytikern. Der Inder, der seine Ausbildung in Frankfurt absolviert und in Wien, der Geburtsstadt der Psychoanalyse, studiert hatte, fühlte sich daher manchmal ein wenig isoliert, obwohl er ein herausragendes Mitglied der altehrwürdigen *Indian Psychoanalytic Society* war und jedes Jahr in die USA reiste, um dort zu unterrichten. Gewiß bestand in Indien schon zu Freuds Lebzeiten ein Interesse für die theoretischen Grundlagen der Psychoanalyse, die anerkannt und akzeptiert waren. Doch die indische Intelligenzija, so brillant sie auch sein mag, interessierte sich lange Zeit nicht für die psychoanalytische Praxis, die als zu spitzfindig, zu kostspielig, zu langwierig, im Endeffekt zu westlich galt, angesichts der zahlreichen traditionellen Behandlungsmethoden, die auf dem gleichen Gebiet schon immer erfolgreich angewandt worden waren. Allein der rasche Aufstieg einer Mittelklasse ließ Freuds Verfahren sowohl wirtschaftlich als auch intellektuell plausibel erscheinen. In dem Maße, wie immer mehr Frauen berufstätig wurden und größere Unabhängigkeit erlangten, wie Industrialisierung und Kommunikationstechniken sich entwikkelten, gewann die psychoanalytische Behandlungsmethode in Indien nach und nach an Boden. Der Inder publizierte glänzende Werke, in denen zum ersten Mal solide fundierte Zusammenhänge zwischen der Psychoanalyse und der Kultur seines Landes hergestellt wurden. 1988 befragte die indische Presse «ihren» indischen Psychoanalytiker zu allen möglichen und unmöglichen Themen: zu grausigen Verbrechen, zu Massenphänomenen, zu den Überhand nehmenden religiösen Untergrundbewegungen, zu der wilden Psychoanalyse eines politischen Führers, zu den kollektiven Seelenzuständen – alle Themen waren recht. Der Psychoanalytiker war klug genug, sich nicht zu allen Fragen zu äußern. Doch in diesem Land, das traditionell nach Gurus verlangt, wurde er bald gegen seinen Willen dazu gemacht. Die rasche Modernisierung seines Landes verschaffte den Gedanken Freuds bald breite Popularität. Doch die praktische Arbeit des Psychoanalytikers spielte sich weiterhin im verborgenen ab, streng den orthodoxen

Verfahrensregeln folgend, ohne jeden Austausch mit Kollegen.

Die Französin wiederum durchlief die entgegengesetzte Entwicklung. Sie hatte jene alte und erhabene französische Institution, die École Normale Supérieure, absolviert, jenen philosophischen und literarischen Schmelztiegel, aus dem Romain Rolland, Charles Péguy, Louis Althusser und Jacques Derrida hervorgegangen waren, und wo Jacques Lacan in den siebziger Jahren in einer intellektuell gärenden Atmosphäre seine Seminare abgehalten hatte.

Die Französin, die von ihrer Ausbildung her Philosophin war, Lacan verehrte und mit seinem Denken vertraut war (sie hatte seine Seminare und Patientenvorstellungen in Sainte-Anne seit 1960 mitverfolgt), war durch und durch vom französischen intellektuellen Raffinement geprägt. So glaubte sie sich auf die heftigen Reaktionen, die die französische Psychoanalyse häufig auslöst, vorbereitet, denn sie hatte sich gegen etwaige Attacken gewappnet. Doch umsonst. Sie wurde von der Freiheit und Intensität überwältigt, die in Indien, diesem großen Buch des Unbewußten, über sie hereinbrachen. Das war etwas anderes als die Streitigkeiten zwischen Klüngeln und die Querelen um irgendwelche Moden! Ihre geistigen Bezugspunkte gingen verloren; ihre innere Vorstellungswelt, jenes Gerüst, dessen extreme Zerbrechlichkeit die französischen Intellektuellen nur selten ermessen, fiel in sich zusammen. Als alles zusammengebrochen war, gab es jedoch den indischen Freund, mit dem sie sprechen konnte. Sie unterhielten sich also über die Psychoanalyse, ihre gemeinsame Festung gegen die Unordnung des Geistes und, vor allem, der Welt, die bereits damals niemandem etwas ersparte.

Aber ihre jeweilige Welt wieder aufzubauen und in freundschaftlichem Gespräch zu kommentieren, das war keineswegs ausreichend. So beschlossen sie nach einem Jahr des Gedankenaustauschs, ihre beiden Welten miteinander zu vergleichen.

Aber obwohl dieser Wunsch auf beiden Seiten bestand, schien der Weg dorthin weit. Wo sollten sie anfangen? Eines Tages im Jahr 1989 erzählte der Inder, der eine Vorlesungsreihe für die Universität von Chicago vorbereitete, beiläufig von seiner Arbeit über Ramakrishna, den großen bengalischen Mystiker, der Ende des 19. Jahrhunderts gelebt hatte. Die Französin hatte mittlerweile bereits so viel gelernt, daß sie wußte, daß in Indien ohne Analyse der Mystik kein Denken vorstellbar ist. Sie hörte also mit höchst aufmerksamen Ohren zu, und zwar auch mit ihrem dritten Ohr, das den Nachfahren Freuds zu eigen ist, das Ohr einer neugierigen Maus. Ramakrishnas Symptome erschienen ihr seltsam vertraut. Doch wer in Frankreich hatte so große Ähnlichkeit mit dem Bengalen aus Kalkutta?

In ihrer Bibliothek kramte sie ein Buch vom Beginn dieses Jahrhunderts hervor, das von Professor Pierre Janet verfaßt worden war: *De l'Angoisse à l'Extase*, ein Werk, das sie niemals losgelassen hatte, ohne daß ihr bewußt gewesen wäre, warum. Die erste Seite von Band I zeigte eine Photographie, die die Französin schon oft betrachtet hatte und auf der die Patientin abgebildet war, die zweiundzwanzig Jahre lang von dem französischen Psychiater behandelt worden war: Madeleine auf Zehenspitzen, im Zustand der Ekstase. Natürlich! Ramakrishnas Zwillingsschwester, das war sie: die gleichen Äußerungen, der gleiche Körper, das gleiche Gesicht. Die Französin begann nun, von Madeleine zu erzählen.

Und welch eine Überraschung! Ihre Ekstasen, ihre körperlichen Symptome, ihre mystischen Erlebnisse, alles war zum Verwechseln ähnlich. Der einzige Unterschied und gleichzeitig der entscheidende Angelpunkt bestand darin, daß der bengalische Mystiker als ein von allen verehrter Heiliger in Kalkutta lebte, während die französische Patientin zweiundzwanzig Jahre lang in der Salpêtrière wegen eines Mystik-Wahns behandelt wurde. Der Heilige war frei, die Verrückte war eingesperrt. Das Gesicht des Inders hellte sich auf: Die beiden Welten hatten ihre Fährleute gefunden.

Der indische Psychoanalytiker und die französische Philosophin beschlossen, die erstaunlichen Ähnlichkeiten wie auch die geringfügigen Unterschiede zwischen beiden zu betrachten. Daß er in Freiheit leben konnte und sie nicht, das war sowohl eine zentrale Frage als auch ein marginales

Problem, war sowohl die Quelle als auch die Mündung, drückte die Distanz zwischen beiden Welten aus.

Als Madeleine nach ihrem richtigen Namen gefragt wurde, gab sie vor, «Le Bouc» zu heißen; Ramakrishna erhielt den Namen *Hamsa* (was im Sanskrit «Schwan» bedeutet), der den großen indischen Heiligen vorbehalten ist. Und so begannen wir, die Französin und der Inder, zusammen mit einer Ziegenbock-Frau und einem Schwanen-Mann die Fahrt auf dem Narrenschiff.

– *Wie? Sie wollen einen Heiligen und eine Verrückte miteinander vergleichen? Wollen Gemeinsamkeiten zwischen einem Meister der neueren Mystik und einer Geisteskranken finden, die in einer Anstalt lebt und für die Gesellschaft verloren ist?*

– Genau das. Beide haben dieselben Visionen, durchleben dieselben Zustände, obwohl sie einander nicht kennen und achttausend Kilometer voneinander entfernt leben. Sie werden zugeben, daß das eine Untersuchung wert ist. Ramakrishna stirbt 1886, Madeleine wird 1896 in die Salpêtrière eingeliefert; sie sind also in etwa Zeitgenossen. Dennoch haben Sie nicht unrecht: Er ist ein anerkannter spiritueller Lehrmeister, ein über alle Anfechtungen erhabener Guru; sie ist eine unglückliche Frau mit Wahnvorstellungen, die erst aus der Anstalt entlassen wird, als ihre Leiden gelindert sind, sie aber auch ihrer Ekstasen beraubt ist. Erscheint Ihnen das nicht genug Anlaß, um einmal über den Heiligen und die Verrückte nachzudenken?

– *Was wollen Sie damit sagen? Ihre Äußerungen sind recht vage.*

– Im Frankreich des Jahres 1896 hatte Madeleine keine Chance, ihre mystischen Tendenzen frei zu entfalten, denn sie befand sich in einem Käfig, wurde auf vielerlei Weise und meist körperlich behandelt, bis sie schließlich von ihrer kompromißlosen Mystik «geheilt» war, was soviel heißt, daß diese durch die Institution «Krankenhaus» zerstört worden war. In Indien hingegen erhielt Ramakrishna zur gleichen Zeit – und auch heute noch – die Anerkennung, die offenkundige Mystik verdient. Was besagen schon die Worte «der Heilige» und «die Verrückte», wenn doch dieser Mann und diese Frau einander vollkommen gleichen?

– Es muß Unterschiede geben, sonst wäre Madeleine nicht ärztlich behandelt worden. Sie verwechseln einen pathologischen Wahn mit echter Mystik!

– «Wahn», «echt»... Sie wissen genau, daß diese Kategorien einer Analyse kaum standhalten. Sie werden sehen, daß Professor Janet, Madeleines Arzt, so aufrichtig ist, zuzugeben, daß sie in anderen Zeiten vom Vatikan heiliggesprochen worden wäre; sie hatte einfach kein Glück, war zur falschen Zeit geboren worden. Ramakrishna wiederum beschreibt selbst eine Phase in seinem Leben, in der er, wie er sagt, vom Wahnsinn geschlagen war; er heilte sich selbst auf die indische Weise, welche die Toleranz der Gesellschaft gegenüber dem einzigartigen Verhalten des Mystikers widerspiegelt. Es bedurfte eines indischen Psychoanalytikers, um aus der Sicht der indischen Kultur die mystischen und die «wahnsinnigen» Seiten Ramakrishnas zu verstehen und um deren individuelle und gesellschaftliche Aspekte zu analysieren. Auch ist es unerläßlich, Madeleines Arzt näher zu betrachten, denn es ist Professor Janet, der den Begriff «Wahn» verwendet. Ihm bleibt keine andere Wahl, denn die nosologischen Kategorien seiner Zeit erlauben es ihm nicht, eine in eine Pariser Pflegeanstalt eingelieferte Mystikerin als solche zu erkennen. Schließlich hatte Madeleine, bevor sie in ein psychiatrisches Krankenhaus eingeliefert wurde, sogar mehrere Gefängnisaufenthalte hinter sich gebracht, da ihr Verhalten als asozial eingestuft wurde. Wäre es Ihnen lieber gewesen, daß Janet Madeleine, die seiner Obhut anvertraut worden war, fortgeschickt hätte? Und könnten sie sich umgekehrt vorstellen, daß eine medizinisch-psychiatrische Behandlung westlicher Art Ramakrishna seiner Visionen hätte berauben können, die man unter diesen Voraussetzungen ebenfalls als Wahnvorstellungen bezeichnet hätte? Natürlich sind diese Fragen anachronistisch. Wie Sie selbst feststellen werden, glaubte Janet, übermächtige therapeutische Verpflichtungen, und Ramakrishna, übermächtige metaphysische Verpflichtungen zu haben. Im ersten Fall übt Frankreich Zwang aus, im zweiten Indien.

– Dieser Inder ist aber doch ein Hindu aus Kalkutta; er betet die Göttin Kali, die Mutter, an, die zu einem Pantheon

gehört, der bekanntlich eine Unzahl von Gottheiten umfaßt... Die Französin hingegen ist Katholikin! Zwischen diesen beiden religiösen Welten liegt zu viel Distanz.

– Sie haben recht, die Distanz zwischen dem christlichen Monotheismus und dem hinduistischen Polytheismus ist offenbar unüberwindlich. Aber der Monotheismus war immer versucht, weitere Gottheiten zu schaffen, und die Geschichte des hinduistischen Polytheismus ist geprägt durch eine Vielzahl von geglückten wie mißlungenen monotheistischen Reformversuchen, die auch heute noch nachwirken. So hält sich Madeleine für die Jungfrau Maria, was für ihre Epoche, in der der Marienkult in Frankreich einen massiven Zustrom erlebt, typisch ist; Ramakrishna identifiziert sich mit Hanuman, dem Affengott, dem Vorbild perfekten gläubigen Gehorsams, und manchmal mit Krishna... Sie begibt sich also, trotz der männlichen Prägung des Katholizismus, auf die Seite der Muttergöttin, und er wandert, obwohl er den Stempel der Großen Mutter Indien trägt, zu den männlichen Göttern. Und wenn sie ins Zentrum des mystischen Sogs hinabtauchen, nehmen beide nur eine kosmische Erscheinung wahr, der sie auch beide denselben Namen geben: Gott. Dann unterscheidet sie nichts mehr.

– Aber selbst wenn Sie jenen harten Kern entdecken würden, den die beiden gemeinsam haben, dann lassen Sie dennoch alles außer acht, was sie umgibt: das Klima, die Ernährung, die Kleidung, Stadt und Land...

– Nein! Wir werden nichts außer acht lassen. Aber wenn wir uns einen Überblick über die tatsächlich vorhandenen Unterschiede verschafft haben, wenn wir diese sorgfältig analysiert haben, dann werden Sie sehen, daß Ramakrishna und Madeleine genau die gleichen Bilder verwenden, wenn sie über sich selbst sprechen: der Wassertropfen im Ozean, das Sandkorn am Meeresstrand, die unentrinnbaren Wellen, die sie umtosen, mitreißen, über diese Welt hinaustragen und sie so leicht wie Luft werden lassen, treibende Luftblasen, die sich rasch auflösen...

– Doch sind nicht schließlich ihre Körper verschieden? Weder ihre Kleidung noch ihr Gang, noch ihre physischen Symptome gleichen einander.

– Das war für uns die größte Überraschung, denn beide weisen ganz im Gegenteil die gleichen körperlichen Symptome auf. Sicherlich trägt Ramakrishna einen weißen Lendenschurz und läuft barfuß, während Madeleine einen schwarzen Kittel anhat. Aber denken Sie sich die Kleider einmal fort und betrachten Sie ihre Körper und die körperlichen Vorgänge während der Ekstase: die gleichen Muskelkrämpfe, die gleiche katatonische Starre, die gleichen Atmungsunterbrechungen, die gleichen Hungeranfälle; den gleichen starren Blick, das gleiche strahlende Lächeln auf den Lippen, die gleichen Unbeweglichkeitszustände...

– *Aber Sie können nichts daran ändern, daß er ein Mann und sie eine Frau ist. In diesem Punkt können Sie mir wirklich nicht mehr widersprechen!*

– Doch.

– *Wieso? Das ist unmöglich!*

– Nichts ist einem Mystiker unmöglich. Er kann sogar das Geschlecht wechseln. Ramakrishna identifiziert sich mit der Geliebten Krishnas, der schönen Radha, der unsterblich Verliebten, die auf ihren Gott wartet, und er trägt Frauenkleider. Madeleine identifiziert sich manchmal mit dem Jesuskind, das, so klein es auch ist, eindeutig einen Penis hat.

– *Bleiben die biologischen Tatsachen...*

– Oh, das ist in der Psychoanalyse ein zweifelhafter Begriff! Es ist nicht das biologische Geschlecht, das die Sexualität bestimmt, sondern die jeweiligen Phantasien des einzelnen. Nun aber durchleben unsere beiden Protagonisten die Gesamtheit aller männlichen und weiblichen sexuellen Phantasien. Sie spielen mit ihrer Geschlechtszugehörigkeit, überschreiten sie mühelos und vertauschen ihr ursprüngliches Geschlecht. Das wird sich in der Folge zeigen.

– *Wenn es zutrifft, was Sie sagen, warum wurde Ramakrishna dann nicht psychiatrisch behandelt und Madeleine nicht heiliggesprochen?*

– Darauf gibt es eine einfache Antwort: In Indien «behandelt» man nicht wie in Europa. Im Frankreich des 19. Jahrhunderts war man offensichtlich einem medizinischen Positivismus verfallen (dessen verhängnisvolle Folgen Michel

Foucault schon vor langer Zeit in *Wahnsinn und Gesellschaft* dargestellt hat), so daß man nicht mehr in der Lage war, irgendeine Form von Mystik zu erkennen, geschweige denn ihren gesellschaftlichen oder therapeutischen Nutzen.

– *Halten Sie das für einleuchtend? Den gesellschaftlichen Nutzen der Mystik?*

– Ja, das ist tatsächlich einleuchtend. Doch muß man hierzu reisen, muß sich von einer Welt in die andere begeben, um die Komplexität der zwei Glaubenssysteme und der zwei Behandlungssysteme zu erfassen. Dann sieht man klar, und alles wird einleuchtend.

– *Soll das heißen, daß man in Indien Geisteskranke nicht behandelt?*

– Keineswegs! Heute werden sie sehr wohl in dem Sinne behandelt, wie es in Europa üblich ist. So werden ihnen zum Beispiel in den psychiatrischen Anstalten Neuroleptika verabreicht. Zur Zeit Ramakrishnas kannte man diese Methoden jedoch noch nicht. Und Sie werden auch sehen, daß keine der traditionellen Behandlungsweisen, die mit Kräutern und Exorzismus arbeiteten, Ramakrishnas mystische Tendenzen zu bändigen vermochten.

– *Ich stelle Ihnen die Frage noch einmal bezüglich Madeleine: Soll das heißen, daß in Frankreich die Heiligen nicht mehr kanonisiert werden?*

– Das geschieht in der Tat nur noch sehr selten. Zu jener Zeit wurden die Institutionen der Republik von starken laizistischen Strömungen beherrscht, und eben genau im Namen der laizistischen Vernunft behandelte Professor Janet Madeleine mit solchem therapeutischen Eifer.

– *Sie sagen, daß Madeleine 1896 in die Salpêtrière eingeliefert und zweiundzwanzig Jahre lang von Pierre Janet behandelt wurde. Genau im Jahre 1900 veröffentlichte Freud jedoch seine* Traumdeutung. *Ihr Professor hätte die Freudschen Theorien als Anregung nehmen, Madeleine einer psychoanalytischen Behandlung unterziehen und sie aus der Anstalt entlassen können.*

– Genau das tut Pierre Janet aber nicht. Dieser untadelige Ehrenmann, dieser außerordentliche Psychologe lehnt Freuds Theorien ab, die ihm zu stark sexuell geprägt erscheinen. Daher entgeht ihm Madeleines Wahrheit, die er zwar streift und zu ahnen beginnt, von der er sich aber sehr rasch wieder verschreckt abwendet und zu seinen geliebten Meßinstrumenten zurückkehrt. Denn Janet ist fortwährend damit beschäftigt, Madeleine allen möglichen Messungen zu unterziehen, und die Ekstasen seiner Patientin lösen bei ihm eine Verblüffung aus, die zuweilen keineswegs wissenschaftlicher Art ist...

– *Sie wollen natürlich sagen, daß diese Ekstasen sexueller Natur sind!*

– Das wollen wir nicht sagen, aber dennoch sind in Janets Aufzeichnungen, auch wenn der Professor, wie er selbst zugibt, die Visionen seiner Patientin zensiert, genügend Textstellen enthalten, an denen ein heftiges erotisches Erleben sichtbar wird. Und ebensowenig wollen wir dies über Ramakrishna sagen, dessen literarischer Nachlaß ebenfalls sorgfältig gesäubert wurde, aber trotzdem genügend Spuren enthält, die von extremen, zum Äußersten gehenden Praktiken zeugen. Dennoch ist das Wort «sexuell» hier nicht angemessen.

– *Ihnen ist wirklich kein Begriff recht! Sie lehnen alle Adjektive und alle Definitionen ab!*

– Das liegt daran, daß wir uns hier auf ein unsicheres Terrain begeben, auf dem unser Vokabular, sei es hindi, englisch, deutsch oder französisch, nicht greift. Wir haben tatsächlich fortwährend den Eindruck, Worte zu gebrauchen, die den von Madeleine und Ramakrishna selbst geschilderten Phänomenen nicht gerecht werden. Und wenn beide ganz eindeutig sexuelle Metaphern benutzen, dann sind diese nur in unseren, nicht in ihren Augen sexuell. Für diese beiden einzigartigen Persönlichkeiten gibt es keinen Unterschied zwischen männlich und weiblich, zwischen Körper und Seele, zwischen Sexualität und Geist, zwischen real und irreal. Wir werden versuchen, ihre Persönlichkeiten mit verschiedenen Methoden zu erfassen, die jedoch eigentlich immer – wie soll ich mich ausdrücken – nicht präzise genug sind. Wir haben immer den Eindruck, ein wichtiges Treffen mit ihnen zu versäumen; den Eindruck von «Das-ist-es-nicht», jenen Satz, den die arme Madeleine immer wieder zu ihrem Arzt sagt, der sie nicht versteht; den Eindruck, daß wir ihnen trotz allen Bemühens unsere psychoanalytischen, ethnologischen, philosophischen, ideologischen Schemata aufpressen. Ramakrishna und Madeleine entziehen sich uns!

– *Sie sprechen von ihnen, als ob sie noch lebten!*

– Beide sind tatsächlich noch ungeheuer lebendig. Ihre Stimmen aus der Vergangenheit sind äußerst gegenwärtig, und wir haben versucht, uns ihnen mit einer Mischung aus Respektlosigkeit und Respekt zu nähern. Mit Respektlosigkeit, weil wir sie nicht wie Gottheiten anbeten wollen; mit Respekt, weil beide ihre jeweilige Aufgabe mit höchster Würde erfüllt haben: Ramakrishna seine Aufgabe als Heiliger, Madeleine ihre Aufgabe als Verrückte.

– *Und was hatten Sie nun als Überlieferung vorliegen? Sind so viele Aufzeichnungen über beide vorhanden?*

– Genau das ist der Fall! Die Schüler Ramakrishnas haben mit Hingabe das Leben ihres Gurus auf Tausenden von Seiten festgehalten; Professor Janet hat zwei umfangreiche Bände über seine geliebte Madeleine geschrieben, die 1925 und 1926 erschienen sind und zusammen über tausend Seiten umfassen. In gewisser Weise könnte man sagen, daß die Schüler der «Ramakrishna Mission» in dem Glauben, ein frommes Werk zu tun, ein wissenschaftliches Kompendium verfaßten, und daß Professor Janet in der Überzeugung, eine wissenschaftliche Arbeit zu leisten, seiner Patientin eine Huldigung darbrachte. Sie sehen, auch hier wieder vertauschen Indien und Frankreich die Rollen.

– *Ich nehme an, Sie werden uns erklären, was es bedeutet, ein indischer Guru zu sein und was dies für Folgen für die Therapeutik hat...*

– Der Inder wird derjenige von uns beiden sein, der hierzu eine Erklärung liefern wird, aber seien Sie versichert, daß Sie auch erfahren werden, was es bedeutet, Ende des 19. Jahrhunderts in Frankreich Psychologieprofessor und Psychiater zu sein. Und dabei werden Sie einige Überraschungen erleben, denn was sich hinter dem respektablen Anzug von Professor Janet verbirgt, hat viel mit unserem Hauptthema zu tun...

– Werden Sie uns schließlich noch sagen, warum Sie den beiden ein ganzes Buch gewidmet haben? Doch wohl nicht einzig aus purer Freude am Vergleichen?

– Natürlich nicht! Als wir jenes lange Gespräch begonnen haben, das eine Bestandsaufnahme auf halbem Wege darstellt, waren wir nicht darauf gefaßt, des Rätsels Lösung zu finden: Ramakrishna und Madeleine führen uns eine einzigartige Wahrheit vor Augen, die sich manchmal auch in den «normalsten» Erfahrungen des Lebens wiederfindet, wie zum Beispiel... Aber nein, das sollen Sie jetzt noch nicht erfahren, dann wäre es keine Überraschung mehr.

– Zwei überspannte Persönlichkeiten als Träger der Wahrheit?

– Genau. Daß eine Frau, die sich selbst als Ziegenbock bezeichnet, und ein Mann, der den Beinamen «Schwan» trägt, uns elementare Wahrheiten vermitteln können, das erscheint in der Tat überspannt. Und doch trifft es zu.

– Sie scheinen von ein und derselben Wahrheit zu sprechen, die beiden Protagonisten gemeinsam ist. Haben Sie möglicherweise den Anspruch, das Universelle zu suchen? Ihnen ist doch wohl bewußt, daß eine solche Suche in philosophischer Täuschung, im Verschwommenen, im Hypothetischen steckenbleiben muß...

– Sie vermuten richtig. Ende des 19. Jahrhunderts bestanden zwischen Bengalen und Frankreich keine Zusammenhänge, die ausreichen würden, um eine solche Ähnlichkeit zwischen einem armen, analphabetischen Brahmanen und einem kleinbürgerlichen Mädchen, das nach den Prinzipien der Dritten Republik erzogen wurde, zu erklären. Es fand keine Beeinflussung statt, es existierte keine ernstzunehmende Wechselbeziehung. Beide Fälle stehen jeweils für sich; und wenn es uns gelingt, das herauszuarbeiten, was ihnen jeweils eigen und zugleich gemeinsam ist, dann sind wir bereits auf dem Weg zu einer gewissen Universalität.

– Das ist aber nichts Neues! Die Theoretiker der vergleichenden Religionswissenschaften tun das bereits seit vielen Jahren!

– Das ist richtig. Wir wollen das Ganze nur noch einmal mit dem Wissen der Psychoanalyse beleuchten: die psychische Ursache einerseits, und das Normale, das sich hinter der scheinbaren Maßlosigkeit verbirgt.

– *Damit wären wir also alle Ziegenböcke, Schwäne, Heilige!*

– Keineswegs. Wir sind beide überzeugte Atheisten. Doch sind wir nicht die ersten, die einen Unterschied zwischen dem Mystischen und dem Religiösen machen. Die Mystiker haben sich immer gegen ihre Religionen gestellt und dafür häufig mit dem Leben bezahlt; diese Hartnäckigkeit ist Ausdruck ihrer Bereitschaft zum Risiko, ihrer Revolte. Ramakrishna und Madeleine sprengen den Rahmen ihrer jeweiligen Religionen, die bloß Theatermaschinerien sind, um Zugang zu jener Wahrheit zu erlangen, die nicht nur den Mystikern gehört.

– *Aber Sie beide, der Inder und die Französin, haben Sie selbst schon einmal ekstatische Erfahrungen gemacht?*

– Überhaupt nicht. Wir versuchen ihre Symptome zu verstehen, wir interpretieren sie, wir verfolgen ihren Verlauf, doch bleiben wir Zuschauer.

– *Nun, warum überlassen Sie die Analyse der Ekstase nicht denjenigen unter ihren Zeitgenossen, die sie aus eigener Erfahrung kennen?*

– Weil sie trotz ihrer Aufrichtigkeit immer eine starke Neigung zum Größenwahn haben. Der ungeheure Narzißmus der Ekstase ist nicht teilbar; er ist noch zu «roh». Wir wollten die Mystik durch das Denken «weichkochen», weil sie sich dann vielleicht leichter teilen läßt. Wir haben versucht, sie zu verstehen, denn wir gehören der der Ratio verhafteten Zunft an, die immer bestrebt ist, Geheimnisse zu erklären. Wir sind zu der Gewißheit gelangt, daß unser gemeinsames Interesse für diese beiden außergewöhnlichen Persönlichkeiten nicht eines gewissen Eigennutzes entbehrt: Das Ende des 20. Jahrhunderts ist zu wildbewegt und verworren, als daß es nicht ein heftiges Verlangen nach Ekstase bewirken würde, den Wunsch, weit weg zu sein von der Wirklichkeit, weit weg von Blut und Kriegen. In Indien bringt jeder Tag neue Massaker, und in Europa seit jüngstem auch. Die Gewalt marschiert unter den Bannern der religiösen Reinheit und der ethnischen Reinheit, wobei erstere die zweite noch fördert. Jeder von uns spürt, daß die Bedrohung zunimmt, in Europa wie in Indien. Alles, was diese gefährliche Vorstellung von Reinheit überwindet, alles, was nach dem Universellen strebt, sollte aufgegriffen werden. Ramakrishnas und Madeleines Sehnsucht nach der Ekstase macht diese Vorstellung von Reinheit unschädlich und führt zum Universellen: Es lebe das Unreine, es lebe diese Ähnlichkeit!

– *Aber, aber! Wollen Sie uns jetzt etwa die Ekstase als Mittel gegen den Krieg anpreisen?*

– Das wäre allzu schön! Doch wie soll man dieses Verlangen nach Ekstase *denken*? Wir können beide nur erahnen, warum wir uns Madeleine und Ramakrishna ausgesucht haben: Wir haben uns bemüht, in den ihnen gemeinsamen Ekstasen jenes Körnchen zu finden, das jeder von uns in seinem eigenen Leben vermahlen kann, fern von aller Heiligkeit und allem Wahnsinn. Schließlich, wenn ich «fern» sage, dann ist das nur relativ, Sie werden sehen...

– *Dann haben Sie dieses Buch also aus Frustration geschrieben?*

– Vielleicht auch. Wer weiß?

1. Kapitel: Madeleine Le Bouc. Porträt einer Verrückten, die eigentlich eine Heilige hätte sein sollen

Ihren richtigen Namen kennt niemand; vielleicht hieß sie sogar tatsächlich Madeleine.

Sie war eine bedauernswerte Irre, die zweiundzwanzig Jahre lang von dem berühmten Arzt Pierre Janet in der Salpêtrière (wenn auch nur während eines Teils dieser Zeitspanne stationär) behandelt wurde. Dort war sie 1896 nach einer langen Irrfahrt eingeliefert worden, während der sie immer wieder mit der Polizei in Berührung gekommen war. Die Frau, die vorgab, «Le Bouc»[1] zu heißen, sah Gott, lebte mit Gott und schlief mit Gott. In diesen Zustand verfiel sie aber immer nur zeitweise, wobei sie jedesmal zuvor eine Abfolge ganz bestimmter, von Schmerzen geprägter Phasen durchlitt, die schließlich zur Ekstase führten. Sie redete gern und schrieb viel, malte auch oft naive religiöse Bilder. Der Psychiater, der sie betreute und fortwährend befragte, hielt alle seine Beobachtungen fest, bewahrte sie auf und analysierte sie, angetrieben sowohl von seinem Wissensdrang als auch von seiner offensichtlichen Zuneigung zu dieser Irren, deren Behandlung ihm oblag.

Und wie hätte diese sagenhafte Heroine auch nicht Janets wissenschaftliche Neugier entfachen sollen? Diese Frau, die sich unter rasenden Schmerzen wand, die unzählige Symptome zeigte, welche sich für verfrühte Psychoanalytiker zu einem verwirrenden Panoptikum verdichteten, die von Engeln und Feuer, von Wogen und Licht umgeben war, diese Frau, die von Gott durchdrungen wurde, sie kann niemanden gleichgültig lassen. Madeleine evoziert Oper und Zirkus, es haftet ihr Glanz und Schmutz zugleich an, sie steht für Schaum vor dem Mund und schleimtriefendes Stammeln, für imaginären Mousseline und schlüpfrige Vergnügungen, für lyrische Obszönitäten und metaphysische

Verzweiflung, für Reisen und Fluchten, für Raserei und Hexensabbat, für Koloraturarien und kleinmädchenhaftes Schluchzen... Ja, wie sollte man nichts für diese eingesperrte Irre empfinden, wenn man doch genau wußte – so dachte Janet –, daß sie in anderen Zeiten von zu Tränen gerührten Massen verehrt worden wäre? Statt Wallfahrern hatte Madeleine jedoch nur das Krankenhauspersonal und ihre Schlafsaalgenossinnen zum Publikum. Es ist ein Glücksfall, daß sich dort auch ein aufrechter Mann fand, der sensibel genug war, um uns ihre Geschichte zu überliefern.

Wenn sie nach ihrem Namen gefragt wurde, antwortete Madeleine, sie heiße «Le Bouc», denn sie müsse für die Sünden der Welt büßen. Man kann sich vorstellen, daß ihre Stimme leise und sanft war, mit jenem etwas schrillen Oberton, den ein unbeugsamer Glaube zuweilen verleiht. Mit Sicherheit rührte sie jene, die ihr begegneten, ans Herz. Janet machte auch Photoaufnahmen von seiner Patientin. Auf diesen erscheint sie ganz zartgliedrig, eine reizende Frau in leichten Sandalen, die auf Zehenspitzen steht und ihren langen Kittel leicht anhebt, so als wolle sie die Wölbung ihres Beins betonen.

So lief sie den ganzen Tag umher. «Diese kleine Frau, die immer nur auf den Zehenspitzen trippelte», schreibt Janet, als er seinen ersten Eindruck von ihr schildert.[2] Und auf diesen trippelnden Füßen erschienen manchmal Stigmata, und zwar jeweils genau an den in der Symbolik der christlichen Passion bezeichneten Stellen. Nun entsprechen Ekstasen und Stigmata in jeder Hinsicht den in der mystischen Tradition Europas vorhandenen Vorbildern; Pierre Janets Patientin, diese unglückselige Irre, unterscheidet sich hier nicht grundlegend von ihren christlichen Schwestern. Was also macht sie so bemerkenswert?

Es sind nicht die religiösen Manifestationen: Sie erscheinen alle, belegt durch zahlreiche Zeugnisse, im Florilegium der mittelalterlichen und neuzeitlichen Mystiker. Das Außergewöhnliche am Fall von Madeleine Le Bouc besteht darin, daß sie lange Zeit in einer psychiatrischen Anstalt lebte; daß ein Wissenschaftler sie genau und geduldig beobachtete und dabei nach Kriterien vorging, die nicht der religiösen Exegese entsprangen. Denn weil Pierre Janet, Arzt und Professor für Psychiatrie, Inhaber des Lehrstuhls für Experimentelle Psychologie am Collège de France, kein glühender Katholik war, weil er die psychologische Wissenschaft seiner Zeit hochachtete und bewußt zu ihrer modernen Fundierung beitrug, liefern seine Beobachtungen ein exzellentes Material – und zwar häufig, ohne daß er sich dessen bewußt war, und häufig auch gerade deshalb, weil ihm gewisse Dinge entgingen. Janet ist aufrichtig genug, dies einzuräumen und das von ihm gesammelte Material trotzdem, unbearbeitet und unverfälscht, für zukünftige Analysen zu hinterlassen. Aus genau den gleichen Gründen liefern sich auch Madeleine und Janet einen unerbittlichen Kampf: Sie versucht hartnäckig zu beweisen, daß ihre Ekstasen echt sind, er versucht ebenso hartnäckig zu belegen, daß sie pathologischen Charakter haben. Beide sind Gefangene dieses langen Kampfes, der sich hinter verschlossenen Türen, auf der von Janet geleiteten Station abspielt, an genau jenem Ort, wo Charcot so viele Hysteriker hypnotisiert hatte und wo sich für einen seiner Schüler, Sigmund Freud, die ersten Umrisse der Psychoanalyse abzeichneten.

Zu guter Letzt sind die Kämpfer erschöpft; nach den Wechseljahren wird Madeleine – Janets Interpretation zufolge – «gesund», sie beruhigt sich und kann wieder ein «normales» Leben führen, ein unauffälliges Leben ohne besondere Bedeutung, das niemanden mehr irritieren kann, nicht einmal die arme Frau selbst. Janet fährt jedoch unermüdlich fort, über Madeleine zu schreiben, und gelangt letztlich zu dem Schluß, daß sie im falschen Zeitalter lebt: «Madeleine, dessen bin ich mir sicher, wird nur eine Pseudo-Ekstatikerin sein, weil ihr immer eine gewisse offizielle Anerkennung fehlen wird. Jene Diskussionen, die im Mittelalter noch ihren Reiz haben mochten, sind heute nicht mehr wirklich von Bedeutung. Psychische Zustände dürfen nur nach den beobachteten Symptomen klassifiziert werden, und Madeleines Ekstasen weisen die wesentlichen Charakteristika aller Ekstasen der echten Mystiker auf. Ich behaupte sogar, auch auf die Gefahr hin, Anstoß zu erregen, daß mir die Beschreibung der an Madeleine beobachteten

Symptome im Rahmen der möglichen Irrtümer exakter erscheint als die Beschreibungen, die anhand der alten Schriften der traditionellen Mystiker geliefert wurden.»[3]

Diese Worte, die ein Zeugnis seiner intellektuellen Niederlage darstellen, schreibt Janet im Jahre 1928, im zweiten Band seines unvergleichlichen Kompendiums *«De l'Angoisse à l'Extase»*. Madeleine ist bereits 1921 gestorben; man spürt jedoch, daß sie für den Arzt immer noch lebendig ist. Die Klassifikation der psychischen Zustände, nach der er sich richtet und die er in der Hauptsache selbst aufgestellt hat, löst keines der Probleme, die sich aus Extremzuständen ergeben – kein einziges wissenschaftliches Problem und kein einziges philosophisches Problem. Die Kritik an der Psychiatrie, der Psychologie und sogar der Psychoanalyse kam sehr viel später, nach dem Ende des Zweiten Weltkriegs und des kalten Kriegs. So verdient das von Janet hinterlassene Material heute unter zwei Aspekten untersucht zu werden.

Zum einen in bezug auf Madeleine Le Bouc; zum anderen in bezug auf Pierre Janet selbst. Wie noch ersichtlich werden wird, sind diese beiden Protagonisten nicht voneinander zu trennen, da der Arzt der einzige Gesprächspartner dieser Frau ist, die er zwingt, ihn zu lieben, und die er immer wieder zum Wahn ermutigt, wenn sie Ermüdungserscheinungen zeigt. Zu einer Zeit, als Freud bereits die Grundsteine der Psychoanalyse gelegt und die Macht der Übertragung entdeckt hatte, gab es also einen französischen Psychiater, der sich über zweiundzwanzig Jahre hinweg nicht bewußt wurde, daß dieses Phänomen im Verhältnis zwischen ihm und seiner Patientin wirksam war. Und dies aus dem Grunde, weil er persönlich so tief darin verstrickt war, daß er sich nicht mehr daraus zu lösen vermochte, und weil er so viel methodischen Ehrgeiz besaß, daß er diesen wundersamen Fall möglichst umfassend erforschen wollte. Das eigentliche Wunder besteht jedoch darin, daß es Madeleine Le Bouc gelang, die Endlos-Studie, deren Objekt sie war, zu überleben. Man hat es hier also gleichzeitig mit einer Frau zu tun, die so eigensinnig war, daß sie ihre psychische Funktionsfähigkeit zu bewahren wußte und erst

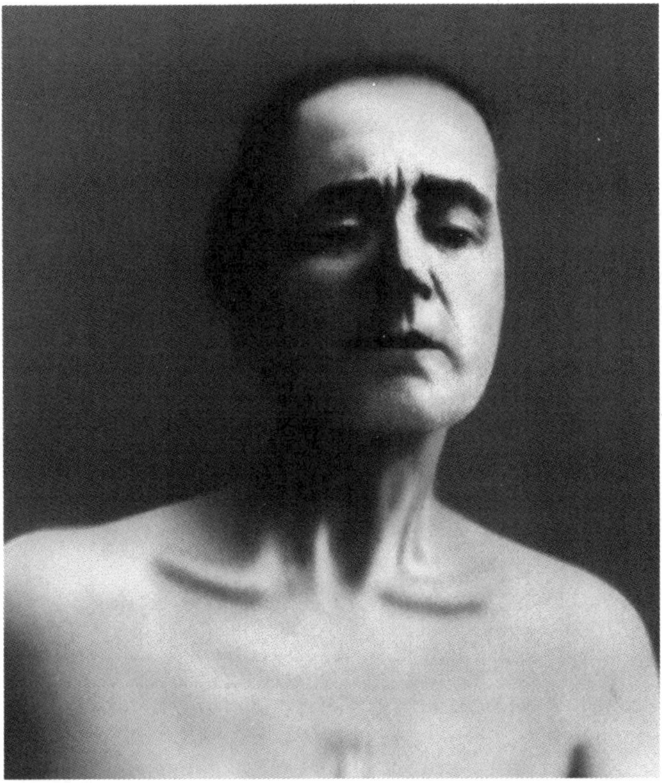

Madeleine

am Ende ihres Lebens resignierte, was sicherlich demjenigen zuliebe geschah, der für sie nach und nach – bedingt durch die Umstände und durch die Mauern des Krankenhauses – die Position Gottes eingenommen hatte.

Madeleine war eine französische Mystikerin, die hinter den Mauern einer psychiatrischen Anstalt verschwand, weil sie nach den Normen ihrer Zeit als Wahnsinnige abgestempelt wurde. Damit sollte sie auf immer in der Kategorie der «Kranken» figurieren. Ich glaube aber keinen Verrat am Geiste Pierre Janets zu begehen, wenn ich behaupte, daß man sie aus dieser Kategorie herausholen und ihr wieder einen Platz in der Geschichte der Mystiker zuweisen sollte, obwohl sie nicht zu deren bevorzugten Gestalten zählt – denn ebensowenig wie in den Bibliotheken erscheint Madeleines Name in den Verzeichnissen der Heiligen.

Hagiographie einer unbekannten Heiligen

Madeleines Kindheit

Madeleine entstammte einer begüterten Industriellenfamilie aus Nordfrankreich, also einer Gegend nicht weit von jenen Beginenhöfen, die im späten Mittelalter Zentren einer geheimnisumwitterten Mystik waren; die flandrischen Beginen, die später auf den Scheiterhaufen der Inquisition verbrannt wurden, gelobten Keuschheit, Barmherzigkeit und verehrten den Phönix, jenen Vogel, der gleich Christus wiederauferstanden war. Madeleines Vater, der im Alter von 79 Jahren einem asthmatischen Anfall erlag, war übersensibel, schwärmerisch und exaltiert; ihre Mutter war Madeleines Aussage zufolge reizbar und streng. Zwei der vier Kinder des Ehepaares litten unter Migräneanfällen und Nervenzusammenbrüchen «hysterischer Art», folgert der Psychiater.[4] Das dritte Kind hat die Schwindsucht; das vierte ist unsere zukünftige Madeleine. Die Familie bekannte sich zum katholischen Glauben, jedoch ohne irgendwelche Anzeichen außergewöhnlicher Frömmigkeit. Sie waren das, was man Ende des 19. Jahrhunderts unter guten Franzosen verstand, Großbürger, die außer zahlreichen gesundheitlichen Beschwerden von ausschließlich psychosomatischer Natur keine Probleme kannten.

Das Kind Madeleine macht hier keine Ausnahme. Sie beginnt erst sehr spät zu laufen, da sie unter einer Schwäche in den Beinen leidet, die noch bis zum Alter von zehn oder elf Jahren andauert; sie fällt fortwährend hin, ohne daß eine muskuläre oder neurologische Anomalie diagnostiziert werden konnte. Auch hustet sie viel, muß sich oft erbrechen, leidet abwechselnd unter Verstopfung und Durchfall und muß bestimmte Diätvorschriften einhalten. Sie wird fortwährend von Atemnot geplagt, leidet unter Hautirritationen und -ausschlägen, unter Drüsenentzündungen, Abszessen und Hagelkörnern. Das geringste Geräusch läßt sie erschauern, ja, von Kopf bis Fuß erzittern, sei es das Quietschen neuer Schuhe oder das Knirschen einer Nähnadel. Schon diese kaum vernehmbaren Geräusche bewirken eine Ohnmacht; bei einem Gewitter, einem vorüberfahrenden Zug oder Auto verfällt sie in eine kataplektische Starre. Das kleine Mädchen zeigt also – nach der damals und auch heute in der Psychiatrie gebräuchlichen Terminologie – eine beeindruckende Anzahl hysterischer Symptome. Was fehlt, und möglicherweise wurde dies von Janet einfach übersehen, ist das Anzeichen für Hysterie par excellence, jene als «Opistothonus» oder «großer hysterischer Bogen» bezeichnete Position: Der Körper krümmt sich zu einem Bogen, wobei nur der Kopf und die Füße den Boden berühren. Madeleine sollte sich auf eine andere Form von hysterischen Krampfanfällen beschränken, nämlich das Trippeln auf Zehenspitzen.

All ihre Beschwerden sind so ausgeprägt, daß sie nicht in der Lage ist, mit anderen Kindern zu spielen. Madeleine genießt ihre Einsamkeit jedoch in vollen Zügen. Noch im Alter von 50 Jahren hat sie Tränen in den Augen, wenn sie an die süße Lust denkt, die sie in ihrer Kindheit am Frühlingsanfang empfunden hatte, wenn die ersten zarten Blättchen an den Bäumen hervorbrachen. Und schon mit fünf Jahren zeigt sie das Gebaren einer Mystikerin: Über Wochen hinweg verfällt sie in einen Zustand tiefster Traurigkeit, träumt von unendlicher Einsamkeit, glaubt sich dazu ausersehen, im Namen anderer leiden zu müssen. *«Des Nachts wurde mir verkündet, daß ich die Schmerzen anderer Menschen an ihrer Statt erleiden müßte, und ohne recht zu wissen warum, schluchzte ich die ganze Nacht hindurch, in Vorahnung all des Leids, das mir später widerfahren sollte.»*[5] Etwas später hat Madeleine die ersten Visionen und Inspirationen. Ihr Weg ist von nun an vorgezeichnet.

Schon in sehr zartem Alter erlebt sie ihre erste echte Enttäuschung. *«Mit Erlaubnis meiner Mutter hatte ich mir ein Kleid aus rosafarbenem Mousseline ausgesucht, da ich diese Farbe sehr liebte, und als das Kleid dann gebracht wurde, war es weiß; die Schneiderin hatte irrtümlich den falschen Stoff verwendet. Ich habe furchtbar geweint, doch ich begriff, daß es mir in dieser schlimmen Welt immer so ergehen würde, daß ich mir in dieser Welt niemals mehr etwas wünschen dürfte …»*[6] Das Gute war nicht mehr rosafarben, sondern weiß.

Zu Hause ist sie gutherzig und sanftmütig – frappierend sanftmütig. Ihre Lehrerin sagt über die zukünftige Madeleine: «Ich weiß nicht, dieses Kind hat etwas an sich, daß man ihm einfach nicht widerstehen kann.»[7] Trotz ihrer körperlichen Beschwerden ist sie bemüht, sich zu bilden. Und das so erfolgreich, daß sie später die Prüfung als Lehrerin besteht; sie weiß sich schriftlich auszudrücken und malt außerdem. Ihre Allgemeinbildung sei gut, bemerkt Janet, der seine Patientin genau ausforscht; sie ist mit dem Alten und dem Neuen Testament vertraut und hat Pascal gelesen, jedoch kein Werk eines Mystikers. Aber so unbedarft sie in dieser Hinsicht auch sein mag, sie hat sehr wohl Franz von Assisi entdeckt, mit dem sie sich identifiziert: *«Ich war, wenn Sie so wollen, schon in meiner Kindheit von dem gleichen Wahn befallen wie er; jedenfalls empfand ich wie er eine Liebe zu den Blumen, den Tieren, den Kleinen und Armen.»*[8] Die Klassiker des Mystizismus hingegen, Teresa von Avila, ihr «Weg der Vollkommenheit», die Ursulinen von Loudun, sie erscheinen ihr alle zu kompliziert. Und nach ihrer Einlieferung in die Salpêtrière liest sie überhaupt nicht mehr. Wie wir sehen werden, ist das auch überflüssig.

Lange Zeit liefert Madeleines Betragen keinerlei Grund zur Beanstandung. Sie findet ihr Glück in Spaziergängen auf dem Lande, durch *«das religiöse Entzücken im Wald, das ihr Gott offenbarte und in ihr die Liebe zu ihm weckte.»*[9] Einmal widerfährt ihr jedoch ein kleines Mißgeschick: Auf dem Friedhof nimmt sie zwei Zähne eines Toten an sich, um sich die Existenz des Nichts vor Augen zu führen. Ihre Familie ist verstimmt; sie muß die Zähne zurückbringen. Durch die erste Kommunion ändert sich für sie nichts. Die ersten Monatsblutungen sind unregelmäßig, manchmal erbricht sie statt dessen auch Blut. Schon in der Vorpubertät treten Somnolenz und Bewußtseinstrübungen auf. Madeleine selbst spricht eher von «glücklicher Bewegungslosigkeit»;[10] das ist etwas anderes – jetzt schon.

Im Alter von 16 Jahren hat Madeleine Anfälle von Schuldgefühlen. Zwanghaft unterzieht sie sich fortwährenden Waschprozeduren, und als die Körperpflege *«Auswirkungen zeigt, die ich nicht beabsichtigt hatte»*, wie sie es schamhaft ausdrückt, befürchtet sie insgeheim, schwanger zu sein.[11] Von all dem ahnt die Familie, die an dieses zerbrechliche Kind gewöhnt ist, nichts; Madeleine sei einfach zu empfindsam, so meinen alle.

Aber unter der Oberfläche gärt es weiter. Die kleinsten Geräusche können ein schmerzhaftes Sträuben der Hauthaare auslösen (Horripilatio), und sie entwickelt eine phobische Abscheu vor Berührungen. Während einer Kleideranprobe durch die Schneiderin verspürt Madeleine einen «beunruhigenden Schauder». Die Nächte halten überdies allzu eindeutige Versuchungen bereit. Madeleine beschließt, alle Zuneigungsbeweise ausnahmslos zurückzuweisen, die Küsse ihrer Eltern, die Zärtlichkeiten. Als sie elf Jahre alt ist, versucht man, ihr das Tanzen schmackhaft zu machen; sie gibt schließlich nach. *«Es bereitete mir ein solches Vergnügen, daß ich entsetzt war, und ich gelobte, es niemals mehr zu tun. Das Vergnügen, das ich dabei empfand, machte mir ausreichend deutlich, daß es schlecht war, und ich habe seither aufs Tanzen verzichtet.»*[12]

Mit fünfzehn Jahren verliebt sie sich. Janet bezeichnet die Episode als «amüsant».[13]

Das Ganze ereignet sich während der Ferien, und Madeleine vergeht vor Ungeduld, bis sie ihren jungen Galan wiedersieht. Aber ach! Als er wiederkehrt, ist er größer geworden und interessiert sich nicht mehr für das Fräulein. *«Ich begriff, daß ich auf der ganzen Welt niemals mein Ideal finden würde, eine Zuneigung, die meine erwidern würde; ich begriff, daß das Vergnügen, das ich in der Nähe dieses Knaben empfand, schlecht war, und daß dieses Vergnügen, das aus einer Zuneigung erwuchs, gefährlich war, ich hätte es wissen müssen, als ich dieses Vergnügen empfand... Ich ahnte, welcher Art die Zuneigung zwischen Ehegatten sein mußte...»*[14]

Vergnügen ist also gleich Gefahr. Später sollte Madeleine rückblickend ihre überbordende Sinnlichkeit eingestehen: Sie sei naschhaft, habe Musik geliebt. Und so sollte sie später auf alle Naschereien verzichten, nur Wasser trinken und Brot essen und niemals mehr Musik hören. Jede Form von Genuß macht ihr angst; dem Alkohol, das spürt sie sofort, würde sie allzusehr zusprechen. Denn *«... wissen Sie, Vergnügungen, das ist für mich...»*[15]

Der soziale Abstieg

Sehr plötzlich beschließt sie, ihr Elternhaus zu verlassen.

Ihr Vater befindet sich gerade in finanziellen Schwierigkeiten, sie hat ihre Prüfung als Lehrerin bestanden, und so gehe sie fort, so sagt sie, um zu arbeiten, damit sie ihrer Familie nicht mehr zu Last falle. Nach anfänglich erbittertem Widerstand akzeptiert die Familie angesichts der Hartnäkkigkeit des jungen Mädchens diesen Wunsch; sie hinterläßt eine Adresse in Deutschland, in Darmstadt, und verspricht, bald zurückzukehren, da sie, so sagt sie, nur für einige Monate fortgehe, einige wenige Monate.

Daraus sollten jedoch 24 Jahre werden. Was Madeleine ihren Eltern nicht gesagt hatte, war, daß sie beabsichtigte, ihr Leben den wahrhaft Bedürftigen zu opfern. Und dazu mußte sie in die Fremde gehen.

Das aber war nicht so einfach. Als sie bei der Familie eintrifft, für die sie als Hauslehrerin arbeiten soll, ist ihr Platz schon besetzt, und so nimmt sie eine Stelle als Zimmermädchen an. Doch wird sie zu sehr verwöhnt, man ist zu freundlich zu ihr und spricht zuviel mit ihr. Madeleine flüchtet in ein Kloster; hier aber fehlt es an Disziplin, es herrscht zu viel Sinnlichkeit, und sie wird beaufsichtigt. Wieder geht sie fort.

In eine andere Fremde, nach Frankreich. Sie verdingt sich als Landarbeiterin, ist in der Provinz als Krankenschwester tätig und lebt schließlich als Arbeiterin in Paris, wo sie sich natürlich versteckt, weil sie überzeugt ist, daß ihre Familie sie von der Polizei suchen läßt. Sie pflegt die Armen, hat also ihr Ziel erreicht.

Fast sechs Monate lang steht sie einer alten Frau bei, die tödlich an Krebs erkrankt ist; und neun Jahre lang – neun Jahre! – kümmert sie sich um eine Frau, die ebenfalls an Magenkrebs leidet, «ganz zu schweigen von ihren anderen Krankheiten», und lebt bei ihr. Diese Frau hatte jedoch – zumindest so, wie Madeleine sie Janet beschrieb – schwere Depressionen. Aus Eifersucht auf die junge Frau, die ihr Leben teilte, zwang sie Madeleine, ihre Ekstasen zu verbergen und gegen ihre «glücklichen Zustände der Bewegungslosigkeit» anzukämpfen. *«Wir taten uns Gutes, indem wir uns gegenseitig leiden ließen, ohne es zu wollen...»*[16] Die arme Frau stirbt, «erfüllt» von Armut und Krankheit. Madeleine, die allein zurückbleibt, hat zum Leben nur noch Wasser und Brot – manchmal nicht einmal das. Ein Kruzifix, eine halbe Decke, ein Krug und eine Schüssel genügen ihr als Mobiliar; eine Holzkiste dient ihr als Kopfkissen.

«Dies war», so sagt sie, *«meine glücklichste Zeit, in der ich unaufhörlich eine innere Freude empfand, die ich nicht zu beschreiben vermag.»*[17]

Immerhin schreibt sie an eine ihrer Schwestern und fordert, daß die Familie jede Kontaktaufnahme unterlassen solle. *«Ich möchte, daß ich für die ganze Familie wie eine Tote bin.»*[18] Ihrer Mutter geht es jedoch zunehmend schlechter, ihre Kräfte schwinden, und sie erklärt, sie werde solange keine Nahrung mehr zu sich nehmen, bis ihre Tochter zu ihr zurückkehre.

Aber Madeleine ist unerbittlich: Jener armen Frau, die ihrer Pflege bedurfte, ließ sie mehr Sorge angedeihen als ihrer eigenen Mutter, die stirbt, ohne ihre Tochter wiedergesehen zu haben. Als auch für ihren Vater das Ende naht, hat Madeleine wunderbare Visionen und betet, er möge einen schönen Tod haben, doch auch ihm steht sie in seiner letzten Stunde nicht bei. Sie zeigt jene hochfahrende und unmenschliche Gleichgültigkeit, die Mystikern und Hysterikern eigen ist...

Madeleine hätte weiterhin das Leben voller Hingabe und Opfer führen können, von dem sie zu träumen vorgab, wenn sie nicht merkwürdigerweise mit dem Gesetz in Konflikt geraten wäre. Oh, eigentlich waren es nur Bagatellen, die sie sich zuschulden kommen ließ. So zum Beispiel, als sie einmal, einem höheren Willen folgend, beschloß, die Nacht auf einer öffentlichen Parkbank zu verbringen. Daraufhin wird sie natürlich von den Gendarmen verhaftet. Bei ihrer ersten polizeilichen Vernehmung gibt die junge Frau ihre Identität als «Madeleine Le Bouc» an, Geliebte Christi und Sündenbock für die Sünden der Welt. Der Richter, der die Befragung leitet, möchte wissen, warum sie ihren Namen verheimlicht. «Um meine Vergangenheit nicht preiszugeben und um meine Familie nicht zu kompromittieren.»[19] Damit aber hat sie sich selbst die Schlinge um den Hals gelegt: Mit 23 Jahren wird das Mädchen «Le Bouc» wegen Landstreicherei und «Aussageverweigerung» zu einem Jahr Gefängnis ohne Bewährung verurteilt und in die Strafanstalt Saint-Lazare eingeliefert.

In Saint-Lazare ist sie natürlich ganz in ihrem Element und kümmert sich voller Demut um die Freudenmädchen. Nach sechs Monaten wird sie freigelassen, mit der gerichtlichen Anweisung, ihren Aufenthaltsort außerhalb von Paris zu nehmen; ein Jahr später wird sie wegen Verstoß gegen die gerichtliche Anweisung verhaftet und zu einem weiteren Monat Gefängnis verurteilt. Wieder etwas später wird sie in einer anderen Stadt, die ihr als Aufenthaltsort zugewiesen wurde, aufgegriffen, nachdem sie ihre Zugfahrkarte verloren hat. «Betrug, Landstreicherei, Prostitution, Bettelei, Verstoß gegen die Anweisung des Aufenthaltsortes» lautet nun das Urteil, das ihr fünf Monate Gefängnis einbringt.

Der Vorwurf der Prostitution wird dieser langen Liste von Vergehen gegen die öffentliche Ordnung automatisch hinzugefügt, wodurch Madeleine die Wachsamkeit der Polizei und die Strenge der Richter auf sich zieht.

Nachdem sie aus dem Gefängnis entlassen worden ist, irrt sie zufluchtsuchend von Kirche zu Kirche. Ein Priester nimmt sich ihrer an und versucht sich an der unmöglichen Aufgabe, ihr ein Beichtvater zu sein. Dabei geht er recht drastisch vor: Als sie in Ekstase gerät, untersagt er ihr die Teilnahme am Gottesdienst. Aber dieser Betreuer stirbt bald. Und damit beginnt Madeleines Abstieg in den Wahnsinn: Einer der Polizisten, mit denen sie zu tun hat, hört, wie sie eine bevorstehende Verschwörung prophezeit. Sie schreibt sogar den Parlamentsabgeordneten, um sie vor den Verrätern Frankreichs zu warnen... Daraufhin wird sie unter Beobachtung gestellt. Die gesundheitlichen Störungen, die während der harten Jahre der Prüfungen verschwunden waren, treten erneut auf: Kälte und Schnee verursachen ihr starke Schmerzen an den Füßen, besonders in der Weihnachtsnacht.

Dann, eines Morgens, ganz von selbst, heben ihre Fersen vom Boden ab. Madeleine fängt an, auf den Zehenspitzen zu laufen.

Nun beginnen die Untersuchungen in verschiedenen Krankenhäusern. Charcot spricht davon, sie mit Hypnose zu behandeln. Es findet sich jedoch in diesem Zusammenhang kein Hinweis auf die Dauer des Krankenhausaufenthalts; Janet ist sich nicht einmal sicher, ob sein Chef die Patientin überhaupt zu Gesicht bekommen hat.

Im Hôtel-Dieu diagnostiziert man eine durch eine Fehlgeburt verursachte Nervenentzündung.

Andernorts wird sie wegen einer alkoholbedingten Polyneuropathie behandelt.

In Bichat und in Necker (wo sie sich sechs bzw. acht Monate aufhält) vermeint man schließlich die richtige – eines Courteline würdige – Diagnose gestellt zu haben: *eine hysterisch bedingte Anspannung der Muskeln bei einer ehemaligen Operntänzerin, die ihren Beruf verheimlichen will.*[20] Als Therapie werden kalte Güsse und Magnetbehandlungen verschrieben.

Zu guter Letzt überstellt man Madeleine in die Salpêtrière, die auf die Behandlung von Hysteriepatienten spezialisiert ist. Dort gelangt sie in die Obhut Pierre Janets, ein sicherer Hafen, wo sie, mit kürzeren Unterbrechungen, sechs Jahre und acht Monate, von ihrem 40. bis zu ihrem 47. Lebensjahr bleiben sollte. In dieser Zeit kann Janet sie überzeugen, daß sie wieder ein einfaches Leben außerhalb des Hospitals führen kann, ohne ihr Armutsgelübde zu brechen. Eine gewisse Frau X verschafft ihr ein ärmlich aussehendes, in Wahrheit aber komfortables Zimmer und eine Arbeit in einer Armenschule. Manchmal beklagt Madeleine sich über «diesen frivolen Luxus»[21] und möchte in die Nähe Janets zurückkehren; insgesamt aber leistet sie wirklich Dienst an ihren Nächsten und schafft es recht gut, ihre Ekstasen und Verzweiflungszustände zu verbergen. Ihre Fersen berühren nun wieder den Boden.

Erneut auf die Zehenspitzen erhebt sie sich erst wieder zehn Jahre vor ihrem Tod im Jahre 1921, der infolge einer Herzerkrankung eintritt. Sie stirbt friedlich und ruhig, ist aber nicht mehr fähig, mit dem von ihr so sehr verehrten Psychiater zu sprechen, der über das Dahinscheiden seiner Patientin tief bekümmert ist.

Madeleine, die Entsagende, oder Indien, in Europa verirrt

Zu keinem Zeitpunkt kommt Janet Indien in den Sinn: Und wie hätte er auch daran denken sollen? Dennoch gab es zahlreiche Anzeichen dafür, daß Madeleine sich für eine Daseinsweise entschieden hatte, die in Europa nicht mehr möglich ist und die ich die Daseinsweise des Entsagenden nennen möchte.

Der Zusammenhang ist sicherlich schwierig herzustellen, und unsere Vorstellungen sind verworren. Denn welche Verbindung gibt es einerseits zwischen einem «Sanyasin», der fast nackt ist, die Haare zu einem Knötchen gedreht trägt, einen Stock, einen Blechnapf und eine rituelle «Lota» bei sich hat (bei der es sich um eine schlichte Kupfervase für intime Waschungen handelt), und andererseits einer bedauernswerten Frau im schwarzen Kittel, von ordentlicher äußerer Erscheinung, die auf den Zehenspitzen läuft?

Ein Entsagender, in Indien «Sanyasin», ist ein Mensch, der beschließt, dieser Welt den Rücken zu kehren, auf den Straßen umherzuziehen und sein Leben in absoluter Armut der Kontemplation zu widmen. Dieses Ziel hatte Madeleine erreicht, angetrieben von einem mächtigen inneren Drang, der jeden sozialen Druck überwand.

Die Einsamkeit im Kindesalter, das Gefühl der tiefen Verbundenheit mit der Natur, das sind die ersten Regungen einer Entsagenden, die sich in unsere Welt verirrt hat. Aus dem christlichen Florilegium sucht sie sich den «indischsten» der katholischen Heiligen aus, Franz von Assisi, der die Stigmata empfängt und wie die Mystiker Indiens die Tiere als Brüder anspricht. Ebenfalls wie die indischen Mystiker zeigt sich Madeleine von den stofflichen Manifestationen des Todes angezogen und nimmt auf dem Friedhof zwei Zähne eines Leichnams an sich. Wie ein berühmter Entsagender vollzieht sie ihr eigenes Begräbnisritual, sie erklärt sich «für tot»;[22] wie ein Entsagender gelangt sie zur Gelassenheit, dem erklärten Ziel der indischen Mystik, und entscheidet sich für die Liebe zum Universalen und gegen die Liebe zu ihrer Familie. Und ebenfalls wie die Entsagenden irrt sie arm auf den Straßen umher, führt ein Leben im äußersten Elend.

Im Unterschied zum Entsagenden lebt Madeleine jedoch in einer Gesellschaft, die dieses Umherziehen nicht mehr toleriert. Die Welt, die Michel Foucault in *Wahnsinn und Gesellschaft* beschreibt, das Mittelalter des Narrenschiffs, respektierte die Entscheidung des Entsagenden und sein einsames Umherirren. Im republikanischen und laizistischen Frankreich des ausgehenden 19. Jahrhunderts ist dieses Umherirren ein Vergehen, das im Strafgesetzbuch als *Landstreicherei* bezeichnet wird. Unausweichlich kommt Madeleine mit den gesetzlichen Verboten in Konflikt, denn die Nacht auf einer Parkbank zu verbringen, ohne Geld bei sich zu haben, ist verurteilenswert, und so wird sie verurteilt. Unvermeidlich bringen ihre Richter diese «Landstreicherei» mit jenen Vergehen in Verbindung, die weithin mit allein umherziehenden Personen assoziiert werden, nämlich Prostitution und Betrug. Und ebenso unvermeidlich stellen die

Ärzte in völliger Verkennung ihres Zustands die Diagnose «Fehlgeburt» oder «Alkoholismus». Und da diese Unbekannte natürlich auch eine medizinische Identität haben muß, macht man aus ihr jene ehemalige Tänzerin, die sich nicht zu ihrem Beruf bekennen will. Diese Diagnose, die am wenigsten absurde und zugleich komischste, sorgt schließlich für die Einlieferung in den für sie sicheren Hafen, die Salpêtrière. Madeleine ist zu der «Verrückten» geworden.

Der Entsagende im Hinduismus hat die Wahl zwischen Dorf und Wald. Das *«Dorf»* ist eine Metapher für die Gesellschaft, das Gemeinwesen, mit seinen strengen Hierarchien, seinen Familienbindungen, seinen kollektiven Aufgaben, die genau zwischen den Kasten aufgeteilt sind. Der *«Wald»* ist der Raum außerhalb, der Dschungel, die ungeheuren Weiten, die sich den Landstreichern eröffnen, das Areal der Freiheit. Innerhalb des Dorfes ist man nicht frei, vor allem nicht von Geburt her, denn diese ist bestimmend für alle Bereiche des sozialen und täglichen Lebens. Um frei zu sein, muß man das Dorf verlassen und umherziehen: Dies ist die einzige Möglichkeit, den unerbittlichen Determinismen der Hindugesellschaft zu entkommen. Der Entsagende kann sogar, nachdem seine Flucht geglückt ist und er sein kontemplatives Wanderleben angenommen hat, aus dem Wald zurückkehren, um eine Sekte zu gründen: Dann können auch die Schüler aus der Kastenhierarchie ausbrechen. Auf diesem Wege entstanden all jene großen Religionen, die aus dem Hinduismus hervorgegangen sind: Buddhismus, Jainismus und Sikhismus wurden von Entsagenden begründet, unter denen Buddha wohl der berühmteste ist. In jedem Fall hat der Egalitarismus über das hierarchische Kastensystem des Hinduismus triumphiert. Bergson trifft in *Die beiden Quellen der Moral und der Religion* eine grundlegende Unterscheidung zwischen der «geschlossenen Gesellschaft» und der «offenen Gesellschaft»: Die geschlossene Gesellschaft ist das Dorf, die offene Gesellschaft der Wald.

Madeleine gehört wie alle Mystiker zur offenen Gesellschaft, doch weil sie in einer geschlossenen Gesellschaft lebt, in der sie die Eingriffe der rigiden Repräsentanten dieser Gesellschaft – Eltern, Polizei, Richter, Ärzte – erdulden muß, hat sie keine Chance, sich zu entfalten. Erst als sie auf die psychiatrische Station Pierre Janets gelangt, begegnet ihr, und das ist ihr Glück im Unglück, ein Psychiater, der eine gewisse Sehnsucht nach dem Wald verspürt.

Akrobatische Leistungen: Der heilige Zirkus

Muskelkrämpfe, Stigmata, Atmung und Fasten

Pierre Janet führt zunächst eine körperliche Untersuchung durch: Er stellt Muskelkrämpfe in den Beinen fest, die Schenkel sind eng zusammengedrückt, lassen sich nicht voneinander lösen. Die Patientin leidet unter schmerzhaften Krämpfen, ist jedoch nicht zu überzeugen, beim Laufen die ganze Fußsohle zu benutzen. Manchmal bringt man sie durch Massagen und gutes Zureden so weit, was allerdings selten der Fall ist.

Eines Tages zeigt Madeleine ihrem Arzt eine nicht heilende Wunde auf dem rechten Fußrücken; sie sei nach einem tiefen und seligen Schlaf dort erschienen, so erklärt sie. Ein winziges weißes Bläschen, das platzt und Flüssigkeit absondert. Einige Tage später erscheint auf dem anderen Fuß eine weitere Blase mit der gleichen Eigenheit. Dann brechen auf den Händen Wunden auf, und schließlich erscheint auf der linken Brust eine neue Wunde von drei Zentimeter Länge, die große Mengen Wundflüssigkeit und Blut absondert. Die Wunden werden verbunden und heilen, treten aber in gewissen Abständen immer wieder an den gleichen Stellen auf. So erscheinen die Stigmata Christi 1896 zweimal, 1897 fünfmal und 1899 zehnmal.

Für Madeleine besteht kein Zweifel: Gott ist es, der ihr diese Stigmata sendet. Oder der Teufel – wie sie in Phasen der Depressivität meint. Janet, der fasziniert ist, hat jedoch ganz andere Gedanken: Er wird diese Symptome experimentell überprüfen. Damit beginnt ein endloses wissenschaftliches Zeremoniell.

Der Arzt stellt seiner Patientin tausend Fragen, und diese versichert ihm, sie habe sich weder wundgerieben, noch gestoßen, noch gekratzt. Janet akzeptiert diese Erklärung, die aus innerster Überzeugung stammt, nicht und versieht die betroffenen Stellen an Madeleines Körper mit Okklusivverbänden, die sorgfältig mit Wachs versiegelt werden. Daraus, daß die Verbände lange genug an Ort und Stelle bleiben, schlußfolgert er – allerdings wenig überzeugend –, daß die Haut durch Reibung gereizt werden könne.

Er konstruiert also einen kleinen Beobachtungsapparat: eine Metallplatte, die am Fußgelenk befestigt wird und in deren Mitte mit einer Schnur ein gefaßtes Uhrglas angebracht ist – das Ganze wiederum mit Wachs abgedichtet. Madeleine wird also versiegelt wie ein Testament. Sie scheint darüber sehr amüsiert: Natürlich verursache dieser Apparat mit den Schnüren und der Metallplatte Hautabschürfungen. Und da sie ihm doch versichere, ihre Wunden seien Stigmata, warum dann dieser ganze Aufwand?

«Was haben also all diese Überwachungsversuche genützt? Insgesamt gesehen gar nichts», gesteht Janet ehrlich ein.[23] Ein einziges Mal, nachdem Madeleine ihn auf einen Schmerz auf dem Fußrücken aufmerksam gemacht hat, legt er ihr seine Apparatur an und beginnt zu warten: Am nächsten Tag ist die Wunde durch das Uhrglas hindurch deutlich sichtbar. Doch das Experiment beweist nicht, daß vor dem Auftreten der Schmerzen keine Verletzung erfolgt ist. Und so glaubt Janet, daß es sich bei den Stigmata um Läsionen handelt, die sich Madeleine unfreiwillig, ja sogar unbewußt, selbst zugefügt hat. Und manchmal auch bewußt: So brennt sie sich zum Beispiel große Male in Kreuzform auf die Brust. Außerdem treten auch andere «Stigmata», Hämatome oder sanguinolente Ausschläge, an Körperstellen auf, wo ihnen keine symbolische Bedeutung zukommt. Überdies preßt sie die Hände so zusammen, daß sich die Fingernägel in die Handballen bohren, legt im Schlaf die Füße so übereinander, daß ihre Haltung der des gekreuzigten Christus gleicht, und drückt das Kruzifix an ihre Brust: All das könne Verletzungen hervorrufen, folgert Janet.

Und insbesondere ein Detail erregt sein Mißtrauen.

In sechzehn von zwanzig Fällen erscheinen die Stigmata unmittelbar vor der Menstruation, und nach der Menopause treten sie überhaupt nicht mehr auf. Ödeme, Empfindlichkeit der Haut, ein «Dermographismus» wie er für Hysteriker charakteristisch ist ... Für Janet steht die Diagnose fest. Am Tag vor einer beginnenden Regelblutung (wie man sieht, wird Madeleines Monatszyklus genau überwacht) befestigt der Arzt mit zwei schmalen Streifen eine Baumwollkugel an Madeleines Knöchel: Am nächsten Tag hat sich eine Blase gebildet, die aufplatzt und näßt. Es handele sich also, so folgert Janet, nicht um Stigmata.

Um dies wissenschaftlich zu untermauern, diagnostiziert er eine Rückenmarkserkrankung, die Syringomyelie, die ebensolche Muskelkrämpfe und ein ebensolches Brennen an den Gliedmaßen auslöst – allerdings keine Empfindlichkeit der Haut.

Aber fahren wir fort. Janet untersucht auch die Atmung seiner Patientin. Diese ist in ausgeglichenem Gemütszustand mit 16 bis 18 Atemzügen pro Minute normal. Während Ekstasezuständen sind es nur zehn Atemzüge, oder sogar weniger. Janet hält dies nicht für auffällig, denn wenn Madeleine sich im Normalzustand befinde, so meint er, atme sie ebenso langsam. Manchmal aber, so stellt er fest, ohne Schlußfolgerungen zu ziehen, träten während der Ekstase Atmungsunterbrechungen von 30 Sekunden und mehr auf. Das ist eine sehr lange Zeit.

Madeleines Ernährung, die sehr bald reglementiert wird, weil sie an Verstopfung mit den entsprechenden unangenehmen Folgen leidet, beschränkt sich auf täglich einen Liter Milch, ein Ei und ein kleines Stück Brot, und selbst dazu muß man sie zwingen. Normalerweise genügen ihr für einen Zeitraum von 24 Stunden ein Liter Milch oder 200 Gramm Brot; beides zusammen ist aber bereits zuviel. In bestimmten Phasen – wenn sie sich Ekstasezuständen nähert – nimmt sie überhaupt keine Nahrung mehr zu sich und läßt auch kein Wasser. Nach Abklingen der Ekstasen ißt sie mehr als gewöhnlich; und während des Martyriums, das zur Ekstase führt, ebenso. Nach Berechnungen eines Stoffwechselexperten beträgt ihre durchschnittliche Energieaufnahme während eines Zeitraums von 24 Stunden 10 Kalorien pro Kilogramm Körpergewicht, während sie bei einer Normalperson

50 Kalorien und bei «den großen Fastenden» 25 Kalorien beträgt.

Doch Madeleine verliert kein Gewicht. Und sie atmet wenig. Janet, der den «Atmungsquotienten» untersucht, der sich aus der Ventilation pro Minute, der Menge des stündlich pro Kilogramm Körpergewicht ausgeschiedenen Kohlendioxids und des stündlich inhalierten Sauerstoffs ergibt, errechnet eine Atmungsunterbrechung von *einer Minute zwanzig Sekunden*. Das ist extrem lang. Janet begnügt sich jedoch mit dieser Feststellung und liefert keine Erklärung: Auf dieser gestörten physiologischen Grundlage, so meint er lediglich, könne sich Madeleines Wahn entwickeln. Und man möchte meinen, er hätte gezögert, die – vom heutigen Standpunkt her offensichtliche – Verbindung zwischen *Psyche* und *Soma* herzustellen. Freud hätte sofort seine Schlüsse gezogen, doch Pierre Janet lehnte das Denken Sigmund Freuds kategorisch ab und blieb an der Schwelle zur Psychosomatik stehen.

Atmung und Fasten im Yoga

Kehren wir nach Indien zurück.

Yoga ist eine physische, eine physiologische und, für alle Inder gleich welcher Religionszugehörigkeit, eine psychische Übung, für die bestimmte Voraussetzungen erfüllt sein müssen. Die Atmung ist das A und O dieser besonderen Gymnastik, wobei es darum geht, den Atem so lange wie möglich anzuhalten, und zwar immer über Zeiträume hinweg, die ein Vielfaches von 16 Sekunden betragen. Nun können wir aber ohne größere Überraschung feststellen, daß die von Janet konstatierte Atmungsunterbrechung von 1 Minute 20 Sekunden gleich 80 Sekunden bzw. wiederum gleich 5 mal 16 Sekunden ist. Madeleine erfüllte damit von selbst spontan die Normen des Yoga.

Am Ende dieses schwierigen Übungsweges, so heißt es, stehe mit Sicherheit die Ekstase. Der Gedanke liegt also nahe, daß die Ekstase wiederum, sofern sie spontan eintritt, das Einstellen der Atmung erfordert. Madeleine nähert sich diesem Prinzip intuitiv an.

Doch für den vollendeten Yogi sind all diese Prüfungen nichts Außergewöhnliches. Regelmäßiges Fasten ist für ihn obligatorisch und die Reduzierung der Nahrungszufuhr eine conditio sine qua non; man denke nur an die streng diätetischen Eßgewohnheiten Mahatma Gandhis. Bekanntlich war Gandhis Hauptwaffe gegen seine Gegner das «Fast to death», das «Zu Tode fasten», jene symbolische Erpressung mittels Verweigerung der Nahrungsaufnahme, durch die es ihm jedesmal gelang, sowohl die britische Besatzungsmacht als auch die indischen Aufständischen zum Einlenken zu bewegen. Seine Fastenaktionen, während derer er nichts zu sich nahm außer, sofern er konnte, etwas Wasser, erregten gewaltige öffentliche Aufmerksamkeit. Sie wurden in Pressekommuniqués angekündigt, und in Radiosendungen wurde darüber berichtet, wobei stündlich Mahatmas Harnstoffspiegel angegeben wurde. Er strebte nicht nach Ekstase und verwahrte sich sein ganzes Leben dagegen, als Mystiker bezeichnet zu werden. Dennoch steht er eindeutig in einer Tradition, in der Fasten und Ekstase zusammengehören. Madeleine steht unbewußt ebenfalls in dieser ihr unbekannten Tradition, welche in Europa schon seit langem verlorengegangen ist.

Bleiben die Stigmata.

In Indien treten sie offensichtlich nicht auf, auch nicht bei den indischen Christen (von denen es 1989 16 Millionen gab). Allerdings besagt einer der Grundsätze des Yoga, daß die Brust des Ekstatikers nach der Ekstase gerötet sein muß, so als ob er durch das göttliche Feuer gegangen sei. Der Brauch will, daß man hier nicht von einer «rötlichen», sondern von einer «goldenen» Färbung spricht. Karna, einer der Helden des Mahabharata, jenes legendären Epos, das die Geschichte aller Kriege erzählt, ist der Sohn der Sonne und einer Sterblichen. Er wird mit einer goldbedeckten Brust geboren, die ein Abbild des väterlichen Lichts darstellt. Da die Götter Karna prüfen wollen, lassen sie ihn auf dem Schlachtfeld mit einem der ihren zusammentreffen, der als Brahmane verkleidet ist. Karna gehört zur Kriegerkaste, weshalb er verpflichtet ist, dem Brahmanen, der einer höheren Kaste angehört als er selbst, alles zu geben, was er verlangt. Der verkleidete Gott verlangt von Karna die goldene Haut seiner Brust. Und der Held reißt sie sich sogleich mit beiden Händen vom Körper, bis seine Brust völlig wund und blutrot ist, gleichzeitig aber symbolisch gesehen noch viel «goldener» als vorher.

Ramakrishna, der auf seine Weise ein Skeptiker war, versäumte es nie, bei seinen Schülern die Färbung der Haut auf der Brust zu überprüfen: War sie nicht «golden», so war nichts erreicht. Aufgrund der Aussagen seiner Schüler kennen wir sogar die entsprechende Geste Ramakrishnas, wenn er das Hemd seines Gegenübers öffnete und dem mutmaßlichen Ekstatiker rasch mit der Hand über die Haut fuhr.

Yoga ist schließlich auch eine akrobatische Disziplin, bei der der berühmte Opisthotonus, der «große hysterische Bogen», eine genau definierte Position, ein «Asana», darstellt, die vom Yogi lange eingeübt wird und in der er lange Zeit verharren muß. Die Verrenkungen der Hysteriker unterscheiden sich vom Yoga nur in einem, jedoch wesentlichen Punkt: Sie erfolgen spontan anstatt willensgesteuert. Das gleiche gilt für Atmung und Fasten.

Die bemerkenswerte Spontaneität der Hysteriker einerseits und die außergewöhnliche Willensbestimmtheit der Yogis andererseits sind Ausdruck ganz unterschiedlicher Repräsentationssysteme. Die Vorstellung, die ein Yogi von seinem Körper hat, ist die von einem vollständigen Universum, das von Lüften, Winden und Rädern angetrieben wird, die entlang der Wirbelsäule angeordnet sind, und einer Nervenschlange, die in der Einbuchtung der Nieren zusammengerollt ist und sich bis zum Gehirn hin aufrichtet, wenn die so lange erwartete Ekstase eintritt. Im Vergleich dazu erscheint Madeleines Vorstellung von ihrem Körper dürftig; sie wird beeinträchtigt durch eine unzureichende Kenntnis der eigenen Anatomie, durch ein religiöses Vokabular, wo in Moll die Harmonien der Luftströme, Fluchten und Flammen mitschwingen, ohne jedoch zu einer solchen theoretischen Entfaltung zu gelangen, wie sie in Indien durch eine jahrtausendealte metaphysische Tradition überkommen ist. Man könnte von einer vergessenen Partitur sprechen, von der nur noch Bruchstücke erhalten sind, wie bei jenen Zivilisationen ohne Geschichte, wo Lévi-Strauss den Nachhall prähistorischer Ereignisse entdeckte, die in Ermangelung der Existenz von Schrift und damit von Archiven nur in unvollständigen Mythen und mysteriösen Riten ihre Spuren hinterlassen haben. Die Gestik der christlichen Mystik ist ebenfalls ein Relikt dieses versunkenen Erbes.

Allerdings ist gewiß, daß Madeleine (ebenso wie viele andere Hysteriker, ob sie nun in psychiatrischen Anstalten leben oder nicht), wie es bei der österreichischen Kaiserin Sissi der Fall war, spontan in einen Zustand verfallen kann, der in Indien durch eine genau festgelegte Abfolge von Schritten erreicht wird.

Und diese Beobachtung führt uns zu einer weiteren Feststellung: In Europa waren es in der überwältigenden Mehrzahl Frauen, die diesen Zustand der Ekstase erreichten, in Indien hingegen waren und sind es vor allem Männer.

Europa wie Indien gehören zu einem patriarchalen Machtraum, wo zum Beispiel die Mädchen von ihren Vätern bei gleichzeitiger Zahlung einer Mitgift den Vätern anderer Familien übergeben werden. Und mag dieser Brauch in Europa auch schon seit langem untergegangen sein, so besteht er in Indien fort. Die mythische Gewandung dieser grundsätzlichen Machtstrukturen unterscheidet sich jedoch in beiden Kulturkreisen. In Europa hat auf symbolischer Ebene, trotz tiefgreifender Veränderungen, immer noch der Mann die vorherrschende Stellung inne: So ist in Frankreich bisher immer noch keine Frau zur Staatspräsidentin gewählt worden. In Indien dagegen haben auf symbolischer Ebene die Frauen die Vorherrschaft, wie die wiederholte Wahl Indira Gandhis in das höchste Staatsamt, das des Premierministers, beweist. Die einflußreichsten Gottheiten sind weiblich, und der Mythos von der «Mutter Indien» prägt das allgemeine Bewußtsein.

Im einen wie im anderen Fall neigen jene zum Mystizismus, die auf symbolischer Ebene nicht die dominierende Stellung genießen; bei uns die Frau, in Indien der Mann. Von zentraler Bedeutung ist hier das Problem der Schwäche, das nach Janets Auffassung das entscheidende Problem darstellt. In seinen Augen ist das Unvermögen, sich sozial einzugliedern, das Hauptkriterium für die Krankheit. Reist man aber in andere Länder, so wird man gewahr, daß soziale Schwäche sehr wohl mit innerer Kraft vereinbar ist.

Doch Pierre Janet sollte dies, obwohl grenzenlos verunsichert, um so weniger begreifen, als er jede Identifikation abwehrte.

Die physiologische Untersuchung der Ekstase

Nach Abschluß seiner physiologischen Beobachtungen kann sich Janet nun – mit Genuß – auf die Inhalte von Madeleines «Wahn» konzentrieren. Er untergliedert ihn in fünf Phasen: *der Zustand der Ausgeglichenheit, der Zustand der Tröstung, der Zustand des Leidens, der Zustand der Trockenheit und der Zustand der Versuchung*, was den «sieben Seelenburgen» Teresa von Avilas entspricht. Die größte Faszination üben natürlich der Zustand der Tröstung und der der Ekstase auf ihn aus, und so beginnt er seine Studien bei diesen Phänomenen, deren einziges äußeres Erkennungsmerkmal in dem Fehlen von jeglicher Aktion und Reaktion besteht.

Janet unterscheidet zwischen *Sammlung*, *Ekstase* und *Verzückung*. In der Phase der *Sammlung* sitzt oder kniet Madeleine; sie bewegt sich nicht mehr, versteht aber Fragen und antwortet darauf. Ihre Stimme wird jedoch schwächer, ohne daß sie dies willentlich beeinflussen könnte. Die Augen sind gerade noch geöffnet. Mit der *Ekstase* tritt eine völlige Bewegungslosigkeit ein, ähnlich einem tiefen Schlaf; sie zeigt keinerlei Reaktionen mehr. Anders als im Schlaf ist jedoch ihr Gedächtnis aktiv, so daß sie sich später an diese Phase erinnern kann. Während der *Verzückung* schließlich, die seltener eintritt, ist das Gedächtnis ausgeschaltet: «Es ist eine Art von materiellem Tod», sagt Madeleine.[24] Dennoch reagiert sie auf Janets Stimme: Wie eine Schlafwandlerin steht Madeleine auf, kleidet sich an, und kann, immer noch in Ekstase, umherlaufen und dabei im Weg befindlichen Hindernissen ausweichen.

Aber dieser Zustand ist kein Schlaf. Und der Psychiater schiebt die Untersuchung der von ihm so bezeichneten Wahnthemen auf und nimmt zahllose körperliche Untersuchungen vor, so als wollte er bis ins kleinste Detail die vermuteten physiologischen Veränderungen nachprüfen, die diesen der positivistischen Vernunft widersprechenden Zustand erklärten. Er sollte jedoch keinerlei Erklärung finden.

Janet beschreibt Madeleines Gesichtsausdruck bis in die letzten Einzelheiten und dokumentiert seine Beobachtungen noch zusätzlich durch Photographien. Die Augen seien leicht geöffnet – «Augen, die sehen könnten, wenn sie geruhen würden, zu schauen...»[25] –, Augen- und Mundwinkel seien leicht zum Ansatz eines Lächelns nach oben gezogen, und die Lippen seien gespitzt: *«Ich spüre»*, so sagt Madeleine, *«einen endlosen Kuß auf meinen Lippen.»*[26]

Außer auf die Stimme ihres Arztes (was bezeichnend ist), zeigt die Ekstatikerin keinerlei Reaktionen auf äußere Reize: So löst eine Fliege, die sich auf der Haut niederläßt, nur einige reflexhafte Zuckungen aus, aber keine Handbewegung, um das Insekt zu vertreiben. Auch Lärm in ihrer unmittelbaren Umgebung führt keine erkennbaren Reaktionen herbei. Ebensowenig reagiert sie auf experimentelle Stimuli, ob die Pflegerinnen sie nun schütteln, mit kaltem Wasser besprengen oder ihr Senfpflaster auf die Beine legen... Sind die Arme über der Brust gekreuzt, so lassen sie sich zwar mit Gewalt lösen, nehmen jedoch immer wieder automatisch diese Stellung ein. Befinden sie sich nicht in einer Position von symbolischer Bedeutung, so lassen sie sich bewegen und verbleiben dann in der jeweils neuen Haltung. Madeleine befindet sich in einem Zustand, den die Psychiater als «Katatonie» bezeichnen.

Ihre Reflexe funktionieren weiterhin, was eine Paralyse ausschließt. Außerdem erhebt sich Madeleine zuweilen, wenn sie sich in einem solchen Zustand befindet, und beginnt in Ekstase zu malen, und zwar vollständige Gemälde, die ihr von Gott eingegeben werden. Als Janet ihr seinerseits Anweisungen erteilt, die sie auch ausführt, nimmt er – bewußt – die Position ihres Herrn und Meisters ein. Er betreibt merkwürdige Experimente, um die körperliche Kraft seiner Patientin zu untersuchen: Er läßt sich von ihr die Hand drücken, läßt sie ein 2-Kilo-Gewicht hochheben und mißt die Ergebnisse mit dem von Mosso konstruierten

Ergographen. Madeleine führt alles aus, wobei sie von einem symbolischen Befehl inspiriert wird, der mit dem von ihr Verlangten zusammenhängt: Was sie unterstütze, sei der Gedanke an Jesus, der als Zimmermann in der Werkstatt seines Vaters arbeite.

Um die Schmerzempfindlichkeit zu messen, wird Madeleine gepiekt. Janet, der bei sich selbst mit dem von Verdin entwickelten Östhesiometer eine Unempfindlichkeit bis 70 Einheiten ermittelt, stellt fest, daß Madeleine noch bei 250 Einheiten keinen Schmerz verspürt. Ist das nun Unempfindlichkeit oder Masochismus? Masochismus, stellt Janet entschieden fest. Denn als er Madeleine ermahnt, auf Schmerzempfindungen zu reagieren, erreicht sie wieder normale Werte. Geruchssinn, Wärme- und Kälteempfinden, Gehör und Gesichtssinn, alles ist normal. Nur eines fällt auf: das «Desinteresse an Aktivität». Das allein ist Janets Auffassung nach bereits pathologisch. Damit aber wendet er ein soziales Kriterium an, denn Janet versteht darunter das Desinteresse am sozialen Leben.

«Ich befinde mich in einem Zustand äußerster Mattigkeit, ich bin nur halb im Leben, und ich liebe diese köstliche Schwäche, ich habe gerade noch genug Kraft, um das zu tun, was unbedingt nötig ist, ich habe nicht die Kraft, mehr zu tun», wiederholt Madeleine immer wieder, wenn sie sich in Ekstase befindet.[27] Man solle sie in Frieden lassen... Warum zwänge man sie, sich zu äußern? *«In diesen Momenten des Lichts hört die Seele eine Sprache, die nicht von dieser Welt ist... Es sind Dinge, die mit menschlichen Worten nicht zu beschreiben sind... Was man in diesen Zuständen von den Dingen der Seele sagen kann, ist nur soviel wie ein kleiner Wassertropfen im Ozean, ein Staubkorn in der Unermeßlichkeit des Erdballs»*.[28] «Unbeschreiblich» und «unsagbar», das sind Worte, die Madeleine, zum Ärger Janets, immer wieder über die Lippen kommen, obwohl seine Patientin eigentlich zurückhaltend ist, wenn es darum geht, «göttliche Dinge zu stammeln».[29]

Dieselbe Verärgerung löst bei ihm die Gleichgültigkeit der Ekstatikerin aus, die dann weder am Leid noch an der Freude ihrer Mitmenschen Anteil nimmt. Während einer

Weihnachtsfeier zum Beispiel singen die anderen Kranken; Madeleine bedauert sie sehr: «*Ihr Gesang kann meine Freude nicht trüben, er drang nicht stärker zu mir als die Wellen des Meeres am Fuße eines hohen Berges*».[30]

Ein solcher Egoismus ist wahrlich schockierend. Bei zahlreichen Gelegenheiten ist festzustellen, daß Madeleine, wenn sie sich in Ekstase befindet, vom Leid der anderen unberührt bleibt. Zwar ist sie durchaus in der Lage, über das Unglück der anderen zu sprechen, ja sogar zuzugeben, daß sie Mitgefühl empfinden sollte, doch, so sagt sie, «*mein Herz schwebt in einer Sphäre, wo die Klagen der Menschen durch die Rufe der Liebe und die Dankgesänge der Seligen erstickt werden*».[31] Dieselbe Abstumpfung zeigt sie aber in der Ekstase gegenüber den eigenen Sinnesempfindungen: Im Zustand der Ausgeglichenheit liebt Madeleine süße Getränke und hat eine Abscheu vor starken Gerüchen; ein Blumenstrauß oder auch nur die mangelnde Belüftung eines Raumes verursachen bei ihr Ekel. Während der Ekstase jedoch verschwinden diese Vorlieben und Abneigungen; statt dessen nimmt sie erlesene Düfte wahr. «*Welcher Duft durchzieht seidig die reine Luft!... Ganz plötzlich habe ich unbekannte Düfte gerochen, die mich berauscht haben. Diese köstlichen Gerüche habe ich noch niemals geatmet; sie verleihen den Genüssen, die ich im Mund und auf den Lippen verspüre, einen neuen Zauber.*»[32]

Das gleiche geschieht mit den Schmerzen in den Beinen, die zu Quellen der Lust werden.

Und dennoch, so stellt der Psychiater fest, ist Madeleine im Normalzustand eine so gütige, so opferbereite, so uneigennützige Person...

Die Exzentrizität des indischen Körpers

Die indischen Yogis streben mit ihren Übungen Ziele an, die westlichen Normen so fremd sind, daß sich seit Beginn der britischen Kolonialherrschaft ganze Gruppen von Gelehrten immer wieder bemüht haben, die heiligen Männer auf die Probe zu stellen. Schon im 19. Jahrhundert begrub man Yogis, die sich in einer katatonischen Starre befanden, unter der Erde, und als man sie nach einer Woche wieder befreite, waren sie gesund und wohlauf; heute werden sie in Unterdruckkammern untersucht, umgeben von Meßapparaturen, die weit genauer sind als die von Pierre Janet verwendeten Geräte. Dabei konnte zweifelsfrei festgestellt werden, daß ein indischer Yogi sich selbst in Katatonie versetzen, einige Tage, ja sogar Wochen unbeschadet in diesem Zustand verharren kann und ihn allein wieder zu beenden vermag.

Eine der härtesten Übungen ist das Aushalten von extremer Hitze und Kälte. So muß ein Schüler versuchen, die Hitze des Monsuns durch angepaßte Atmung zu ertragen, was zum Beispiel dadurch geschehen kann, daß er seine Zunge zu einer kleinen Röhre formt, durch die er kühlere Luft ansaugen kann. Ebenso muß er fähig sein, Laken an seinem Körper trocknen zu lassen, die mit dem eisigen Wasser von Bergflüssen durchtränkt sind, und wenn beim Erlernen von Yoga überhaupt auf Zahlen Wert gelegt wird, dann ist es die Anzahl der Laken, die ein Schüler nacheinander auf diese Weise «trocknet». Es wurde wissenschaftlich nachgewiesen, daß Yogis ihre Körpertemperatur willentlich erhöhen und senken können.

Fälschlicherweise bezeichnet man im Okzident jene Yogis, die für ihre Schmerzunempfindlichkeit bekannt geworden sind, als Fakire (Fakire sind die moslemischen Entsagenden). Sie schlafen auf Nagelbetten, durchstechen sich Arme, Zunge und Wangen mit langen Spießen, laufen auf glühenden Kohlen, ziehen ihren Penis in die Länge und wickeln ihn mehrmals um einen Stock, nehmen den Augapfel aus der Augenhöhle und setzen ihn dann wieder ein... All diese akrobatischen Kunststücke kann man heute in Indien sehen. Und wenn sie häufig als reine Spektakel inszeniert werden, so darf man doch nicht ihren mystischen Ursprung vergessen: Der Körper ist grundsätzlich elastisch und formbar, er kann, ja er muß ganz und gar der Psyche gehorchen. Madeleine kennt zwar keine der Techniken, die nach jahrelanger Übung solche Leistungen ermöglichen, doch verfügt sie über ein intuitives Wissen darum.

Überdies ist auch Madeleines Vorliebe für süße Getränke bei vielen Mystikern in Indien und anderswo zu finden. Und ebenso geschieht es oft, daß die Leichname der westlichen Heiligen für sie nicht die fauligen Gerüche des natürlichen Zerfallsprozesses verströmen, sondern die Düfte der Heiligkeit – Jasmin, Iris oder Rose.

Dieser Körper ist anders als bei den meisten anderen Menschen nicht mehr den biologischen Zwängen unterworfen, er genießt Freiheit, ist Herr seiner selbst... Madeleines Ekstasen haben etwas vom Paradies an sich. Und um dieses für ihn verschlossene Paradies dreht sich unentwegt der verwirrte Psychiater.

Spirituelle Lüste: Vaudeville und Niederkunft

Als Madeleine Pierre Janet eine detaillierte Schilderung ihrer Ekstasen liefert, muß dieser einräumen, daß seine Patientin zwar keine normale Aktivität, dafür aber eine ungeheuer reiche spirituelle Aktivität entfaltet.

Küsse, Spasmen, Fliegen und Fluchten

«Nein, der Zustand, in den ich verfalle, ist kein Schlaf, der normale Schlaf ist eine Art Einstellung des geistigen Lebens zugunsten des animalischen Lebens», sagt Madeleine mit einem robusten gesunden Menschenverstand. *«Mein Zustand ist das genaue Gegenteil, er ist die Herrschaft des Geistes über den Körper, der aufhört zu handeln, um die Seele denken, kontemplieren, lieben zu lassen... Ich bin wie tot für alles, was mich umgibt, nur mein Körper ist hier, und mein Geist und mein Herz schweben in ungeheuer weiten Fernen, wo sie köstlich versinken und sich verlieren... Dieses geistige Leben ist nicht eintönig, ganz im Gegenteil, es wandelt sich ständig und scheint immer neu. Die Eindrücke folgen aufeinander wie der Anblick der Blumen in einem ungeheuren Garten; die Gedanken sprießen in meinem Geist, und die Regungen des Herzens entwickeln sich mit immer größerer Inbrunst.»*[33]

Eine Eheangelegenheit, folgert Janet gnadenlos: «Das Hauptthema dieses Dramas ist das Leben eines Paares, man könnte sogar wagen zu behaupten, das eines Ehepaares.»[34]

In diesem mystischen Vaudeville treten zwei Figuren auf: Gott und Madeleine, der Herr und die Dienerin. *«Gott weiß, wann er als Herr sprechen will, und seine Stimme gleicht der des Donners, wir müssen vor seinen Entscheidungen Ehrfurcht haben, wie auch immer sie ausfallen mögen, was mich betrifft, so sage ich ihm immer wieder, daß ich nichts anderes möchte, als daß sein Wille geschehe.»*[35] Da kann es angesichts des vom Marienkult geprägten religiösen Lebens im Frankreich des 19. Jahrhunderts auch nicht erstaunen, daß Madeleine den diesbezüglichen göttlichen Aufforderungen Folge leistet.

«Wir haben», so meint Janet humorvoll, «ziemlich regelmäßige Beziehungen zu den Engeln».[36] Das trifft sicherlich zu – aber zu den Dämonen ebenfalls. Madeleine interpretiert die Krankheiten anderer häufig als Besessenheit durch Dämonen. Sie teilt ihre Diagnosen sogar ihrem Arzt mit, um ihm nützlich zu sein, und sie bekämpft die Dämonen. Wenn sie sich in Hochstimmung befindet, weichen sie ohne Widerstand; in depressiven Phasen triumphieren sie. Engel und Dämonen fungieren überdies nur als Komparsen und Requisiteure in einem viel wichtigeren Drama, das Madeleine um die Weihnachtszeit herum durchlebt. Es ist ein seltsames Szenario, wo man Madeleine ständig unvermittelt die Rolle wechseln sieht, wo sie einmal Jungfrau Maria, einmal Jesuskind ist.

Maria und Joseph ziehen inmitten einer heiteren Landschaft mit blühenden Bäumen nach Bethlehem. Maria ist erschöpft. Madeleines Brüste – sie entblößt sie, um sie zu zeigen – werden schwer; es ist bald soweit. Sie ist also die schwangere Jungfrau Maria, zur Niederkunft bereit. Aber...

«Gott hat mich an einen einzigartigen Ort gesandt, er hat mich wie einen kostbaren Gegenstand, wie eine Statue in eine Art Schrank eingeschlossen; mein gänzlich passiver Zustand erlaubt mir, an dem Platz zu verharren, an den er mich gesandt hat, ich bin im Warmen, und es fehlt mir nicht an Luft zum Atmen. Ich bin eine Hostie, ich bin glücklich über dieses verborgene Leben... ich bin vor den Blicken der Menschen verborgen, in diesem engen Heiligtum, das durch Gottes Willen und den Ihrigen geschaffen wurde.»[37]

Den Ihrigen? Welche Rolle hat Janet hier übernommen? Ist er der heilige Joseph? Aber ja, genau. Und als der Moment der Geburt gekommen ist, hebt Madeleine die Arme zum Kreuz und sagt: *«Die Zeit ist gekommen, kommt Herr Jesus, kommt und bringt von Geburt an dem allmächtigen Gott Eure Huldigungen dar, indem Ihr Eure beiden kleinen Arme zum Kreuz hebt.»*[38] Diesmal besteht kein Bedarf an Meßapparaten: Madeleine identifiziert sich eindeutig erkennbar mit dem Jesuskind.

Joseph nimmt das Neugeborene, Maria hüllt es in Tücher... Und Madeleine sitzt «unbeweglich, mit geschlossenen Augen, halbgeöffnetem Mund, ihre Lippen bewegen sich leicht, sie mimt das schlafende Kind, das im Traum weiterhin an der Brust der Mutter saugt. Während des ganzen auf diese Ekstase folgenden Tages... kann sie nicht aus einem Glas trinken, sie macht nur saugende Mundbewegungen.»[39] Einmal ist sie es, die Gott stillt, ein andermal wird sie selbst gestillt, sie ist Gott. Zwischen den beiden, inmitten eines Transitivismus, der später von Kinderpsychoanalytikern detailliert beschrieben wurde, liegt Madeleines Sexualität. Und in dem heftigen Erotizismus, den der Göttliche Geliebte auslöst, findet Madeleine endlich ihre eigene Identität. Sie ist die Gemahlin Gottes.

Ach! «Ich bin geneigt zu glauben,» schreibt Janet in bezug auf die Schriften früherer Mystiker, «daß diese alten und traditionellen Dokumente über ekstatische Anfälle von den Kommentatoren und von den Autoren selbst, die sie zur Erbauung bestimmt hatten, massiv gesäubert wurden. Ich meine hier also eine exakte Beschreibung liefern zu können und lasse nur die allzu derben Ausdrücke fort.»[40]

Uns zugänglich sind also nur «farblose» Beschreibungen, die dem entsprachen, was Janet wollte: eine schöne Mystikliteratur. Nein, wir haben hier nicht die von Madeleine stammenden «unzensierten Texte», die zweifellos Georges Bataille vorwegnahmen.

Die erste Etappe auf der *Carte du Tendre*[41] sind die Küsse. Wie nicht anders zu erwarten, sind sie göttlich, endlos, süß, lustvoll... *«Ich koste überall die Süße dieser Küsse. Der Genuß im Mund und auf den Lippen ist endlos, er läßt sich mit nichts anderem vergleichen, er ist süßer als Honig… Ich verspüre einen frischen und süßen Geschmack, meine Zunge ergötzt sich wie noch niemals zuvor: Diese Süße in meinem Mund ist berauschend. Was ist das für ein süßer und berauschender Likör, der meinen Mund füllt? Er ist wie Honig, den ich nicht zu schlucken wage, es ist, als ob ich Zuckerzeug äße, mich verlangt es nach keinerlei Näschereien, denn was ich genieße, übersteigt alles, was man sich vorstellen kann.»*[42]

Die zweite Etappe: der Cunnilingus. Eines Morgens, nach einer Ekstase, findet Janet seine Patientin erschöpft vor. Sie werde bald sterben, so sagt sie. *«Sie wissen, daß eine Frau, die kein Wasser mehr läßt, nicht mehr lange leben kann. Ich aber werde nun aber nie mehr Wasser lassen. Es ist nicht meine Schuld, Gott hat es so gewollt… Ein Vers aus dem Hohen Lied besagt es: ‹Ein verschlossener Garten ist meine Schwester Braut, ein verschlossener Garten, ein versiegelter Quell.› Und da sind auch diese Worte, die die Seele dem Geliebten sagt: ‹Mit Küssen seines Mundes bedecke er mich.› Gott hat mit seinen Küssen überall ein Siegel angebracht, und ich werde niemals wieder Wasser lassen können.»*[43]

Die dritte Etappe: der Sadomasochismus. Anläßlich der Karfreitagsfeierlichkeiten wechselt Madeleine das Szenario, und die Stigmata erscheinen – am Tag vor Beginn der Menstruation. *«Ich habe die Wunde im Herzen Jesu betrachtet. Im Geiste bin ich in sie eingedrungen und habe gesehen, wie tief sie war! Ich habe mich in sie versenkt, in ihr gereinigt, in ihr verloren… Nach und nach entwickelte sich das Empfinden, als ob ich erhört worden sei, als ob auch ich all mein Blut hingäbe und als ob ich mich, mit Jesus vereint, von Liebe nährte.»*[44] Janets Kommentar läßt manches ungesagt: «Madeleine wird sich schließlich noch mit Gott identifizieren.»[45] Kein Wort über die Wunde in ihrer Scheide, noch über das Blut, das zum nährenden Element wird.

Die vierte Etappe: der Orgasmus: *«Ich empfinde eine ungeheure Süße auf den Lippen und im Bauch, der sich in wahrhaft göttlichen Spasmen zusammenzieht… Ich erschauere am ganzen Körper, wenn Gott mich überall mit seinen brennenden Händen berührt und sie sanft über meinen Körper gleiten läßt, es ist unbeschreiblich, ich vermeine in dem Ge-*

nuß, den ich verspüre, zu vergehen. Ich fühle mich immer höher in die Luft emporgehoben, man könnte meinen, mein ganzer Körper würde von einem dicken Seil getragen, das zwischen den Beinen hindurchläuft, und daß dieses Seil die Teile zusammenpreßt, die es ins Innere des Körpers drückt. Etwas geschieht mit meiner Blase, die Öffnung wird verschlossen, und diese Unfähigkeit, Wasser zu lassen, ist keine Qual, sondern eine Lust... Ich empfinde nur zu oft innerlich wie äußerlich süße Schauer, die so eigentümlich sind, daß ich sie nicht zu beschreiben vermag.»[46]

Neben diesen ekstatischen Spasmen hat Madeleine Naturwahrnehmungen, in denen Details wie durch ein metaphysisches Mikroskop übermäßig vergrößert erscheinen. Der Flug der Vögel, fallendes Laub, alles bietet Anlaß zur Kontemplation, die hier eine bloße poetische Sichtweise darstellt, welche nichts Exzessives an sich hat. Zu Recht und ohne Verwunderung fühlt sich Janet, von Haus aus Philosoph, an Jean-Jacques Rousseau oder Plotin erinnert. Was hingegen die Fliegen betrifft...

Die Zuneigung, die Madeleine den Fliegen entgegenbringt, entspringt diesem poetischen Naturempfinden. *«Oft vergnüge ich mich damit, kleine Insekten zu betrachten, zum Beispiel kleine Fliegen zu retten, die in die Milch gefallen sind, ich hole sie heraus, wasche sie und beobachte sie, wenn sie auf meinem Finger ihre Toilette machen, sie scheinen dann wie zahm, und ich kann sie nach Belieben untersuchen; danach scheuche ich sie ein wenig, damit sie davonfliegen. Eine dieser kleinen Fliegen schien mich wiederzuerkennen und mir dankbar zu sein; ich gewann sie bald äußerst lieb, ich war glücklich, daß sie mich nicht verlassen wollte, und ich brachte ihr große Fürsorge entgegen... Das, was du für diese Fliege gerne tun würdest, Gott hat es für dich verwirklicht.»*[47]

Diese Fähigkeit zur Identifikation – mit Fliegen, mit den Notleidenden, dem Jesuskind, der Jungfrau Maria, mit Gott – erstreckt sich während der Ekstasen auf die gesamte Natur. Und Madeleine fliegt davon: *«Ich habe mich in der Luft schweben, die Weiten rasch wie der Wind durchqueren sehen... Ich überwand Abgründe im Nu... Welch unbeschreibliche Lust, sich fortzubewegen, ohne daß die Füße den*

Boden berühren, nichts kann eine Vorstellung von der Süße vermitteln, die man empfindet, wenn man auf diese Weise überall hinfliegen kann. Ich bin wie der Vogel in der Luft und der Fisch im Wasser, alles gehorcht meiner leisesten Willensregung.»[48] Hier ist sie also Gott.

Doch ist dies nicht mehr nur der Gott der Christen: Jeder andere Gott hat ebenfalls die Freiheit, sich Luft und Raum untertan zu machen, auch solche wiederentdeckten heidnischen Gestalten wie Hermes oder Hanuman.

Porträt Madeleines als Hexe

Madeleine wäre sicherlich heiliggesprochen worden. Vielleicht hätte sie aber auch auf dem Scheiterhaufen geendet.

Eines der Hauptkriterien für die Erkennung von Hexen ist den beiden Autoren des «Hexenhammers» (1486) zufolge das «körperliche Fortgerissensein». «Es ist nicht zuzulassen, daß verbrecherische Weiber, die sich dem Satan ganz und gar ergeben, durch Täuschung der Dämonen und durch ihre Wahnvorstellungen irregeleitet, glauben und erklären, daß sie zu nächtlicher Stunde mit der Diana, einer Heidengöttin, oder mit der Herodias und unzählig vielen Weibern auf gewissen Tieren ritten und weite Länderstrecken im Schweigen der tiefen Nacht durchmessen ...»[49] Das harmlose «Fortgerissensein» Madeleines, dieses glückselige Schweben über die Berggipfel, hätten genügt, um ihr ein Verhör unter der Folter zu bescheren. Und mit noch größerer Sicherheit hätte ihre Schmerzunempfindlichkeit für sie den Tod auf dem Scheiterhaufen bedeutet: Denn Hexen, so steht es im Hexenhammer, wüßten den Inquisitoren eine Falle zu stellen, indem sie sich aus freien Stücken der Probe mit dem glühenden Eisen unterzögen, das sie durch Zauberei mühelos zwischen ihren Händen halten könnten. Madeleines heftige Empfindungen, die eingebildeten Geruchswahrnehmungen, die wunderbare Vertrautheit mit den Tieren, all das hätte sie verdächtig erscheinen lassen. Wenn Janet kaum einen Gedanken hierauf verwendet, dann deshalb, weil seine Epoche weder Heilige noch Hexen akzeptiert. Der einzige Unterschied zwischen diesen Gestalten, die alle gleichermaßen mystischen Zuständen unterworfen sind, ist jedoch die von der Gesellschaft getroffene Entscheidung, die einen als Heilige und die anderen als Hexen zu bezeichnen, oder manchmal, wie im Falle Jeanne d'Arcs – nach der jeweiligen öffentlichen Stimmung – hintereinander als beides.

«Wie soll ich die Aufwallungen beschreiben, die ich heute erlebt habe! Wenn das so weitergeht, werde ich mich nicht mehr zügeln können und gegen meinen Willen extravagante Bewegungen vollführen. Ich empfinde in manchen Augenblikken so etwas wie ein höchstes Bedürfnis zu tanzen, ich werde schließlich noch in die Luft springen. Ich bin wie elektrisiert, es herrscht eine Spannung in mir, so als ob komprimierter Dampf kurz vor der Explosion steht... Fürchten Sie nicht, daß diese Glut eines Tages wie ein Vulkan ausbrechen wird? Dann kann ich nicht mehr für mein Handeln einstehen.»[50]

Leidenschaftlich tanzen? Extravagante Bewegungen? Eine nicht einzudämmende Glut? Das entspricht eindeutig sowohl einer Hexe als auch einer Heiligen.

Denn beide Frauen, die schwarze wie die weiße, haben Erleuchtungen. Madeleine macht hier keine Ausnahme: Die Ekstase beschert ihr eine spontane Erkenntnis, über die zu urteilen Janet sich veranlaßt sieht. Es ist eindeutig, daß Madeleine im Zustand der Ekstase alles versteht; vor allem das Unerklärliche. Leider ist sie nicht in der Lage, irgend etwas zu erklären, da diese Erkenntnis von unaussprechlicher Art ist.

Der Psychiater Janet – und der Philosoph, der er Zeit seines Lebens bleiben wird – entscheiden daher: «Begreifen, das heißt machen, und eine Sache ist nur in dem Maße begreiflich, wie sie mit den Objekten, von denen wir wissen, daß wir sie machen können, identisch ist.»[51] Im Zustand der Ekstase gehört seine Patientin nicht mehr der pragmatischen Welt an, wo dieses effizienzorientierte Begreifen herrscht; sie wird also nicht «begriffen», und sie selbst «begreift» auch nicht. Wenn sie dies aber im Zustand der Ausgeglichenheit zugibt, dann scheint sie darüber in keiner Weise bekümmert.

Und wenn die Priester nun ihre Gedanken, ihre Visionen nicht guthießen? *«Das wäre schlimm, doch was soll ich tun, ich könnte nichts daran ändern, was wahr ist, wäre immer wahr.»*[52]

So unerschütterlich ist ihre Gewißheit, daß sie nicht mehr zur Beichte geht: Die Sünde ist unmöglich geworden. Alles in ihr ist rein, sogar die geschlechtlichen Genüsse, vor denen sie während der Adoleszenz so große Furcht gehabt hatte. Die Askese, zu der sie sich gezwungen hatte, und der Verzicht auf alle Vergnügungen werden belohnt durch die konsequente und bewußte Befriedigung aller Sinne. Madeleine ähnelt also in gewisser Weise Rimbaud.

Es ist überraschend, daß sie sich dessen sehr viel klarer bewußt ist, als Janet glaubt. *«Wie alle meine Sinne und Gliedmaßen meines Körpers erleben die Geschlechtsteile ihre Lust in umgewandelter Form, die dadurch einen ganz besonderen, spirituellen und reinen Charakter gewonnen hat.»*[53] Sie kennt also genau die Quelle der Lust, die sie während der Ekstase so freudig empfängt. Es ist ein triumphierendes, optimistisches Glücksempfinden, das alle gesellschaftlichen und moralischen Normen sprengt und das Schlechte wie das Gute als gleichermaßen rein ansieht: Hexe und Heilige – in Ekstase hätte Madeleine Anspruch auf beide Ruhmestitel erheben können.

Als nun Janet gereizt diese triumphierende Gewißheit Madeleines beschreibt, zieht er Parallelen zum Fall Martials, eines anderen Patienten. Martial ist Schriftsteller, seit er vor langer Zeit durch eine Erleuchtung die Gewißheit eines ihm verheißenen Ruhms erlangt hat, «ein Ruhm gleich einer gewaltigen Granate, die noch nicht explodiert ist».[54] Daraufhin wird er wegen Depressionen in die Psychiatrie eingeliefert. Er ist zwar weiterhin schriftstellerisch tätig, doch nicht mehr, um sich weiterzuentwickeln, denn sein Ruhm hat sich nicht gewandelt, kann sich nicht wandeln: Er ist bereits vorhanden. Und wenn «die geistige Sonne» des ersten Tages auch erloschen ist, der Drang zu schreiben und die Überzeugung, daß das Geschriebene vollkommen sei, sie bleiben.

Pierre Janet konnte nicht wissen, daß «Martial», das heißt Raymond Roussel, tatsächlich so berühmt werden würde, wie er es selbst vorausgeahnt hatte.

Er dachte keinen Moment daran, daß einer seiner Patienten die Wahrheit sagen und die Realität, das «Handeln», die solide und materielle Welt voraussehen könnte, auf die er, der Gelehrte und Psychiater, sich hartnäckig und zielstrebig berief. Und dennoch war Martial dieser Ruhm bestimmt.

Und dennoch war Madeleine eine Heilige.

Die Versuchung oder Janet auf dem Prüfstand

Madeleine im Verhör

Madeleine wird so von ihrem Arzt unter Druck gesetzt, daß sie schließlich «ihre Krankheit gut kennt».[55] Von ihr stammen daher auch die Benennungen der Zustände, die Janet als «untere» Zustände bezeichnet, wobei an erster Stelle der Zustand der «Versuchung» steht.

Hingegen ist es Janet, der entscheidet, daß der Zustand der *Versuchung* als «erster» zu betrachten sei, als erster, der sichtbare Auswirkungen hat. Oder zumindest der erste, der im sozialen Leben Madeleines sichtbar wird: Ihre Anfälle von Zweifeln und Gewissensbissen sind von der zeitlichen Abfolge her tatsächlich die ersten *äußeren* Anzeichen ihres Rückzugs aus dem sozialen Leben. Janet gibt hier wenig auf die in der Kindheit erlebten Ekstasen und die Verzückungszustände im Walde, die offensichtlich die ersten Ereignisse in Madeleines *innerem* Leben waren.

Der Zustand der Versuchung beginnt immer auf die gleiche Weise, mit Hungeranfällen. «Wenn Madeleine, in scheinbar gutem Zustand, zu mir sagt, daß die im Krankenhaus servierte Milch schlecht und mit zuviel Wasser verdünnt sei, dann ist dies ein untrügliches Zeichen», schreibt Janet.[56] Dieser ungeheure Appetit wird begleitet von einem Verschwinden der Muskelkrämpfe; Madeleines Fersen berühren wieder den Boden, sie wird zehn Zentimeter kleiner und erscheint nun wieder als das, was sie eigentlich ist, eine sehr kleine Frau.

Dann folgen Fragen über Fragen, Angst und Unruhe... Madeleine läuft Janet unablässig durch die Korridore des

Krankenhauses hinterher und stellt ihm Fragen, ohne sich jedoch mit irgendeiner Antwort zufriedenzugeben. *«Ich werde in Unruhe versetzt, hin und her gerissen zwischen widerstreitenden Gefühlen, ich möchte handeln können, mich unaufhörlich bewegen können, mich fortwährend erschöpfen, um mich von meinen Sorgen abzulenken»*, sagt sie.[57]

Dann kommt die Erschöpfung. Sie hat psychische Auswirkungen, die mit denen mancher Drogen identisch sind, denn auf die Erschöpfung folgt die Ekstase. Zur Zeit Pierre Janets gab es noch sehr wenig Hinweise auf diese relativ junge Entdeckung, die das Ergebnis von Studien über die biologischen Zyklen, insbesondere über das Melatonin ist, das den Wach- und Schlafrhythmus reguliert. Welche «Sorgen» Madeleine auch haben mag, von Bedeutung sind hier die Erschöpfung und die Mittel, zu denen sie greift, um letztere hervorzurufen. Aber Pierre Janet, da er ein logischer Mensch ist, interessiert sich vor allem für den Inhalt der Sorgen seiner Lieblingspatientin.

Wo nun könnte Madeleine die Bestätigung jener Wahrheiten erhalten, die ihr während der Ekstasen so offensichtlich, danach aber so fraglich erscheinen? Bei den Priestern? *«... sie verstehen nicht, sie können nicht verstehen, auch ein Bischof nicht»*.[58] Beim Papst? Seine Unfehlbarkeit hinge von seinen Beratern ab, und um ihn herum würden so viele Intrigen gesponnen... Im Kloster? Das hieße, das Armutsgelübde brechen... So viele dogmatische Probleme, die Madeleine zusetzen.

Indes kann keine dieser Fragen ermüdend genug sein. Und so wird Madeleine von dem besessenen Wunsch ergriffen, eine Wallfahrt nach Rom zu unternehmen, um auf diese Weise ihr Verlangen nach Erschöpfung zu befriedigen.

Als Anhängerin des Marienkults hat Madeleine es sich in den Kopf gesetzt, für die Verkündung des Dogmas von Marias leiblicher und seelischer Aufnahme in den Himmel zu sorgen. Das Dogma von der Unfehlbarkeit des Papstes stammt aus dem Jahre 1870, das Dogma von Marias Himmelfahrt sollte erst nach dem Zweiten Weltkrieg, 1950, verkündet werden. Pierre Janet behandelt Madeleines Offenbarung so, als ob es sich um ein belangloses Hirngespinst

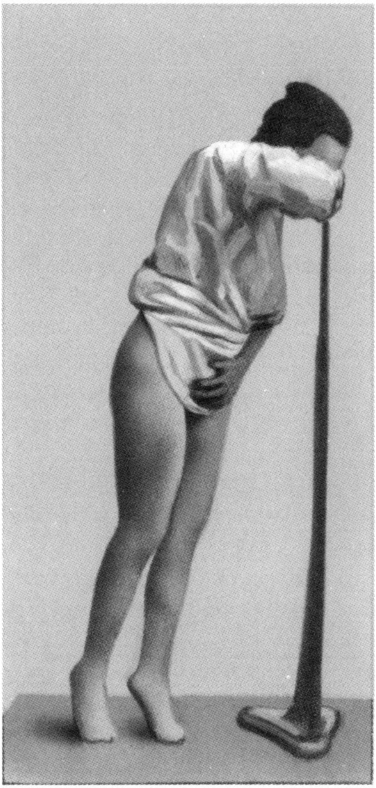

Madeleine mit erhobenen Fersen

handele; er meint sogar, sie bilde sich ein, den Gedanken von Marias Himmelfahrt selbst ersonnen zu haben. Durch das medizinische Interesse an seiner Patientin geblendet, übersieht er den kollektiven Anteil in Madeleines Inspirationen. Allerdings schreckt Madeleine, um ihren theologischen Überzeugungen Nachdruck zu verleihen, vor dramatischen Inszenierungen nicht zurück.

Wie Maria fühlt sich Madeleine emporgezogen. Sie führt dies sogar als Erklärung dafür an, daß sie auf Zehenspitzen läuft. Die emporgehobenen Fersen sind das erste Anzeichen für Madeleines Himmelfahrt. Aber um zu erreichen, daß ihre eigene Aufnahme in den Himmel akzeptiert wird, muß Madeleine zunächst dafür sorgen, daß die Himmelfahrt ihrer Vorbildfigur anerkannt wird.

Diese Anerkennung kann nur der Papst aussprechen, doch besteht für Madeleine kein Zweifel, daß er sofort überzeugt wäre, wenn er sie so auf Zehenspitzen laufen sähe. Sie würde mit ihrer eigenen Person den physischen Beweis für die Realität der Himmelfahrt liefern. Daher auch das Vorhaben, sich, auf Zehenspitzen laufend, nach Rom zu begeben; die Engel würden sie auf dem Weg dorthin nähren, sie würde fromme Bilder malen, wie es die Schauspielerin für Don Rodrigo am Ende von «Der Seidene Schuh» tut. Einmal in der Heiligen Stadt angekommen, würde ihr Seine Heiligkeit eine Audienz gewähren, sie würde Wunder tun, in die Wolken emporfahren, und das Dogma würde verkündet werden.

Doch Madeleines Wunsch nach einer Audienz ist gewissen Schwankungen unterworfen. Einmal meint sie, sie müsse «alles» tun, um nach Rom zu gelangen; dann wieder zögert sie: *«Man muß mich total einschließen, denn ich werde mich nicht zurückhalten können, alles zu tun, was ich kann, um der Stimme, die unaufhörlich zu mir spricht, zu gehorchen. Bedürfen die Kirche und der Papst wirklich meines Rates? Kann Gott nicht andere Instrumente wählen?»*[59] Wie immer ist Madeleine auch in diesem Punkt von erstaunlicher Hellsichtigkeit. «Ich habe in mir zwei Seelen, die einander bekämpfen. Die eine ist erfüllt von dem heftigen Wunsch, aufzubrechen, die andere von dem etwas weniger heftigen Wunsch, ich möge zurückgehalten werden, möge daran gehindert werden, mich von hier zu entfernen. Entweder bin ich eine monströse Irre oder eine zutiefst Schuldige; ich habe zwei Personen in mir, es ist unerträglich.»[60] Manchmal erhebt sie sich, schnürt ein Bündel und bricht tatsächlich auf. Einmal läuft sie, ohne Kopfbedeckung und mit geschlossenen Augen, durch das Labyrinth der Innenhöfe der Salpêtrière, wo man sie wieder aufgreift. Und als sie schließlich aus der Anstalt entlassen wird, erbietet sich ein wohlmeinender Mensch, ihr die Reise nach Rom zu bezahlen und ihr eine echte Audienz beim Papst zu vermitteln. Doch hiergegen wehrt sie sich mit der Energie der Verzweiflung. Ihre Widersprüchlichkeit zeigt sich auch daran, daß sie sich in Dankesbezeigungen überschlägt, als es gelingt, durch Massagen die Muskelkrämpfe in ihren geschundenen Beinen zu lösen. Wenige Tage später jedoch läuft sie abermals auf Zehenspitzen. Und damit beginnt ein erbittertes Feilschen, ob Madeleines Himmelfahrt real ist oder nicht.

Eheszene zwischen Arzt und Patientin

– Madeleine: *«Monsieur Janet verlangt absolut unbestreitbare Beweise, er will nichts von einer Himmelfahrt hören, solange ich nicht eine Viertelstunde lang vor ihm schwebe, die Zehenspitzen zehn Zentimeter über dem Boden. Welch absonderliche Idee, die göttlichen Dinge messen zu wollen! Wäre das Wunder bei nur einem Millimeter nicht ebenso groß? ... wenn die Levitation auch augenblicklich nur einen Millimeter beträgt, so wird sie sich doch bald vergrößern und die geforderten zehn Zentimeter erreichen...»*

– Der Arzt: «Ich habe ihr als Lösung ein kleines, aber entscheidendes Experiment vorgeschlagen ... Wenn Madeleine überzeugt ist, daß sie an den Fesseln hochgehoben wird, daß sie jeden Tag mehr hochgehoben wird, dann müßte sich ihr Gewicht dementsprechend verringern. Nun steht aber eine Waage im Laboratorium, und sie wurde ziemlich regelmäßig gewogen. Werfen wir gemeinsam einen Blick auf das letzte Gewicht, das vor zwei Wochen festgestellt wurde, 49 kg, und kontrollieren nun erneut mit der Waage, welche Gewichtsabnahme durch die Levitation bewirkt wurde... oh, sie zeigt 49 kg 500 an...»[61]

– Madeleine: *«Oh, diese Waage ist lächerlich; sie zeigt an, daß ich zugenommen habe, aber ich fühle mich leicht, sehen Sie nur, wie ich mich im Kreis drehe. Was ist nun wahrer, mein Gefühl oder die Waage? Immerhin könnte der Teufel, der Gottes Willen durchkreuzen will, Ihre Waage zerstört haben...»*[62]

– Der Arzt: «Ich lasse Madeleine dies zur Kenntnis nehmen und bitte sie, den Schluß daraus zu ziehen...»[63]

– Madeleine: *«Monsieur Janet beklagt sich, daß dies eine sehr lange Zeit sei: Die ganze göttliche Kraft benötigt über drei Jahre, um eine kleine Frau von vierzig Kilo zehn Zentimeter in die Luft zu heben. Das ist sicherlich langsam, setzen wir also eine Frist: Mittwoch morgen. Madeleine wird dann den Boden nicht mehr berühren, sie wird ständig zehn Zentimeter über dem Boden schweben, und wenn das nicht der Fall ist, so wird sie dem Doktor gehorchen und nicht mehr davon reden, zum Himmel emporzufahren... Welche Anmaßung, Gott auf diese Weise Fristen zu setzen, die Himmelfahrt wird dann geschehen, wenn Gott es will, und nicht, wenn es Monsieur Janet gefällt.»*[64]

– Der Arzt: «Ich beschränke mich darauf, hier auf eine Körperhaltung Madeleines vor der Waage hinzuweisen...»[65]

Arme Madeleine. Bei diesem Mann, der alles messen will, wird die tatsächliche Existenz ihrer Genüsse fortwährend in Zweifel gezogen. Dieses Feuer, das sie verzehrt, ist es auch wirklich rein? Und wenn es Satan wäre? *«Ich habe Angst, nur eine falsche Heilige zu sein und die wahren Gaben Gottes herabzuwürdigen, indem ich sie mit den Auswirkungen von Krankheit und Wahn gleichsetze... Ich sähe mich gern von allem Außergewöhnlichen in mir befreit, würde gern nur noch ein der Arbeit geweihtes Leben führen, von allen unerkannt, und nichts mehr denken und vor allem nicht mehr diese seltsamen Empfindungen haben, die ich mir nicht erklären kann.»*[66]

Ein Punkt für den Doktor. Madeleine faßt, so meint er, «weise Entschlüsse»:[67] *«Ich muß diesen exzessiven Genüssen, die ich am ganzen Körper verspüre, entsagen. Obwohl sie rein und von ganz anderer Natur sind als die fleischlichen Lüste, begreife ich, daß es meine Pflicht ist, sie zu meiden, weil sie mich zu sehr beanspruchen und mich davon abhalten, mich mit anderen Dingen zu befassen.»*[68] Als gute Schülerin hat die Patientin ihre Lektion gelernt.

Doch nicht für lange. «Diese guten Vorsätze, die aus Einsicht hätten entstehen sollen, bringen nur für einen kurzen Moment Ruhe», seufzt Janet.[69] Ein Punkt für Madeleine.

Und als ihr keine Argumente mehr bleiben, fordert sie eine medizinische Überprüfung ihrer Jungfräulichkeit. Schachmatt: Janet hat verloren.

Doch dessen ist er sich nicht bewußt. Blind für die massive Übertragung und Gegenübertragung, die zwischen ihm und seiner Patientin stattfindet, begnügt sich Janet damit, Madeleine danach zu beurteilen, inwieweit sie zu effizientem Handeln fähig ist: Dies ist das am wenigsten stichhaltige Kriterium, wirft Madeleine aber endgültig auf ihren Wahn zurück. Es hat etwas Pathetisches an sich, wenn man sieht, wie sich Madeleine gegenüber diesem Arzt durchzusetzen versucht, der im wesentlichen auf Verifikation bedacht ist und gleichzeitig ebenso «zänkisch» ist wie sie. Und ebenso ist es zutiefst anrührend, wenn man beobachtet, wie Janet sich gegenüber dieser weiblichen Gestalt durchzusetzen versucht, die wie ein Aal durch die Maschen seiner pragmatischen Argumentation schlüpft. Ihre Dialoge finden meist während des Zustands der Versuchung statt, und wenn Madeleine «versucht» ist, auf ihre Ekstasen zu verzichten, so ist Janet versucht, sich ihnen hinzugeben. Ob nun Wiegeprozeduren, Diskussionen oder Eheszenen: Alles ist recht, um Madeleine zur Entsagung zu bewegen.

Und warum das alles?

Keine Antwort. Nicht einmal die Frage wird aufgeworfen.

Und dennoch...

Theatralische Leidenschaften oder Janet als Don Juan

Die folgende Phase betrifft im Grunde nicht mehr Madeleine. Es ist Janets Naivität, die hier offenkundig wird.

Eifersucht

Naivität? Janet gibt sich alle erdenkliche Mühe, Madeleine einem Verhör zu unterziehen; er versucht, sie zur Kritik an ihren eigenen Ekstasen zu veranlassen; andererseits will er sie dorthin zurücktreiben, wenn sie sich davon entfernt hat; und er ist es auch, der sie einerseits mit unbewußtem Sadismus zurückweist, wenn sie sich ihm zu Füßen wirft, und sie dann wieder hätschelt, wenn sie betrübt ist. Naiv also der Janet, der bei seiner Patientin so exakt eine

«Angst vor der Lust» konstatiert? Das erscheint wenig glaubhaft.

Halten wir an diesem Punkt des wissenschaftlichen Protokolls eines ehrenhaften Mannes inne.

Denn der Dialog, der sich zwischen Janet und Madeleine entspinnt, verkehrt den Wahn in Wirklichkeit und gleitet in die Realität allzu menschlicher Leidenschaften hinüber. Dabei wird der gute Doktor, ohne sich dessen bewußt zu sein, zur Theaterfigur.

Unbewußt, weil jedes Wort in seinen Niederschriften von ihm stammt. *Unbewußt*, weil er die Freudschen Theorien im Namen der wissenschaftlichen Exaktheit ablehnt. Denn hätte er die Psychoanalyse auch als Möglichkeit der Analyse der Übertragung angesehen, dann wäre ihm die Bedeutung all dieser Episoden nicht entgangen. Doch Janet ist weder Breuer noch Freud; von der leidenschaftlichen Liebe einer Frau verfolgt, ist er unfähig, Abstand zu gewinnen, analysiert nicht, sondern erwidert die ihm entgegengebrachten Gefühle, entfacht sie immer wieder neu und ergeht sich in kleinlichen Streitereien. Kurz, er ist ein Gefangener der Anstaltsmaschinerie, deren Hauptorganisator er selbst ist.

Madeleine hat sich Janet als Beichtvater «ausgesucht», was zweifellos ein Beweis für das therapeutische Talent dieses wohlmeinenden Mannes ist; was jedoch den Umgang mit der hier stattfindenden Übertragung betrifft, so verhält es sich ganz anders.

Madeleine hat Janet auch zum Objekt ihrer Zuneigung gewählt; sie fordert daher, «mit der Peitsche» behandelt zu werden: *«Ich verlange, mit Strenge und Härte behandelt zu werden. Sie schütteln mich nicht häufig genug. Haben Sie keine Hemmungen, ich werde alles für gut erachten, was aus der Hand eines Vaters kommt, der seine Kinder züchtigt.»*[70]

Logischer Schluß: Madeleine ist eine anspruchsvolle Patientin. Sie will allen anderen vorgezogen werden und sich allein mit ihrem Lieblingsarzt in einer Ecke des Laboratoriums aufhalten. Sie erträgt es nicht, wenn er ihr keine Aufmerksamkeit schenkt. Und als er einmal sein Interesse an einer Drogensüchtigen (Äther, Kokain und Morphin) bekundet, die mystische Wahnvorstellungen voller Engel mit blauen Flügeln hat und sich ihrer eigenen Himmelfahrt sicher ist, zeigt sich Madeleine eifersüchtig.

«Nehmen Sie ihre Engel mit den blauen Flügeln ernst?... Wenn Sie sich für sie interessieren, dann heißt das, daß Ihnen nichts an der Wahrheit liegt, ich kann mich nicht damit abfinden, daß meine Tröstungen, die eine Gnade Gottes sind, mit den Hirngespinsten dieses Fräuleins auf eine Stufe gestellt werden.»[71]

Auf diese brennende Liebe antwortet Janet mit «rationalen Überlegungen». Er stellt fest, daß Madeleine ihn kritisiert: Ist er nicht laizistisch eingestellt und ungläubig? Und wirft sie ihm dies nicht heftig vor? Doch was Janet als «Kritik» bezeichnet, ist ein leidenschaftlicher Aufschrei: *«Es ist, als ob meine Seele mit der Ihrigen verbunden wäre, sie möchte alle Gedanken mit ihr teilen, aber wenn ich ganz genau so wie Sie denke, dann bricht das ganze Gebäude meines Glaubens zusammen... Wenn ich spüre, daß Sie das, was ich mein ganzes Leben geglaubt habe und was mein Glück ausgemacht hat, nicht glauben, dann zerreißt es mir das Herz, und ich empfinde einen schrecklichen Schmerz.»*[72]

Madeleine als Doña Elvira und Janet als Don Juan.

Madeleine als Hermione und Janet als Pyrrhus.

Madeleine als Doña Siebenschwert und Janet als Don Rodrigo.

Sie halluziniert seine Gegenwart. Und nicht nur von Angesicht zu Angesicht: *«Es scheint mir zuweilen, daß Sie hinter meinem Rücken stehen... Das könnte störend sein. Doch es ist eine Vorstellung, die nichts Unangenehmes an sich hat.»*[73]

Janet aber will nicht verstehen und antwortet in aller Höflichkeit, daß er ihr jede Freiheit lasse zu glauben, was ihr beliebe. Was offensichtlich nicht zutrifft, da er fortwährend Kritik an ihren Wahnvorstellungen übt – insbesondere dann, wenn er sich zu frivolen erotischen Anspielungen hinreißen läßt.

Aber die Verliebte gibt nicht auf. Und mit einer verblüffenden Naivität vermerkt Janet, daß sie einer anderen Zwangsvorstellung verfallen sei: Madeleine glaubt, daß Janet sie magnetisiert. *«Ich möchte, daß Sie mich in allem sehr streng führen, aber ich möchte keinem Einfluß ausgesetzt sein, der magnetisch sein könnte...»*[74]

Unempfänglich für die Kraft dieser Metapher, insistiert Janet – oh, wie moralisch – auf der Tatsache, daß er Madeleine niemals, aber wirklich niemals, magnetisiert oder hypnotisiert habe und daß sie dies im übrigen genau wisse. Madeleine als Dora und Janet als Doktor Freud – mit dem Unterschied, daß Janet die Übertragung, die Madeleine von Gott auf ihn, ihren Arzt, vornimmt, nicht erkennt.

Porträt des Arztes als sadistischer Verführer

Janet hat diese Übertragung so wenig analysiert, daß er Ärger über seine Patientin empfindet: Dialog zwischen Don Juan und Doña Elvira, II. Akt.

– Janet, gereizt: «Ich habe niemals von ihnen einen so übertriebenen Gehorsam verlangt, niemand hält sie hier mit Gewalt zurück, Sie müssen selbst sehen, was Ihnen lieber ist; ich habe Ihnen immer geraten, weniger zu schreiben, beichten Sie einem Priester und halten Sie sich fern.»[75]

– Madeleine, verzweifelt: *«Sie wollen also meinen absoluten Gehorsam nicht mehr. Dieser grauenhafte Satz: ‹Sie müssen selbst sehen, was Ihnen lieber ist›, hat mir in der Seele weh getan».*[76]

Auf die eines Racine würdigen Worte Madeleines *«Ich, die so schamhaft ihre Seele verbarg, wie konnte ich mich Ihnen in einer Weise öffnen, wie ich es noch niemandem gegenüber getan habe?»*[77] antwortet Janet nicht. Und als sie ihm, am Ende ihrer Kräfte, das anbietet, von dem sie genau weiß, daß er es wünscht, so lehnt er dieses Geschenk der Liebe ab.

Madeleine hat unter den anderen Patientinnen keine Freundinnen. Janet zeigt sich darüber verwundert, ja nimmt sogar Anstoß daran. Er ist dermaßen von der Kraft Madeleines überzeugt, daß er anfangs befürchtet, sie könne im Hospital eine kleine Epidemie religiöser Wahnvorstellungen auslösen. Aber keineswegs: Madeleine hat zu niemandem Kontakt, außer zu ihm. Für die anderen Patientinnen ist sie «eine ulkige Spinnerin mit ihrem Lieben Gott, die niemand versteht».[78]

– Madeleine: *«Aber Sie verstehen mich doch, oder?»*[79]

– Der Arzt: «Ach, Madeleine, prahlen Sie nicht damit, das ist eine Frage des Berufs und hat mit Ihnen nichts zu tun.»[80]

Nun, wenn es sich hier um eine Frage des Berufs handelt und wenn man verrückt sein muß, um geliebt zu werden, dann sollte Janet eine echte «Verrücktheitserklärung» empfangen, ebenso wie man eine «Liebeserklärung» empfängt.

– Madeleine: *«Ich fühle mich nur beruhigt und sicher, wenn ich sehe, daß sie mich als verrückt betrachten... Sie verstehen also nicht, daß mir die geringste Freiheit, die Sie mir gewähren, weh tut! Ich bin eine arme Verrückte, die von Hochmut geschlagen ist, und da Sie fortgingen, ohne sich um mich zu kümmern, so vergessen Sie nicht, daß ich eine arme Kranke bin und Nachsicht und Verzeihung verdiene.»*[81]

– Janet: «Um diese Verzweiflung zu beenden und ihr Tage voller Angst zu ersparen, habe ich ihr einige tröstende Worte gesagt. Aber die Zeit steht nicht still, und sie beginnt sich wieder zu sorgen...»[82]

Der Rolle, die ihm von Madeleine aufgezwungen wird, kann Janet nichts entgegensetzen. Und wenn es ihm auch gelingt, sie in depressiven Momenten in ihren Überzeugungen zu erschüttern, so ist er doch machtlos angesichts der absoluten Unterordnung seiner Patientin. *«Und selbst wenn Sie, mein Vater»*, geht sie so weit zu sagen, *«entscheiden würden, mir nichts zu sagen, mir nichts zu befehlen, selbst wenn Sie weder einen Blick noch ein Wort für mich übrig hätten, so genösse ich es dennoch, mich in Ihren Händen zu wissen, ganz zu Ihrer Verfügung zu stehen...»*[83]

Was auch geschieht..., wenn es auch so ist... Dieser Schrei des «Ich weiß sehr wohl, aber dennoch», den Octave Mannoni als eine der Hauptformen der Verneinung bezeichnet hatte, diesen Schrei stößt Madeleine aus, wie man eine Flaschenpost ins Meer wirft. Ist das noch Gott, den sie liebt? Ja und nein. Janet verkörpert widerwillig das «Organ der Gottheit»; aber Gott bleibt Gott, ihr Herr. In der von Madeleine selbst gewählten Knechtschaft nimmt Janet die Position des stellvertretenden Direktors ein, des Präfekten, des Großwesirs, des Premierministers, des unmittelbaren Liebesobjektes, aber alles nur als Bevollmächtigter.

Rührende Madeleine, die das Ehegelöbnis, das sie gegenüber ihrem göttlichen Gemahl abgelegt hatte, nicht vergißt: *«Ich glaube, daß keine Gefahr herrscht, aber mein Herz muß dem Herrn treu bleiben, der allein das Recht hat, es vollkommen zu besitzen.»*[84]

Verabscheuungswürdiger Janet: «... sie beginnt sich wieder über die schreckliche Herrschaft eines Individuums ohne Glauben über eine arme Frau mit empfindsamem Herzen zu beunruhigen und das unaufhörlich, bis sich ihr Zustand verändert und sie ins Paradies zurückkehrt, wo sie von ihrer bewundernswerten Fügsamkeit, der Richtigkeit ihrer Ziele und der Reinheit ihrer Gefühle überzeugt ist.»[85]

Was soll sie denn nun tun, Professor Janet? Sie wollen sie von ihrem Wahn befreien und sie zu einem «aktiven» Leben anhalten. Lieben wollen Sie sie nicht. Madeleine ist nicht dumm, und da sie sehr genau weiß, daß Sie nur an ihrem Wahn interessiert sind, kehrt sie zu ihm zurück.

Die Leiden Madeleines

Eine graue Leere

Trockenheit, so bezeichnet Madeleine diesen schlimmsten aller Zustände. Eine Leere, deren Ausgangspunkt eine tödliche Langeweile ist. Ohne Trost, ohne Zuspruch, ohne alles – sogar ohne die zärtliche Zuwendung Janets – fühlt sich Madeleine *wie ein Tier*,[86] unfähig zu handeln und sogar zu denken. Sie empfindet eine *«graue und monotone»* Langeweile.[87] Eine Depression.

Auf die Langeweile folgt die Trockenheit. Mit herabhängenden Armen sitzt Madeleine unbeweglich auf ihrem Stuhl. Sie gibt sich geschlagen, hat alles verloren, sogar ihren Glauben. Eine Strafe für wen?

– Madeleine: *«Ich wußte genau, wenn ich den Zweifel an gewissen Dingen in meiner Seele zulassen würde, dann wäre ich verloren, würde alles aufgeben, könnte an nichts mehr glauben. Das hinterläßt eine zu große Leere, die durch nichts mehr gefüllt werden kann, wenn der Glaube nicht zurückkommt, dann verliere ich den Kopf, werde vollends verrückt.»*[88]

– «Aber, aber, Madeleine», meint Professor Janet, «machen Sie sich ausgehfertig, gehen Sie in die Kirche, und dann hören Sie sich einen Gottesdienst an und beten, wie Sie es so schön können…»[89]

– Madeleine: *«Nein, das hat keinen Sinn, ich werde nicht gehen… ich kann nicht mehr beten.»*[90]

– «Was für ein Unsinn, Sie können so schöne Gebete sprechen und ausdenken, versuchen Sie doch, eines in meiner Gegenwart zu sprechen…»[91]

Der gute Doktor betätigt sich als Anstifter zum Verbrechen.

– «Ich versuche, Madeleine ein wenig zu trösten…», meint er und versichert ihr, daß Gott sie liebe.[92]

– Madeleine: *«Nein, ich spüre, daß er mich nicht mehr liebt… Ich spüre das an etwas Grausamen, das ich nicht auszusprechen wage, ich spüre in mir, daß ich ihn nicht mehr liebe; niemand liebt mich mehr, weil ich niemanden mehr liebe…»*[93]

Das also ist der Zweck des «Wahns»: Er schützt vor der Leere.

Hellsichtiger denn je meint Madeleine: *«Sie sprechen von Verdiensten, die ich durch meine Armut und meine Leiden erworben habe. Doch meine Armut war immer nur eine Dummheit, und das wissen Sie genau, da Sie mich ja zwingen, sie aufzugeben. Meine Leiden, sie existieren nicht!… Ich wäre sehr froh, wenn ich von wirklich schlimmen Leiden getroffen würde, sie würden mich vor mir selbst und dieser geistigen Dürre retten.»*[94]

Wer hat hier gewonnen? Wer verloren?

Madeleine hat ihre Ekstasen und ihren Glauben verloren, und Pierre Janet scheint darüber äußerst betrübt. Das hat der Arzt nun davon, daß er dieses Spiel gewonnen hat: Seine Patientin betrachtet ihn nicht mehr als Beichtvater, da es nichts mehr gibt, wobei sie Führung benötigt, und konsultiert ihn nur noch bei rein gesundheitlichen Angelegenheiten von jämmerlicher Banalität: Wegen eines kleinen Pikkels auf dem Bauch verlangt sie eine Auskultation… Janet zeigt sich empört: Sie, die den Tod so sehr herbeisehnte, scheint ihn nun schrecklich zu fürchten! «Madeleine, die in gewaltigen Tiraden den Tod mit aller Kraft herbeiwünschte, die möglichst früh ins Paradies gelangen wollte, hat es nun nicht mehr so eilig, diese Erde zu verlassen, für die sie sich dennoch nicht interessiert.»[95]

Doch dies ist alles nur die Vorstufe zum Leiden. Die Leere ist nicht von langer Dauer.

Höllenvisionen oder Der Haß auf Gott

Der Zustand des Leidens beginnt mit einer heftigen Erregtheit. Madeleine läuft im Hof auf und ab, verläßt und betritt unvermittelt Gebäude und Räume, redet unaufhörlich und mit lauter Stimme, seufzt und schreit. Während dieser Phasen kommt es am häufigsten vor, daß sie «zur Tat schreitet»: Und wenn Janet sie auch nicht so bezeichnet, so sind diese «Taten» doch daran erkennbar, daß sie sehr plötzlich erfolgen, sich störend auf das soziale Gefüge auswirken und dazu führen, daß die Patientin reale physische Gefahren auf sich nimmt.

Zu diesen «Taten» getrieben wird Madeleine durch eine paranoide Zwangsvorstellung: Sie will um jeden Preis eine Verschwörung aufdecken. So verlangt sie den Polizeikommissar zu sprechen, um ihn auf ein geplantes Attentat auf den Staatspräsidenten aufmerksam zu machen oder auf ein Attentat, das auf die Börse verübt werden soll oder auf den Verrat der Abgeordneten. Während der Weltausstellung im Jahre 1900 wirft sie sich Pierre Janet zu Füßen und läßt ihn schwören, daß er sich nicht zum *Congrès de Psychologie* begeben werde: Sie ist überzeugt, daß die Pont Alexandre III vermint sei und genau um drei Uhr nachmittags in die Luft gesprengt werden würde. All diese Vorahnungen sind von Visionen begleitet.

Die Basilika von Sacré-Cœur auf dem Montmartre färbe sich rot; Blut werde fließen. Rote Pferde begrüben in rasendem Galopp alles unter ihren Hufen. Väter mißbrauchten ihre achtjährigen Kinder; *«großer Gott, was wird aus uns?»*[96] In einer Grotte unter den Befestigungsanlagen hätten Lumpensammler Berge von Frauenhaaren aufgeschichtet. Man sänge dort kannibalische Lieder und nähre sich von Menschenfleisch. *«Ja, ich habe den Gestank faulender Kadaver gerochen und das Blut in den Bächen fließen sehen, des Nachts hörte ich aus den Kellern die Geräusche, die die Metzger beim Zerhacken des Fleisches machen. Ja, genau, in Paris wird ein gewaltiger Handel mit Menschenfleisch betrieben, man verkauft und verspeist Kadaver, und wenn nicht mehr genug vorhanden sind, so beschafft man sich welche! Man verspricht den Arbeiterinnen Beschäftigung oder Zerstreuung, lockt sie mit fort, zieht ihnen die Haut ab und verkauft sie als Fleisch an die Metzger des Todes! Wehe ihnen allen!»*[97]

Wenn hier auch jene Mythen über Paris anklingen, die in den «Elenden» und bei Eugène Sue ausgemalt werden, so enthält sich Madeleine doch nicht politischer Prophetien über die Zukunft Frankreichs. Die Feinde des Vaterlandes wollten es demoralisieren und versklaven; sie würden zu diesem Zweck Vereinigungen gründen, die *«die Bevölkerungszahl reduzieren und das Volk zur Libertinage und zum moralischen Niedergang verleiten»*[98] wollten; ein schlimmerer Skandal als der von Panama werde sich bald ereignen, er werde zum Bürgerkrieg führen. Die anderen Nationen würden sich gegen Frankreich zusammenschließen, insbesondere Rußland, das Frankreich unterwerfen und spalten werde ... *«wir werden im Schmutz und im Blut waten. Frankreich hat sich mit Schuld beladen, doch es wird schrecklich bestraft werden. Der herrschende Gott ist das Goldene Kalb, alles ist käuflich und verkäuflich, aber der Himmlische Vater wird seine Rechte wieder geltend machen und seine Kinder durch Züchtigung läutern. Hochmütiges, verrücktes Frankreich, du wirst den Kopf senken, aber die Taufe, die du empfangen wirst, wird eine Taufe mit Blut sein, weil du nicht mehr an die Taufe mit Wasser glaubst ...»*[99]

Kein Zweifel, wehe ihnen allen!

Und wehe ihr selbst. Man werde glauben, sie sei vom Teufel besessen, und werde sie mit vollständiger Exkommunikation bestrafen. Janet selbst wolle sie zu den Örtlichkeiten bringen lassen, wo die Vivisektion praktiziert werde ... Es sei die Hölle.

Und tatsächlich. Systematisch verwandelt Madeleine jeden ihrer ekstatischen Genüsse in eine unerträgliche Tortur.

Ihre Füße, die wie in der Position des gekreuzigten Christus gestreckt übereinanderliegen und in einer köstlichen Himmelfahrt in die Lüfte gehoben werden: *«Meine Füße werden von einem rotglühenden Eisen durchbohrt, sie befinden sich in einer Feuersglut, eine eiserne Hand zieht sie auseinander, bis sie fast brechen, und verdreht sie zu den merkwürdigsten Positionen.»*[100]

Ihr Bauch, der von köstlichen Spasmen erfaßt wird: *«Was ich am Anus, am Steißbein und an den Geschlechtsteilen erleide, ist unvorstellbar, man verbrennt mich, stößt große rotglühende Gegenstände in meinen Körper und lenkt elektrische Strahlen in die Wunden... Welche Marter, die Peitsche auf meinem Gesäß, das sich wie zu Stein verkrampft...»*[101]

Die Geschlechtsteile, die Gott leidenschaftlich küßt und damit versiegelt: *«Ich bin in ein Haus gebracht worden, wo mit Frauen Handel getrieben wird, was für Szenen und Torturen. Ich verspürte eine ganz eigenartige Hitze, die mich umhüllte. Was für ein Entsetzen ergriff mich, als ich gewahr wurde, daß eine riesige schwarze Schlange unter meine Kleider geglitten war und sich um mich herumgewunden hatte, sie war es, die mir die Hitze verursachte. Ich packte sie am Kopf, als sie gerade im Begriff war, mich zu beißen... Eine Sperre hinderte sie am Eindringen; alles blieb in Ordnung.»*[102]

Die Brüste, die während der eingebildeten Schwangerschaft angeschwollen sind: *«Ich werde an den Brustwarzen an der Decke aufgehängt, es ist fürchterlich...»*[103]

Die Gerüche, die ihr während der Ekstase so lieblich erscheinen: *«Alle Blumen sind verwelkt und verfault, und im Raum vermischt sich der Gestank der Fäulnis mit dem des Schwefels, es raubt einem den Atem.»*[104]

Und sogar die unglückselige Fliege erscheint, der sie so liebevoll die Flügel gewaschen hatte, um sie von der Milch zu reinigen, in die sie gefallen war... *«Es ist die Gestalt, die der Teufel angenommen hat, um in meinen Kopf einzudringen, wenn ich einschlafe: Sie sagen ja auch, daß es schädliche Mikroben gibt, warum wollen Sie nicht glauben, daß der Teufel in eine Fliege schlüpfen kann, um mich zu quälen. Diese hier hat es auf meine Augen abgesehen und mir Alpträume und unerhörte Qualen gesandt, das ist keine gewöhnliche Fliege, glauben Sie mir.»*[105]

Sei es nicht fürchterlich, so sagt sie, solche Heimsuchungen an Mariä Lichtmeß zu erleben...

«Ein einziges Mal», so vermerkt Janet, «habe ich die Worte gehört, auf die ich wartete: *‹Gott haßt mich, aber ich hasse ihn auch.›*»[106]

Eine vortreffliche Beschreibung der heiligen Ambivalenz der Mystiker: So viel Liebe kann nur einen mindestens ebenso großen Haß auslösen, der wiederum die ersehnte Liebe erzeugt.

«Ich leide, und ich empfinde Lust...»

Denn Madeleine kann, man ahnt es bereits, vom Zustand des Leidens nicht direkt in den Zustand der Ausgeglichenheit zurückfinden. Die Hölle ist nichts anderes als das Vorzimmer zum Paradies; und wenn Madeleine in den Zustand der Versuchung verfällt, dann folgen von einem Tag auf den anderen die Ekstasen. Um vom einen zum anderen zu gelangen, muß sie einen engen Korridor, einen nicht umgehbaren Engpaß durchschreiten, der sowohl an die Glückseligkeit der Sterbenden – die Janet in seinen Kommentaren erwähnt – als auch an den Akt der Geburt erinnert.

Am Ende der Hölle, wenn die Qualen zu heftig werden, ersehnt Madeleine den Tod. Manchmal bedauert sie, daß die Fenster vergittert sind, denn sie würde sich gern ins Leere hinabstürzen. Und wenn sich die Sehnsucht nach dem Tod ankündigt, ist die Ekstase nicht mehr fern: *«Seit acht Tagen litt ich allzusehr, ich konnte mir das Ende nicht vorstellen, ich würde auf die eine oder andere Weise sterben, und plötzlich fühlte ich mich von irgend etwas Köstlichem durchdrungen... Ich nähere mich dem Ende, dem wahren Ende, und auf einmal empfinde ich eine seltsame Besserung. Ist das die Besserung der Agonie?... Wie seltsam, wenn ich zu sterben glaube, dann fühle ich in mir ein viel intensiveres, unaussprechlicheres Leben erstehen, trotz aller Prüfungen und aller Traurigkeit – ich wage das nur Ihnen zu sagen.»*[107]

Man spürt, daß es Janet ist, der eine Unterscheidung zwischen dem Zustand des Leidens und dem der Tröstung trifft. Madeleine hingegen beschreibt ganz klar das masochistische Vergnügen, das ihr der Schmerz bereitet. *«Es ist unvorstellbar, wie rasch ich vom Zustand schrecklicher Qual in eine spirituelle Trunkenheit gleite... Es ist wahrhaft so, daß ich zugleich leide und Lust empfinde, ich koste etwas vom Himmel und bin gleichzeitig noch zum Teil in der Hölle...»*[108] Der Übergang erfolge so leicht, meint Janet, daß er selbst ihn auslösen könne: Er findet Madeleine im Zustand des Leidens vor, will sie trösten und sagt ihr, sie sei verrückt. Daraufhin ist sie bereit, sich selbst den Verstand abzusprechen. *«Ja, ich empfinde Lust, wenn ich diese Erniedrigung auskoste, ich hätte niemals geglaubt, daß es so angenehm wäre, für verrückt gehalten zu werden»,*[109] und sogleich verfällt sie in Ekstase. Madeleine ist, weil sie sich außerhalb ihrer selbst befindet, dem Kerkermeister der Vernunft entkommen und bietet ihm obendrein das Spektakel eines erneuten Verzückungszustandes, das den Psychiater in völliger Verwirrung zurückläßt.

Der Kreis hat sich geschlossen: Madeleine hat die Liebe ihres Gottes wiedergewonnen, die Liebe zu ihrem Arzt wiederentdeckt und ihre Lebenskräfte wiedererrungen. Vom Zustand des Leidens gleitet sie direkt in den Zustand der Ekstase über, der im Höchstfall drei Tage dauert, zumeist jedoch zwei Tage, und kehrt dann wieder in den Zustand der Ausgeglichenheit zurück.

Ihre Fersen senken sich wieder ein wenig, die Verdauungsprozesse kommen wieder in Gang, Madeleine bekommt wieder etwas Appetit und erlangt, verwirrt von den Dummheiten, die sie während des Zustands des Leidens sagte, ihr natürliches Mitgefühl wieder. Dennoch wird sie von Zeit zu Zeit des Nachts von kleinen Engeln gekitzelt: *«Ich verspürte alles so, als ob es wirklich geschehen sei, und ich empfand einen Moment lang eine schändliche Lust. Ich bin darüber untröstlich, und Sie werden sich zu Recht über meinen Stolz auf meine Tugend mokieren, er hat sehr gelitten.»*[110]

Der Psychiater zeigt sich erstaunt über diese plötzlich wiedererlangte Gesundheit. Er wendet sich entschieden gegen jene Gelehrten, die einen Unterschied zwischen Geisteskranken und «echten» Mystikern machen: William James zum Beispiel – aber er ist nicht der einzige – sieht in der

Wiedererlangung der Kräfte ein Zeichen für das Vorhandensein eines authentischen Mystizismus. Sollte Madeleine also tatsächlich eine echte Mystikerin sein?

Pierre Janet ist überzeugt, daß dies nicht der Fall ist. Er glaubt, daß Madeleine hier nicht die Gesundheit wiedererlangt, sondern einfach wieder den Normalzustand erreicht, der keineswegs hervorragend ist. Und er vertritt sogar die Auffassung – wobei er die römische Tradition der «heiligen Krankheit» vergißt –, daß man «das epileptische Koma [deshalb nicht als] göttlich [ansieht], weil es am Ende des Anfalls eintritt».[111]

Der Verlauf von Madeleines Anfällen unterscheidet sich jedoch in nichts von denen der heiligen Teresa von Avila und anderer großer westlicher Mystiker. Und Ramakrishna verfällt exakt durch den plötzlichen Übergang zwischen dem Zustand der Leere und dem des Leidens in seine erste Ekstase: Die Göttin weigert sich zu erscheinen, er ergreift das Schwert, das sie an ihrer Seite trägt, will sich damit durchbohren, «und schon ist es geschehen!».

Was also läßt Pierre Janet an der Schwelle eines furchtbaren Eingeständnisses einhalten, und warum deklariert er Madeleine hartnäckig als Geisteskranke?

Der Schamanismus Madeleines und die Verblendung Pierre Janets

Die Verrückten, die Wilden und die Kinder

Was immer wieder frappiert, ist die Entschiedenheit, mit der Pierre Janet Urteile über gesellschaftliche Phänomene fällt: In seinen Augen ist ein in eine geschlossene Anstalt eingewiesener Kranker für die Gesellschaft unwiderruflich gestorben. Es besteht für ihn kein Zweifel, daß Martial, der unter dem Wahn, berühmt zu sein, leidet, ein Kranker ist und niemals berühmt werden wird. Ebenso ist er überzeugt, daß Madeleines Prophezeiungen alle nicht zutreffen werden: Als zum Beispiel der Erste Weltkrieg ausbricht, schweigt sie, «nutzt sie die Gelegenheit nicht»,[112] wie Janet meint. Émile Durkheim hingegen, einer seiner Studienkollegen an der École Normale Supérieure, bei dem Pierre Janet häufiger Anleihen machte, hatte den spektakulären Rückgang der Selbstmordrate zu Zeiten schwerer kollektiver Krisen erkannt und zu begründen gewußt. Es scheint, daß Madeleine während des Krieges keine Prophezeiungen mehr macht; die Krise, von der sie besessen war, war anderswo ausgebrochen, und wenn das Kollektiv von großen Katastrophen erschüttert wird, heilt es *ipso facto* jene, die seine Widersprüche verkörpert haben. «Das Kollektiv», so schrieb Jacques Lacan, «ist nichts als das Subjekt des Individuellen.»[113]

Und immerhin wurde Martial unter seinem richtigen Namen, Raymond Roussel, berühmt, immerhin prophezeite Madeleine die Zukunft, als sie das Dogma von der Aufnahme Marias in den Himmel verkünden wollte. Diese überwältigenden Visionen, diese wahnsinnigen Redeströme, in denen immer eine erschreckende Wahrheit mitschwingt, diese Aufwallungen über das zukünftige Schicksal eines Gemeinwesens oder über nationale Dramen, die in Zeiten eines militanten und mörderischen Anarchismus beständig drohen – Janet hatte sie verworfen, weil er bedingungslos an die Urteilskriterien der Medizin glaubte und völlig blind für den kollektiven Anteil in Madeleines Visionen war. Denn als gute Mystikerin ist Madeleine den Schamanen verwandt: In ihr verschaffen sich die Mysterien der Vorstellungswelt Frankreichs und des Katholizismus Ausdruck, ebenso wie sich in jedem Schamanen das Mysterium der Vorstellungswelt seiner eigenen Gesellschaft manifestiert.

Nachdem Janet die Beschreibung von Madeleines Wahnvorstellungen abgeschlossen hat, wendet er sich nun der eigentlichen Analyse zu, wobei er jedoch einen langen Umweg über die Soziologie und Ethnologie seiner Zeit nimmt, das heißt über Lévy-Bruhl und Durkheim. Es sei eine Zeit, so stellt Janet leicht boshaft fest, in der «sich die Psychopathologie von den beeinflußbaren Hysterikern bezaubert zeigt und die Soziologie von den australischen Aruntas und den nordamerikanischen Indianern unterwandert worden ist».[114] Es ist auch die Zeit, in der das bekannteste – und heute am meisten widerlegte – Werk Lévy-Bruhls veröffentlicht wird, «Die geistige Welt der Primitiven» (1922). Dort bekräftigt der Autor: «Beim Primitiven ist eine entschiedene Abneigung gegen das Argumentieren, gegen die diskursiven Operationen des Denkens zu beobachten»;[115] dies ist die Theorie von der *prälogischen Mentalität.* Janet empört sich hier nicht gegen die für das Phänomen gewählte Bezeichnung, sondern darüber, daß sie zu eng, zu speziell sei. Denn seiner Auffassung nach gilt der beschriebene Sachverhalt auch für Kinder und für seine Patienten; es seien nicht nur die Primitiven, die den Einsatz der Intelligenz ablehnen, sondern ebenso die Verrückten, die Wilden und die Kinder.

Erst mit «Das Ende des Totemismus» und «Das wilde Denken», das heißt mit der Revolutionierung der Ethnologie durch Lévi-Strauss vierzig Jahre später, sollte man begreifen, daß das «primitive» Denken eine Logik besitzt, die, obwohl sie andere Formen aufweist, unserer heutigen Logik nicht widerspricht. Janet lebt in einem intellektuellen Universum, dessen einziger Bezugspunkt die Intelligenz weißer, erwachsener Europäer ist. Und wenn er Madeleine in das Universum des wilden Denkens projiziert, dann verneint er gleichzeitig die Vorstellung, daß es sich überhaupt um ein Denken handeln könne. Dennoch ist er von einer positiven Lesart des «madeleineschen Denkens» nicht allzu weit entfernt: nur einen Steinwurf weit, nur so weit, wie er selbst von Freud, wie sein Werk *«De l'Angoisse à l'Extase»* von der «Traumdeutung» entfernt ist. Nicht etwa, daß Janet nicht methodisch vorgegangen wäre – seine Methode stützt sich jedoch allein auf das Kriterium der vollbrachten Tat und der sozialen Normalität; sie taucht nicht in den Acheron.

Die «prälogische Mentalität» bei Madeleine

Janet sollte auf seiner Meinung beharren, daß Madeleine weder den Regeln der Vernunft, noch der wissenschaftlichen Methode gehorche: Eines Tages erhält sie die Erlaubnis auszugehen und läuft auf Zehenspitzen von der Salpêtrière zum Montmartre, hin und zurück. Nach diesem Ausflug sind ihre Füße geschwollen, blau und mit Blasen bedeckt, wodurch sie die Schelte Janets auf sich zieht.

– Madeleine: *«Ich bin nicht gelaufen, Gott hat mich getragen.»*[117]

– Der Arzt: «Der traurige Zustand Ihrer Füße beweist eindeutig, daß Sie selbst sich getragen haben und nicht Gott.»[118]

Janets Kommentar ist zugleich eine Lektion in positivistischer Logik. Die entsprechende Argumentation müßte demnach folgendermaßen aufgebaut sein: «Wenn Gott Sie getragen hätte, dann wären Ihre Füße jetzt nicht grün und blau (Prämisse). Sie stellen fest, daß sie in schlimmem Zustand sind und daß Gott Sie infolgedessen nicht getragen hat (empirische Überprüfung); Sie müssen also ihre Behauptung modifizieren (Konklusion).»

Doch Madeleine hört diesem Mann, der das Wunder dieses unmöglichen Fußmarschs nicht versteht, nicht zu. Ein Detail, das Janet beiläufig erwähnt, liefert uns hier den entscheidenden Hinweis: Ihre Füße schmerzen so sehr, daß sie in Ekstase gerät. Damit wäre die Wallfahrt, das eigentliche Ziel dieser Aktion, geglückt, das mit keiner Prämisse, keiner Konklusion zu erfassen ist und jede empirische Überprüfung vereitelt. Doch diesem Dilemma werden weder Arzt noch Patientin entkommen können: Das, wovon Janet Madeleine heilen möchte, das sind ja gerade ihre Ekstasen, während Madeleine genau für diese Ekstasen lebt. Das ist der Acheron, in den Janet sich nicht hineinwagt.

Die prälogische Mentalität, das Versagen der aristotelischen Syllogistik, aber auch die vielfältigen Formen der «Verwirrung», die Janet als den Gipfel der Unlogik betrachtet, veranlassen ihn zu einem eindeutigen Urteil: «Diesem sich selbst überlassenen Denken fehlt nicht nur jede Nuancierung und Unterscheidung, sondern auch jede Kritikfähigkeit und Logik.»[119] Madeleine vermengt unaufhörlich Vergangenheit und Gegenwart, «ohne sich um die Widersprüche zu kümmern.»[120] Und schlimmer noch: «Sie trifft nicht einmal mehr eine Unterscheidung zwischen verschiedenen Personen und Lebewesen: Sie ist zugleich die schwangere Mutter Gottes und das Kind, das diese Frau gebiert… sie ist also

Madeleine, die im Jahre 1898 vierzig Jahre alt ist, und gleichzeitig der vor zwanzig Jahrhunderten geborene Jesus und dazu noch die schwangere Maria. Sie ist all das zugleich, ohne irgendwelche Verlegenheit...»[121]

Heutige Leser, die mit dem Werk Freuds vertraut sind, werden in der angeblichen Unlogik Madeleines die logischen Prozesse des Unbewußten erkennen. Laut Freud kennt das Unbewußte keine Widersprüche; es gibt dort keine Vergangenheit, weil diese in der Gegenwart der Symptome verborgen bleibt. Was die Identitätsverwirrung betrifft, so handelt es sich um die Identifikationsmechanismen, die für uns nichts Überraschendes mehr darstellen. Noch einsichtiger werden diese durch das Deutungsmuster von Melanie Klein, die von einem unaufhörlichen Wirbel spricht, der sich hin und her bewegt zwischen der Introjektion, das heißt der Inkorporation des Objekts, und der Projektion, der Entfernung desselben Objekts, das zugleich geliebt und gehaßt wird. Auf genau diese Weise geht Madeleine mit Gott um: Einmal wird er geliebt und inkorporiert und ist dann das Kind in ihrem Bauch und der Penis in ihrer Vagina; ein andermal wird er projiziert und ist dann der Geliebte und die Jungfrau Maria; wieder ein andermal haßt sie ihn, er wird zum Teufel, der ebenfalls inkorporiert oder projiziert wird.

«Projiziert», dies ist genau das Adjektiv, das Lévi-Strauss verwendet, um die Vorstellung von der prälogischen Mentalität bei Lévy-Bruhl zu widerlegen. In einer ausführlichen Analyse widerlegt er die Theoretiker des Totemismus, indem er den Projektionsmechanismus anführt: «Der sogenannte Totemismus hängt mit dem Verstandesurteil zusammen, und die Forderungen, auf die er Antwort gibt, die Art und Weise, wie er sie zu befriedigen versucht, sind zunächst intellektuell. In diesem Sinne hat er nichts Archaisches oder Entlegenes an sich. Sein Bild ist projiziert, nicht empfangen; es erhält seine Substanz von außen. Denn wenn diese Illusion ein Stück Wahrheit enthält, so ist diese Wahrheit nicht außerhalb von uns, sondern in uns.»[122]

Mit Madeleines sogenannter Unlogik verhält es sich ebenso wie mit dem sogenannten Totemismus, und das aus den gleichen Gründen: Im Denken des Beobachters existieren starre Raster, die ihm den Blick versperren. Die Kritik an Pierre Janet besteht also in folgendem: Er hat die Projektionen und Introjektionen seiner Patientin nicht erhellt, weil er rigide und ethnozentrische Kategorien auf Madeleine projiziert und ihr ein echtes Denken abgesprochen hat. Und er hat, dessen können wir sicher sein, um jeden Preis an seinem aufrechten antiklerikalen Skeptizismus festgehalten, der grundsätzlich blind gegenüber den ganz normalen Mechanismen des religiösen Denkens ist, welches sich ebensowenig wie die von Wahnvorstellungen besessene Madeleine um kartesianische und aristotelische Logik kümmert.

Und Madeleine, die Prophetin, kommt an Wundern nicht vorbei. Sie seien, so meint Janet, eine «Manie»[123] von ihr. Als sie einmal in die Kirche geht, werden nur ihre Zehenspitzen naß (ihre Fersen haben beim Laufen nicht den Boden berührt): *«Gott hat ihre Füße vom Wasser verschont, welch ein Wunder!»*[124] Ein andermal findet sie einen kleinen Ring, den sie als Zeichen der göttlichen Vorsehung ansieht. Der Bürgermeister ihres Dorfes hat sich vor seinem Tod bekehrt; ihre gelähmte Schwester hat sich bei ihrem Eintreten aus ihrem Stuhl erhoben; eine verirrte Katze wird direkt hinter der Tür gefunden – alles «Wunder». Eine Nachbarin bittet sie um etwas zu trinken; Madeleine, die sich im Zustand der Tröstung befindet, gießt ihr mit steifen Bewegungen ein Glas Wasser aus ihrem Krug ein. Die Nachbarin bricht daraufhin in Entzücken aus: «Oh, wie köstlich! Welch vortreffliches Wasser!» Madeleine erzählt Janet diese Geschichte «mit einem feinen Lächeln».[125] *«Sie glaubte, ich hätte etwas in das Wasser getan, es war nur gewöhnliches Wasser, aber es war mein Wasser, von dem ich gerade ein wenig getrunken hatte... Sie verstehen...»*[126]

Nein, zum Teufel! Janet, der viel zu gut versteht, als daß er den geringsten Kommentar hierzu abgegeben hätte, begreift gerade nicht die magische Bedeutung von Madeleines Wundern. Mit Sicherheit sind es diese in seinen Augen unnützen «Wunder», die ihn von der Geistesschwäche seiner Patientin überzeugt haben. So verpaßt er ihr das Etikett «geisteskrank» und prägt dafür einen eigenen Begriff, nämlich Psychasthenie, den er als psychische Schwäche, als Antriebsschwäche und fehlende Lebenskraft definiert. Die Bewegungslosigkeit in der Ekstase ist der Punkt, auf den Janet, fasziniert und entsetzt zugleich, seine Aufmerksamkeit konzentriert. Und indem er den psychischen Prozeß, dessen Funktionsweise er nicht erkennt, umkehrt, macht er die Bewegungslosigkeit zum Ziel und die Ekstase zum Mittel. Ein Psychastheniker ist damit jemand, der sich aufgrund einer Antriebsschwäche nicht mehr bewegt.

So wenig ist er bereit, Madeleine die Fähigkeit zum Denken zuzugestehen, daß er sich in theologischen Diskussionen verliert, die einem Dialog zwischen Taubstummen gleichen. So zum Beispiel, als Madeleine mit Christus niedergekommen ist.

– Der Arzt: «Welches Jahr schreiben wir heute?»[127]

– Madeleine: *«1897.»*[128]

– Der Arzt: «Dann wurde der echte Christus vor zweitausend Jahren geboren, und der, der gerade geboren ist, muß ein anderer Christus sein.»[129]

– Madeleine: *«Was erzählen Sie da! Die Geburt Christi findet jedes Jahr statt, und es ist immer die gleiche Geburt, ebenso wie seine Fleischwerdung alle Tage in der Kommunion geschieht.»*[130]

Janet zeigt sich empört: «Madeleine hat diese Frage niemals begriffen.»[131] Gegen ihre Antwort ist jedoch nichts einzuwenden, denn zwischen einem Atheisten und jedem normalen Gläubigen hätte sich der gleiche Dialog entspinnen können. In seiner Fixiertheit auf die von ihm ständig postulierte Vernunft vergißt Janet das ureigenste Wesen des katholischen Glaubens. Madeleine jedoch sagt in diesem Punkt wie in vielen anderen die Wahrheit.

Neben der Heiligkeit, die sich mit Hexerei gepaart findet, neben der Ambivalenz einer «normalen» Mystik, die zwischen teuflischer und göttlicher Besessenheit schwankt, existiert noch eine anthropologische Dimension, die uns nötigt, in Madeleine eine wichtige Verkörperung des französischen Schamanismus zu sehen. Ein Schamanismus, der sich in den Gestalten der Hexen, der Giftmörderinnen aus der Endzeit der Herrschaft Ludwigs XIV., in der Person eines Mesmer oder der kriegerischen Erscheinung Jeanne d'Arcs verbirgt, ja sogar in der libertären Persönlichkeit Cyrano de Bergeracs. Ein Schamanismus, der in einer Gesellschaft, die im Laufe der Jahrhunderte einen bemerkenswerten Homogenisierungsprozeß durchlaufen hat, schwer auszumachen ist, aber nichtsdestoweniger existiert, mit all seinem magischen Ballast, aber auch der Kraft der Wahrheit.

Die Technik der Trance nach Claude Lévi-Strauss

Betrachten wir einmal, wie Claude Lévi-Strauss den Schamanismus analysiert. Um einen Kranken zu heilen, verfällt der Schamane vor einer Schar von Zuschauern in Trance; die Behandlung wird damit notwendigerweise zum Schauspiel. Durch die Trance soll die Krankheit vom Kranken auf den Schamanen übergehen; letzterer treibt die Krankheit am eigenen Körper aus und präsentiert am Ende der Trance einen in seinem Körper verborgenen Gegenstand, der die Ursache der Krankheit sein soll. «Aber das Wort Schauspiel», erläutert Lévi-Strauss, «darf uns nicht irreführen: Der Schamane begnügt sich nicht damit, bestimmte Vorfälle zu reproduzieren oder zu mimen; er erlebt sie effektiv in all ihrer Lebhaftigkeit, ihrer Originalität und ihrer Gewalt von neuem. Und da er am Ende der Sitzung wieder in den normalen Zustand zurückkehrt, können wir mit einem wesentlichen Begriff, den wir der Psychoanalyse entlehnen, sagen, daß er abreagiert. Bekanntlich nennt die Psychoanalyse Abreaktion jenen entscheidenden Augenblick des Heilverfahrens, in dem der Kranke die Ausgangssituation, die den Ursprung seiner Störung bildet, noch einmal intensiv erlebt, bevor er diese endgültig überwindet. In diesem Sinn ist der Schamane ein professioneller Abreagierer.»[132]

Für Madeleine trifft dies ebenso zu: Sie erlebt effektiv die Niederkunft der Jungfrau Maria und gleichzeitig die Geburt Christi. Und bei ihren Prophezeiungen erlebt sie vorab die Kannibalengelage, die Explosionen auf der Pont Alexandre III und den rasenden Galopp der roten Pferde. Sie «reagiert ab», überwindet die Krise und geht geheilt aus ihr hervor, zum großen Mißfallen desjenigen, der sie nicht versteht. Denn einen der wesentlichen Aspekte der schamanistischen Technik darf man nicht übersehen: Um den Kranken heilen zu können, benötigt der Schamane ein Publikum. Die «schamanistische» Situation Madeleines ist in dieser Hinsicht jedoch äußerst kompliziert: Einerseits ist sie ihre eigene Patientin, andererseits besteht ihr Publikum nur aus einer einzigen Person, ihrem Arzt.

Janet selbst scheint ebenfalls in dieser für ein Krankenhaus des 19. Jahrhunderts exotischen Szenographie gefangen. Fasziniert beobachtet er die Ekstasen Madeleines, verwahrt sich jedoch gleichzeitig dagegen, daß er als Zuschauer daran teilnehme; er ist zugleich Skeptiker und Glaubender, Wissenschaftler und Adept. Madeleine wiederum hat keine andere Wahl, als ihren einzigen Zuschauer mit Liebe zu überschütten, der ihr aber um so mehr entschlüpft, als er ungläubig ist. Ein großer Teil ihrer Qualen, insbesondere der Zustand der Leere, liegt in dieser Situation begründet. Auf das krasse Unverständnis ihres Arztes kann sie letztlich nur reagieren, indem sie sich von sich selbst entfernt. Und dann ist es wieder er, der sie erneut zum Wahn ermutigt.

Dennoch bildet dieses Paar aus Zuschauer und Patientin den perfekten Rahmen für die schamanistische Situation: Auf der einen Seite das normale Denken, repräsentiert vom Zuschauer, auf der anderen Seite das pathologische Denken, repräsentiert von der Patientin. Für Claude Lévi-Strauss stellen die beiden keinen Gegensatz dar, sondern sie ergänzen sich: Das normale Denken kann nicht alles erfassen und behilft sich angesichts des Unbekannten mit dem «pathologischen» Denken, das «überströmt von Interpretationen und affektiven Tönen, mit denen es immer eine weit ärmlichere Wirklichkeit zu überladen bereit ist... das normale Denken leide immer an einem Mangel an Signifikat, das sogenannte pathologische Denken verfüge... über einen Überfluß an Signifikanten... Bei dem Problem der Krankheit, die das normale Denken nicht begreift, wird der Psychopath von der Gruppe aufgefordert, einen gefühlsmäßigen Reichtum zu investieren, der durch sich selbst ohne Nutzwert ist. Es entsteht ein Gleichgewicht zwischen dem, was auf psychischer Ebene wirklich ein Angebot und eine Nachfrage ist...»[133]

Pierre Janets Nachfrage, so diskret sie auch nur in seinem Werk anklingt, ist nicht weniger explizit. Als er die angebliche Zusammenhanglosigkeit im Denken seiner Patientin kritisiert, dringt er nicht weit vor: «Ich beharre nicht darauf, denn ich fürchte, durch meine Kritik den naiven Charakter dieser Ekstasen zu zerstören und dann nur noch die zensierten Ekstasen der Heiligen zu sehen.»[134] Wenn Pierre Janet Madeleine erneut zum Wahn ermutigt, wenn sie sich im Zustand der Leere befindet, dann steht er, man ahnt es bereits, auf der Seite der Nachfrager, während bei Madeleine ein Angebot im Überfluß vorhanden ist. Von einem Gleichgewicht kann in keiner Weise die Rede sein. Der Schamanismus aber funktioniert nur unter zwei Voraussetzungen: «Durch eine Zusammenarbeit zwischen der kollektiven Tradition und der individuellen Erfindung muß sich fortlaufend eine Struktur herausarbeiten und sich modifizieren, das heißt ein System von Gegensätzen und Wechselbeziehungen, das alle Elemente einer totalen Situation in sich birgt, in der Zauberer, Kranker und Öffentlichkeit, Vorstellungen und Verfahren ihren Platz haben. Und wie der Kranke und der Zauberer muß die Öffentlichkeit wenigstens bis zu einem gewissen Grade an der Abreaktion teilhaben, an jenem Erlebnis einer Welt symbolischer Ergüsse...»[135]

Madeleines Unglück besteht darin, daß sie von der kollektiven Tradition abgeschnitten ist, die ihr helfen könnte, eine Struktur zu finden: Eine solche Funktion hätte nur die Kirche erfüllen können. Die Vorstellungswelt und die religiöse Szenographie sind vorhanden, nicht aber die Erkennungsverfahren. Und auch Madeleines Publikum «macht nicht mit». So versinkt sie im «Wahnsinn», wobei es sich in ihrem besonderen Falle um eine isolierte, aus dem Zusammenhang gerissene schamanistische Trance handelt.

Kommen wir noch einmal kurz auf Ramakrishna zurück: Offensichtlich war der schamanistische Kontext, der in Bengalen besonders stark ausgeprägt war, einer der wichtigsten Faktoren für die Verwandlung dieses sensiblen, hochbegabten Kindes in einen Mystiker gewesen. Madeleine hingegen bleibt keine andere Wahl als «gesund zu werden»; ihre schamanistischen Gaben, die gebührlich von den gesellschaftlichen Normen erstickt wurden, sollten schließlich verschwinden.

Das beeinträchtigt jedoch nicht ihre prophezeiende Kraft. Madeleine hatte sicherlich viele Wahnvorstellungen, doch sah sie gewisse Ereignisse richtig voraus. Und Raymond Roussel gehört heute zum literarischen Erbe Frankreichs. Da Janet sich weigerte, diese «Welt symbolischer Ergüsse» zu akzeptieren, die der Kollektivität von der erleuchteten Person – also vom Schamanen – angeboten wird, war er außer Stande, klar zu sehen.

Madeleine und die anderen: Die Hölle und der Garten der Lüste

Durch Pierre Janets Verschulden wurde Madeleine also lediglich ein Teil der Psychiatriegeschichte. Und ebenso wie Schulbuchautoren literarische Strömungen beschreiben, indem sie um einen berühmten Schriftsteller herum eine Reihe von Berufskollegen aus der gleichen Epoche gruppieren, umgibt Pierre Janet Madeleine mit einer Garnitur von anderen Patienten. Meist handelt es sich um Frauen; die seltenen Männer sind Epileptiker oder Kriegsversehrte. Nur wenige dieser Gestalten lassen sich ernsthaft mit dem außergewöhnlichen Fall Madeleines vergleichen, woran sich bereits ihre unvergleichliche Persönlichkeit zeigt. Dieses von Pierre Janet zusammengetragene unglaubliche Florilegium illustriert jedoch das theoretische Gedankengebäude des Arztes und enthüllt in den von diesen Frauen und Mädchen begangenen Exzessen weitere Ähnlichkeiten mit der indischen Mystik.

Welche erhabenen Schicksale sollte der Arzt in den Krankenstuben der Salpêtrière zu Gesicht bekommen! Und wie viele dieser im Delirium befindlichen Frauen hätten bei einem Freud Entzücken ausgelöst, der sicherlich den Versprechern, die sie alle machten, viel mehr Aufmerksamkeit gezollt hätte als Janet... Denn die Patientinnen Janets sind

Erfinderinnen, Dichterinnen. Und wenn sie auch zweifellos aufmerksam und hingebungsvoll gepflegt wurden, so wurden sie doch unterdrückt, wurden ihrer Exzesse beraubt, die sie, wie es eine von ihnen wortgewaltig ausdrückte, davor bewahrten zu verzweifeln.

Sophie oder Die Umkehrung des Werdens[136]

Sophie kommt im Alter von 20 Jahren in Janets Obhut und bleibt sechzehn Jahre bei ihm in Behandlung. Sie ist erblich stark vorbelastet: Eine Großmutter hatte Anfälle von Melancholie, die Eltern leiden unter Abulie, ein Bruder weist einen «trägen und unentschlossenen» Charakter auf. In ihrer Kindheit ist sie kränklich, hat immer wieder Dünndarmentzündungen, während der Pubertät leidet sie häufig unter Magenbeschwerden. Die Menstruationsblutungen sind unregelmäßig und schmerzhaft, sie erlebt extreme Erschöpfungszustände, außerdem Anfälle von Traurigkeit.

Ihre körperlichen Beschwerden verschwinden, als sie jegliches selbständiges Handeln einstellt. Sie läuft nur noch auf und ab und spricht dabei mit halblauter Stimme vor sich hin. Jede Aktivität erscheint ihr lächerlich und häßlich; jede Handlung wird vorher zum Gegenstand endloser Diskussionen. Ob sie wohl dumm sei? Zweifellos, denn sie fühle sich von den anderen, die sie nicht mehr versteht, isoliert. Sie sei weder höflich noch liebenswürdig genug, so meint sie. Und auch niemals reinlich genug, denn Wasser zu lassen sei etwas Ekelhaftes, sicherlich enthalte ihr Körper mehr Urin als jeder andere. Ihre Kleidung sei nicht ordentlich geschlossen, sie sei demnach unanständig. Alles, was sie täte, sei falsch: Wenn sie läuft, dann sollte sie eigentlich nicht laufen; wenn sie hustet, dann sollte sie gerade in dem betreffenden Moment nicht husten. Alles, was sie erzählt, so meint sie, sei gelogen. Wenn sie sich bereit erklärt hat, mit Janet einen Spaziergang im Park zu unternehmen, dann hält sie an der Türschwelle ein, denn wenn sie nach draußen träte, so glaubt sie, dann würde sie ihren Bruder töten.

So etwa ließe sich Sophies Normalzustand beschreiben.

Im Alter von 26, von 29 und von 35 Jahren ändert sie

auf einmal ihr Verhalten völlig und fängt an, «heftig» zu agieren, wie Janet feststellt. Hatte sie vorher gezögert, Almosen zu geben, so verteilt sie nun alles Geld, was sie bei sich trägt, an die Armen, und dazu noch ihr Taschentuch und ihren Hut. Eifrig bietet sie Personen, die sich setzen wollen, ein Kissen an, nötigt sie, Kuchen zu essen, oder schmiert sie mit Creme ein. Sie faßt sie an der Taille, um sie zu zwingen, sich hinzulegen und sich auszuruhen. Dieser Aufopferungswahn kann sich auch auf einen Gegenstand richten: Da der Geist ihrer Mutter in einen Vorhang übergegangen sei, pflegt sie den Vorhang; oder sie steckt den Kopf ins Klosettbecken, weil sich dort der Geist ihres Onkels versteckt habe.

Ihr Einhalt zu gebieten ist unmöglich, sie würde alles kurz und klein schlagen. Sophie sucht sogar die Auseinandersetzung, um mit Gewalt eine außergewöhnliche Tat zu vollbringen. Und da es keinen Feind zu besiegen gibt, attackiert sie die Pflegerinnen und zerschlägt die Fliesen. Zuweilen zwingt sie sich auch, den ganzen Tag lang unbeweglich in einer Position zu verharren; dann entspannt sie sich wieder, lächelt und meint, sie habe nur ihren Willen demonstrieren wollen. Aus dem gleichen Grund hält sie den Atem an, atmet über Stunden hinweg nur durch ein Nasenloch, bläht ihre Brust auf oder wiederholt unaufhörlich einen «kabbalistischen» Satz, dessen Buchstabenfolge sie manchmal rückwärts herausschreit, wie bei folgendem Wort: «RINEVED» für «DEVENIR».[137]

Und damit stehen Sophie harte Prüfungen bevor. Sie muß die Welt neu konstruieren und ihr Leben rückwärts schreiben. Sie muß auf den Boden spucken und das Ausgespuckte auflecken, denn es ist die über alles geheiligte Milch von der Brust ihrer Mutter. Sie muß ihren Ellenbogen gegen eine Mauer rammen, bis er blutet, muß bis zur Erschöpfung schreien, um eine Lokomotive nachzuahmen, muß ihren Urin trinken und ihre Exkremente essen, die zwar übelriechend und ekelerregend, jedoch auch über alles geheiligt sind, muß sich schließlich sogar nackt ausziehen und öffentlich masturbieren.

Sophie lebt in Erwartung eines außergewöhnlichen Ereignisses, das alles wiedergutmachen werde, wie zum Beispiel eine große, von den Deutschen gefeuerte Granate, die explodieren und sie völlig geheilt in das Wohnzimmer ihres Papas katapultieren würde.

Clarisse oder Die Vergewaltigung des toten Vaters

Sie leidet seit ihrem 13. Lebensjahr unter Depressionen, Erschöpfungszuständen, Abulie, Zweifelsucht und Zwangsvorstellungen.

Ihre Ängste sind zahllos: Sie vermeint mehrere Personen mit Glassplittern, Streichhölzern oder Grünspan vergiftet und andere mit Krebs angesteckt zu haben; ihr Bett habe sie mit Urin verschmutzt, und in der Kirche habe sie Sakrilegien begangen. Ihren Vater habe sie mit Gift umgebracht, sie habe seinen Sarg geöffnet, um den Leichnam zu vergewaltigen, habe ihn schließlich zerstückelt und die Teile in Schubladen und in Möbelpolstern versteckt; außerdem habe sie Banknoten gestohlen. Ihr Liebhaber sei ein «Apache», mit dem sie jede Nacht ausgehe, um Kadaver zu schänden. Clarisse erklärt, sie fühle sich von Unrat und Schmutz, von allem, was ihr Angst mache, magnetisch angezogen.

Um diese Schandtaten zu verhindern, läßt sich Clarisse mit Seilen an ihr Bett fesseln, die sie besonders fest zurren läßt, damit sie schmerzhaft ins Fleisch schneiden – und wodurch sie auch tatsächlich Verletzungen erleidet.

Ihre Familienangehörigen, die sie besuchen kommen, sind alle Doppelgänger, ihr Vater ebenso wie ihre Schwester. Und sie selbst manchmal auch.

Omu, die Heilerin mit dem rasierten Schädel, 45 Jahre

Bis zum Alter von 30 Jahren ist Omu eine «Zweifelsüchtige», wie Janet zu sagen pflegt. Sie ist Syphilitikerin und steht mit dem Geist ihres Vaters in Verbindung, der ihr vorschreibt, wie sie sich zu kleiden hat: ein leichtes Kleid aus schwarzem Tuch, ein Schal, keine Unterwäsche und auch keine Wolle. Ihr Kopf ist völlig kahlgeschoren, denn sie darf keinerlei Haare auf dem Körper haben.

Omu kennt das Geheimnis, wie sich alle Krankheiten

heilen lassen. Wenn man ihr nur einmal Gehör schenken würde...

Nea, durch Dekret verdammt, 30 Jahre

Schon in ihrer Kindheit ist sie zu ruhig und zurückhaltend und bewegt sich mit außergewöhnlicher Langsamkeit. Über einige Jahre hinweg macht sie sich endlose Gedanken darüber, ob sie ein Leben in Askese führen soll, gelangt jedoch zu keiner Entscheidung. Mit 19 Jahren dann beschließt sie, daß sie verdammt sei und daß sie gehört habe, wie das Dekret verlesen wurde, daß sie zur Hölle verurteilte. Daher beginnt sie diese am eigenen Körper zu inszenieren: Sie schnürt sich die Schenkel mit Schnüren ab, verbrüht sich Hände und Füße mit kochendem Wasser, stürzt sich aus dem Fenster, steckt den Kopf in den Nachttopf, schmiert sich Hundekot ins Haar. Andererseits erteilt sie sich selbst täglich die Kommunion mit kleinen Stücken Orangenschale. Ihre Torturen, so sagt sie, hätten das ungeheure Verdienst, ihr Denken zu befreien, das dadurch beständiger würde.

Im Alter von 23 Jahren wird sie wieder ruhig, zurückhaltend und langsam, und spricht kaum mehr ein Wort.

Flore zwischen «Schwärze» und «Champagner», 29 Jahre

In ihrer Familie besteht eine erbliche Veranlagung zur Geisteskrankheit, in ihrer Kindheit leidet sie an schweren Ernährungsstörungen. Sie durchlebt immer wieder verschiedene Zustände, denen sie jeweils eigene Namen gibt: «das Schlimm-Schlimm», die Leere, die Erregtheit, die Schwärze und der Champagner.

Im Zustand der Leere mag Flore niemanden mehr leiden, ihr Herz ist ihr abhanden gekommen, aber auch ihre Person. Ein Vorhang ist in ihr gefallen, der sie auf merkwürdige Weise in zwei Hälften teilt. Flore hat sich verloren, ist aber immer im Begriff, sich wiederzufinden; sie diskutiert mit sich selbst, kann aber nicht umhin, «innerlich zu lächeln».

Im «Schlimm-Schlimm»-Zustand ist Flore von allen möglichen Krankheiten geschlagen: viszerale Leiden, Erstikkungsanfälle, Herzklopfen, Asthma und Durchfall. Noch schlimmer ist der Zustand der «Schwärze», wobei sie in totale Depression verfällt und von Krämpfen begleitete Verstopfung, Scheidenkrämpfe, keuchende Atmung, erhöhter Puls und heftiger Juckreiz diagnostiziert werden. Sogar die Stimme verschlägt es ihr, sie kann nur noch flüstern.

Um ihr zu helfen, schlägt Janet vor, man werde das Kind ihres Bruders, ein Neugeborenes, holen und es ihr aufs Bett legen. Doch Flore wehrt heftig ab: Das Auto, das sie ins Krankenhaus bringen würde, würde gegen einen Baum fahren. Wenn ihre Mutter und ihre Schwester ihr einen Besuch abstatten wollen, so meint sie, daß sie wegen ihres Vaters und ihres Bruders Trauer tragen würden. Flore weiß sehr genau, daß ihre Ängste absurd sind, und gibt dies auch zu. Doch hilft ihr das letztlich wenig.

Im «Champagner»-Zustand erklärt sich Flore für geheilt, sie möchte ein schönes Kleid anziehen, um ans Meer zu fahren; ihr Gesicht ist rosig und ausdrucksvoll. Sie fühlt, so sagt sie, überschäumendes Leben in sich. Ebenso wie sie sich vorher vor Besuchen gefürchtet hatte, sehnt sie sich nun danach. Sie ist überzeugt, niemals mehr in die Krankheit zurückzufallen. Und unter freudigen Luftsprüngen beteuert sie: «Ich bin wieder ich.»

Auf einen Zustand großer «Schwärze» folgt immer ein «Champagner»-Zustand. Flore weiß, daß sie «von einer wahnsinnigen Schwärze in einen schönen Champagner» gleiten wird.

Loetitia, verlorener Hund und großes Baby, Schläferin, 28 Jahre

Sie schläft vom Sommer 1913 bis zum Sommer 1918, also fünf Jahre lang. Seit der Pubertät erlebt sie Anfälle von Realitätsverlust, wo die Welt für sie entschwindet, und die sich während des Schlafs zuspitzen. Während der Phasen, in denen sie «Realitätsanfälle» hat, ist sie zu heldenhaften Taten fähig: Als sie zum Beispiel einmal Felsen erklettert, fühlt sie sich erschöpft und schwindlig, hat dann aber plötzlich einen «Realitätsanfall», so daß sich alle Müdigkeit und aller Schwindel verflüchtigen. Loetitia setzt ihre Kletterpartie nun voller Verwegenheit fort. (Den ersten Realitätsverlust hatte sie nach einer langen und anstrengenden Zugreise erlitten.)

Im Schlaf aber ist für sie nichts mehr existent. Hält man ihr die Nase zu, so verschluckt sie alles, was man ihr in den Mund steckt, und «was die umgekehrte Verrichtung angeht, so führte sie sie mit größter Gleichgültigkeit in ihrem Bett aus».

Mit Hilfe von Suggestionen oder auch mit scheinbar hypnotischen Handbewegungen gelingt es Janet hin und wieder, sie für eine Viertelstunde aufzuwecken. Während dieser Zeit spricht sie, dichtet manchmal sogar Verse. Sie beklagt, daß sie nur Phantome vor sich habe – darunter ihr Arzt –, daß sie den Geschmackssinn verloren habe, gleichzeitig aber im Grunde jeden Geschmack kenne. Überdies sei es nicht die echte Loetitia, die hier schlafe und in ihr Bett mache, die echte sei anderswo, wenn sie sie nur finden könnte... Jene, die hier liege, sei ein verlorener Hund, ein Abbild, ein Körper ohne Seele, ein abgelegtes Kleidungsstück, eine Außerirdische. Sie liebe niemanden, und niemand liebe sie.

Dann schläft sie wieder ein und wünscht ihren Arzt zum Teufel, denn er existiere eigentlich gar nicht, und sie übrigens auch nicht: «Guten Abend.» Sie versichert außerdem hochfahrend, daß sie zwar denke, aber nicht existiere. Und, so fügt sie schließlich feinsinnig hinzu, da sie keine Vergangenheit habe, so wäre sie, wenn sie jemals ins Leben zurückkehren würde, ein großes Baby, das im Alter von 23 Jahren geboren würde.

Zuweilen vernimmt sie Schritte im Korridor: Es sind ihre Brüder, die sie besuchen kommen, doch leider seien sie nicht real. Ihr Besuch sei daher für sie nicht interessant. Einmal kehrt sie in die Realität zurück, als sie eines Tages aus dem Fenster schaut und die schwarzen, schneebedeckten Bäume wahrnimmt: Das wäre eine schöne Kohlezeichnung, so meint sie. Und plötzlich ist sie wirklich «da». Die restliche Zeit handele sie nur in ihren Träumen, flüchte aus dem Leben, so behauptet sie.

Now oder Das vergessene Glück, 44 Jahre

Sie ist depressiv, leidet fortwährend unter Darmbeschwerden. Als ganz junge Frau hat sie das Bedürfnis, sich auf eine hingebungsvolle Liebe zu stützen, doch da sie eine äußerst bedachtsame Person ist, heiratet sie erst mit 38 Jahren. Die Ehe wird glücklich; alles ist in Ordnung. Doch dann stirbt ihr Mann an einem Gehirntumor, und damit geht es mit ihr bergab.

Now nimmt seinen Tod zunächst mit vollkommener Gleichgültigkeit hin. Dann beschuldigt sie sich selbst der Gefühlskälte, vermeint, den entschlafenen Gatten niemals geliebt zu haben, niemals glücklich gewesen zu sein. Es ist nicht etwa so, daß sie völlig das Gedächtnis verloren hätte, weit gefehlt. Doch kann sie sich nur noch an ihre Kindheit erinnern, an das Zirpen der Grillen, an die Zänkereien mit ihrem Bruder, an ein Pferd, auf dem sie saß und das sie «unter ihr» sehr erregte. Von Zeit zu Zeit, zum Beispiel während der Monatsblutung und kurz davor oder danach, zerreißt ein Schleier, und sie findet die Erinnerung an das Glück wieder; es ist, als ob sich ein Vorhang heben würde, den man daran hindern müßte, wieder zu fallen.

Adèle und Agathe, Zwillinge, 42 Jahre, eine davon antriebsschwach, Dementia Praecox

Adèle verhält sich trotz ihres geistigen Verfalls noch relativ normal; zuweilen kann sie Glück empfinden, ist fähig, Zuneigung und Wut auszudrücken.

Agathe hingegen sitzt unbeweglich auf ihrem Stuhl und murmelt mit zusammengepreßten Zähnen Wortfetzen vor sich hin. Sie kann aufstehen, gehen, einige Klaviernoten entziffern, doch drückt sie niemals Freude oder Mißvergnügen aus. Obwohl träge und gleichgültig, hört und versteht Agathe; wenn sie jedoch eine Partitur liest, so immer nur die linke Seite. Sie will auch nicht mehr allein essen, sondern öffnet nur den Mund und erwartet, daß man sie füttert. Sie hat nämlich Gott versprochen, daß sie niemals allein essen werde. Agathe leide, so beschreibt es Janet, unter Antriebsschwäche.

Olga, Leidenschaft und Erschöpfung, Schlafen, um nicht zu denken

Sie ist ein hochbegabtes junges Mädchen, eine Leuchte in der höheren Schule, immer Klassenbeste. Mit Elan absolviert sie eine glanzvolle schulische Laufbahn. Mit Elan widmet sie sich nun ihren amourösen Eroberungen. War sie erst strebsam, so wird sie nun kokett, verliebt sich leidenschaftlich.

Dann, plötzlich, bricht alles zusammen. Olga empfindet ein unwiderstehliches Verlangen nach Schlaf und schläft bisweilen sogar zwei Tage durch, ohne daß es gelänge, sie zu wecken. Welch ein Glück, so meint sie, noch einige Stunden, ohne denken zu müssen.

Cécile oder Das geträumte Leben, 30 Jahre

Bis zum Alter von 23 Jahren wirkt sie völlig normal und intelligent. Sie übersetzt Bücher und bereitet sich auf eine Laufbahn als Literaturkritikerin vor. Nur wenige Anzeichen deuten auf eine pathologische Prädisposition hin: Einige Alpträume, Schreie im Schlaf, zuweilen Zustände freudiger Erregtheit.

Während des Krieges arbeitet sie als Krankenschwester, geht in ein anderes Land, führt ein anderes Leben und beklagt sich über Müdigkeit. Sie behauptet nun, daß der Ehemann einer ihrer Freundinnen seine Frau verlassen und sie, Cécile, heiraten wolle. Doch erzählt sie dies mit völliger Gleichgültigkeit, und Janet meint, daß nichts davon wahr sei. Sie beginnt, alle überflüssigen Aktivitäten einzustellen, und verfällt in Trägheit. Das auffälligste an ihrem Verhalten sind nun die vielfältigen Geschichten, die sie sich erträumt: So erklärt sie sich einmal mit einem russischen Fürsten verheiratet, ein andermal mit einem deutschen, einem englischen oder gar einem deutsch-englischen Fürsten. Sie erfindet auch einen Bruder, eine Schwester und drei Kinder: ein Mädchen und zwei Jungen. Sie könne jedoch nicht mit ihnen zusammenkommen, weil ihr fürstlicher Gemahl und sie Sozialisten und Terroristen seien und die Tyrannen und des weiteren alle, die Cécile mißfielen, getötet hätten.

Ihre echte Mutter sei eine Schauspielerin, die von den Kapetingern und von Richelieu abstamme, aber auch von Achilles und Renan. Natürlich habe sie, Cécile, auch alle Arten von Meisterwerken geschrieben und veröffentlicht, und sogar auch solche, in denen sie die Hauptrolle spiele, wie zum Beispiel den Faust, in dem sie das Gretchen darstelle.

Ist sie einer Geschichte müde, so läßt sie sie fallen. Überdies glaube sie nicht wirklich daran. «Das Thema war erschöpft», konstatiert sie dann selbst.

Und obwohl sie fortwährend über ein Verlangen nach Schlaf klagt, ist sie auf dem Höhepunkt ihres Wahnzustandes fähig, ihrem Fürsten zu schreiben und den Brief sogar abzusenden. In der Realität fehlt ihr die Kraft zu lieben, in ihrer imaginären Welt gelingt es ihr jedoch «ein wenig».

«Warum wollen Sie mir mein einziges Vergnügen fortnehmen, es hält mich davon ab zu verzweifeln», sagt sie zu Pierre Janet.

Marianne, die Gewalt der Ruhe

Am ersten Tag ihrer Monatsblutung verfällt sie in einen melancholischen Stupor und bewegt sich nicht mehr, denn jegliche Aktivität versetzt sie in Angst und Schrecken. Zehn Tage lang verläßt sie das Bett nicht, liegt untätig, den Kopf unter den Laken versteckt. Am Abend des zehnten Tages springt sie auf, brüllt, zieht sich nackt aus, nimmt obszöne Posen ein und demoliert ihr Zimmer. Diese Phase dauert noch einmal zehn Tage. Anschließend beruhigt sie sich, befindet sich vier bis fünf Tage lang wieder im Normalzustand, und dann beginnt der Zyklus von neuem.

Hermine, Orgasmen auf dem Grab ihres Sohnes, 40 Jahre

Hermine ist durch den Tod ihrer beiden Söhne traumatisiert, die während des Ersten Weltkriegs gefallen sind. Sie hat sich der Askese verschrieben, den Verzicht auf jegliches Vergnügen gelobt. Doch andererseits hat sie zwanghafte Anwandlungen von Schamlosigkeit und ist versucht, «Unschicklichkeiten» zu begehen, sobald sie einen Mann zu Gesicht bekommt. Als sie am Grab ihres Sohnes betet, hat sie sogar einen Orgasmus – so sehr erscheint es ihr, daß sie ihn entkleidet. Schließlich verlangt sie, daß man sie beaufsichtigt, um einen Skandal zu vermeiden.

Judith, eine Heirat mit vorgetäuschten Gefühlen, 26 Jahre

Sie ist von einem gewaltigen Verlangen nach Liebe besessen und leidet unter Eifersuchtsanfällen. Mit 25 Jahren verliebt sie sich und geht eine Verlobung ein; ihrem zukünftigen Gatten bringt sie eine leidenschaftliche, alles verzehrende Liebe entgegen. Kurz vor der Heirat scheinen ihr jedoch plötzlich Bedenken zu kommen, aber die Hochzeit findet statt.

Nach der Hochzeitsreise zeigt sie auf einmal eine Abneigung gegen ihren Mann, schließlich sogar Haß. Sie beschimpft ihn, kratzt ihn, verletzt ihn gar; das Paar muß getrennt werden. Die Erinnerung an ihre überschwengliche Verlobungszeit stürzt sie in grenzenlose Verwirrung: Sie habe gelogen, so meint sie nun, habe etwas vorgetäuscht, um ihrer Mutter «Ärger zu bereiten». Sie müsse daher von nun an in Trauer leben und allen Liebeshandlungen, «die an eine Hochzeit erinnern», entsagen.

Irène oder Das vergessene Melodram, 26 Jahre

Durch den Tod ihrer Mutter, deren Sterben sie miterlebt hat, zutiefst erschüttert, leidet sie unter Verwirrungszuständen und Konvulsionen, verfällt schließlich in einen Zustand der Amnesie, der durch Trägheit und Gleichgültigkeit gekennzeichnet ist. Wenn sie sich im Delirium befindet, spielt sie die Szene des Todes ihrer Mutter nach: Die an Tuberkulose leidende, verarmte Frau lag an der Seite ihres betrunkenen Vaters, der sich übergeben mußte, im Sterben. Als Irène im Zustand der Amnesie diesen Todeskampf noch einmal miterlebt, ahmt sie ihre eigenen vergessenen Handgriffe nach, beginnt die Mutter zu pflegen, ihr den Mund zu öffnen und wieder zu schließen, trägt schließlich ihren Leichnam vom Bett fort. Am Ende der Nacht verfällt sie in Melancholie und tut so, als ob sie sich auf einen Bahndamm legen würde, um sich von einer Lokomotive überrollen zu lassen. Wenn sie ihre Geschichte vollständig durchgespielt hat, wird sie von Konvulsionen ergriffen.

Der Arzt als Zensor der psychischen Lust

Wie wir später sehen werden, sprach Janet von seinen Patientinnen wie von Pflanzen in seinem Herbarium, und wohl niemals wurde der schöne Ausdruck «Florilegium» passender verwendet. Aber wie er sie behandelt, seine Blumen des Wahns!

Der Spielverderber

Völlig ohne Gefühl für die Ausdruckskraft von Metaphern erinnert Janet immer mehr an einen Prokrustes, der zum Psychiater geworden ist. Er zwingt seine Patientinnen auf ein Bett der moralischen Zensur und hackt ihnen alles ab, was über den Bettrand hinausragt. So zum Beispiel die Freude, die seiner Auffassung nach, wenn sie im Übermaß auftritt, Verschwendung ist. Bergson schreibt, daß es «überall Freude gibt, Schöpfung gibt, und je reicher die Schöpfung ist, desto inniger ist die Freude»;[138] Janet hingegen bestreitet dies: «Ich muß denselben Gedanken leider mit weniger Begeisterung formulieren. Die Freude ist nicht immer angemessen... Sie kann fehl am Platze sein...»[139] Und wie glaubt er beurteilen zu können, wann es sich um eine Verschwendung von Freude handelt und wann nicht? Indem er einen Unterschied macht zwischen dem Lachanfall und dem Lächeln: Der Lachanfall sei Verschwendung, das Lächeln hingegen schöpferisch.

Prokrustes/Janet ist ganz eindeutig ein Spielverderber. Nur selten rückt er von den von ihm selbst aufgestellten Kriterien ab, die alle eher der strengen republikanischen Moral als einer revolutionären Therapieform – wie es später die von Freud sein wird – entspringen. Es graut ihm vor Untätigkeit, Unbeweglichkeit, Müdigkeit (die immer vorgetäuscht sei) und Erschöpfung (die er nur bei schwersten körperlichen Symptomen als tatsächlich vorhanden anerkennt). Die Norm, das ist für ihn die vollbrachte Tat, der normale und bescheidene Erfolg. Am meisten verhaßt ist ihm die triumphierende Glückseligkeit seiner phantasierenden Patienten, der er systematisch Dämpfer versetzt. All diese Kranken haben sich für Janet unfreiwillig der Trägheit schuldig gemacht: Um nicht handeln zu müssen, verfallen sie einfach in einen Schlaf, wie zum Beispiel Loetitia, die den ganzen Krieg verschläft. Letztere Beobachtung ist zwar nicht falsch, doch trägt sie nichts dazu bei, den Fall der Schläferin zu erklären, sie fällt lediglich ein moralisches Urteil. Und wenn seine Patienten beim Übergang von einer Phase in die andere plötzlich aktiv werden, wenn sie gewaltige Anstrengungen unternehmen, so sind sie für ihn dennoch schuldig, denn ihre Handlungen sind in der Realität nichts wert. Weder ihre Träume, noch ihr Lachen, noch ihre Tränen, noch ihre Ekstasen haben ein «Bürgerrecht» im eigentlichen Sinne des Wortes. Und das gilt gleichermaßen für das Denken mancher Philosophen, das Janet häufig in einem Zug mitkritisiert. Bergson, Spinoza, Rousseau... Sie seien zu ekstatisch, zu überschwenglich, oder andererseits zu melancholisch. In Janets Analysen scheint etwas von den Persönlichkeiten eines Eugène Labiche durch, jenen adretten und komischen Gestalten, die es nicht ertragen, wenn das Leben zu sehr aus seinen geordneten Bahnen ausschert: ein wenig Tugend, aber nicht zu viel; ein wenig Leidenschaft, aber nicht zu heftig; ein wenig Kummer, aber nicht in übertriebenem Maße. Bekanntlich werden Labiches Figuren immer durch die Absurdität der Wirklichkeit überrascht, doch in den vier Wänden eines Krankenzimmers ist der Patient der Absurde. Er hat keine Chance, wirklich ernst genommen zu werden.

Aber kehren wir an dieser Stelle noch einmal nach Indien zurück.

Die Hysterikerinnen – Der spontane Weg zum Tantra

Die überwiegende Mehrheit von Pierre Janets Patientinnen vollführt mit unberechenbarer Heftigkeit akrobatische Übungen oder zeigt auffällige, anstößige Verhaltensweisen. Diese sind in ihrer Heftigkeit, ihrer Brüskheit den gymnastischen Übungen der Yogis verwandt. Da die Hysterikerinnen weder Schmerz noch Unbehagen verspüren, fügen sie sich selbst voller Ungestüm Torturen zu und verletzen sich, ohne Schmerzen dabei zu empfinden.

Und wenn derartige Phasen abgeklungen sind, legen sie eine bemerkenswerte Gleichgültigkeit an den Tag. In Janets Augen liegt hierin das pathologische Phänomen par excellence. Hierin bestehe ihre Krankheit, denn auf diese Weise würde sich eindeutig ihre Unfähigkeit manifestieren, in einer sozialen Welt zu leben. Doch betrachten wir diese Frauen einmal mit «indischen» Augen: Wenn Loetitia «schläft», so zieht sie sich damit aus der Welt zurück, wie so viele heilige Männer, denen in Indien die Massen Opfer dargebracht haben. Olga und Now, die Janet als «müde» bezeichnet, haben spontan das Ideal des Hinduismus erreicht, die absolute Gleichgültigkeit gegenüber allen irdischen Dingen. Sie legen Gelübde ab, die in der französischen Gesellschaft absurd erscheinen, im Rahmen ihres eigenen religiösen Systems jedoch logisch sind, eines Systems, das die Umkehrung normaler Verhaltensweisen fordert, die dann auch trotz ihres sonderbaren Charakters sehr entschieden eingehalten werden. All diese Frauen sind nicht-kirchliche Nonnen, sind Novizinnen, die einem Orden beigetreten sind, dessen Regeln sie allein festlegen. Und wenn Agathe gelobt, niemals selbst Nahrung zu sich zu nehmen, dann ist dies eine Regel ihres eigenen Ordens, dessen Priorin sie selbst ist.

Was Omu betrifft, so wählt sie spontan das einfachste Kleidungsstück, trägt Sandalen und rasiert sich den Kopf wie eine buddhistische Nonne. Erstaunlicherweise ist diese an Indien erinnernde äußere Verwandlung durch keinen biographischen Umstand begründet, der eine solche Neigung nahelegen würde. Logischerweise ist sie auch jene unter den Frauen, die sich als Heilerin präsentiert, und das, was Janet als Wahn betrachtet, könnte eher Anlaß dazu geben – wenn Janet noch weitere Angaben hinterlassen hätte –, Omu sowohl als Reminiszenz einer frevelhaften Hexe/Heilerin zu sehen, die zum Scheiterhaufen verurteilt ist (der rasierte Kopf) als auch als eine Therapeutin nach asiatischem Vorbild.

Sophie, Clarisse, Nea, Marianne und Hermine begehen Schandtaten ganz eigener Art. Einige unter ihnen schrecken sogar vor Skatologie und Skatophagie nicht zurück. Nun muß man aber wissen, daß unter den verschiedenen Formen des Yoga eine existiert, zu deren höchsten mystischen Ritualen der Verzehr von Exkrementen und Urin zählt, und bekanntlich unterzog sich auch Ramakrishna einer solchen Übung. Dieser Tantrismus des «Linke-Hand-Wegs» – denn die linke Hand, die traditionell zum Waschen des Anus nach der Darmentleerung bestimmt ist, ist die unreine Hand – übertritt entschieden die heiligsten Regeln des klassischen Brahmanismus: Indem die Tantriker mit äußerster Verwegenheit alle inneren Widerstände brechen, erreichen sie die Ekstase. Diese Skatophagie hängt untrennbar zusammen mit den Kremationsfeldern – der Entsprechung zu unseren Friedhöfen. Dort, auf der noch heißen Asche der am Vortag verbrannten Toten, begehen die tantrischen Mystiker jene Tabubrüche, bei denen Tod und Exkremente eine Rolle spielen und das Widerwärtige zur vornehmsten Kontemplation wird. Das Essen von Kot, das Trinken von Urin und das Kopulieren auf der Asche der Toten sind die vorgeschriebenen Rituale. Wenn sich also Clarisse von Kot und Abfall angezogen fühlt und Hermine auf dem Grab ihres Sohnes Orgasmen erlebt, so erscheint dies vor obigem Hintergrund nicht mehr so erstaunlich.

Ebensowenig wird dann auch die Feststellung erstaunen, daß Sophie, die «reinste» aus diesem Grüppchen, zuweilen nur durch ein Nasenloch zu atmen pflegt. Diese Form des Atmens gehört mit zu den wichtigsten – und schwierigsten – Übungen des Yoga. Ja, Sophie, die vollkommen ist, erfindet auch ein Wort, das sie unendlich oft wiederholt, jene Art von Wort, das für Außenstehende unverständlich ist und im Yoga als «Mantra» bezeichnet wird. Dabei handelt es sich um eine Lautfolge, die jedem Schüler von seinem Guru ins Ohr geflüstert wird und die nur für ihn bestimmt ist – der wichtigste Signifikant der indischen Mystik. Sophie hat sich selbst ein wunderbares «Mantra» geschaffen, nämlich «RINEVED», die Umkehrung der Lautfolge von «DEVENIR» (dt. «werden»), der Signifikant ihrer Regression.

Diese Frauen, die so skandalös obszön, gewalttätig, masochistisch, schlafsüchtig und gleichgültig sind, bleiben uns fremd und unverständlich, wenn wir sie nach unseren gewohnten Maßstäben beurteilen. Da ihnen der Adel von Madeleines mystischem Wahn fehlt, schockieren sie ohne Sinn und Zweck. Sie sind um so verrückter, als ihren Wahnvorstellungen jeglicher Bezugspunkt fehlt, während Madeleine zumindest weiß, in welcher Tradition religiösen «Wahns» ihre Ekstasen stehen. Sind diese armen Mädchen für die Vernunft demnach unwiederbringlich verloren?

Nun, wenn man sich auf einen anderen Kontinent begibt und sich an einer anderen Form der Vernunft orientiert, so erscheint ihr Handeln vollkommen einsichtig. Ihr Prinzip ist das der Normverletzung, und ihre Handlungen scheinen von einem System mit genau festgelegten Regeln bestimmt. Dieses System existiert in Indien und ist auch heute noch sehr lebendig. Wer es kennt, der sieht in ihren entfesselten Phantasien die sorgfältig herbeigeführte, bewußte *Entfesselung*, die von den vollkommensten Mystikern der Welt angestrebt wird.

Man darf Pierre Janet keinen Vorwurf daraus machen, daß er dieses System nicht kannte. Die eigentlichen Verantwortlichen sind hier die französischen Akademiker, die das Studium der indischen Kultur bewußt aus der französischen Allgemeinbildung verbannt haben. Für die französische Psychiatrie bedeutete dies einen großen Schaden, denn diese kollektive Ignoranz ist unter anderem auch die Ursache für Pierre Janets Urteil, so zum Beispiel, wenn er von Trägheitswahn oder von Psychasthenie, von krankhafter psychischer Schwäche, spricht.

Betritt man jedoch einen anderen Kontinent und macht sich eine andere Vernunft zu eigen, so muß man auch andere moralische Maßstäbe anlegen und eine Welt akzeptieren, deren Ideal nicht die äußere, sondern die innere Aktivität ist. Dann gelangen wir zu der richtigen Vorstellung von Kraft.

Denn daran kann kein Zweifel herrschen: Alle Patientinnen Pierre Janets verfügen über eine ungeheure Kraft.

Antriebsschwäche? Also bitte!

Sie müssen um so mehr innere Energie aufbringen, als die Belegschaft des Hospitals, dessen wohlwollende Inkarnation Pierre Janet darstellt, ihnen jede psychische Aktivität untersagt, die den guten Sitten zuwiderläuft. Die geringste moralische Abweichung wird als pathologisch eingestuft, die kleinsten normverletzenden Phantasien werden als Anzeichen von Besessenheit gewertet.

Diese Frauen sind tatsächlich unsere letzten Hexen, sie sind Erbinnen jener Welt, die irgendwo inmitten der Demokratie, inmitten eines industrialisierten und modernen Landes überlebt hat. Wie viele Scheiterhaufen wurden entzündet, um eine ganze psychische Kultur zu vernichten...

Zwingen, wie es bereits der Begriff *Zwangsjacke*[140] besagt. *Zwingen*, das ist eines der Schlüsselworte Pierre Janets, der seine Patientinnen dazu «zwingen» will, gesund zu werden, nicht mehr auf den Zehenspitzen zu laufen, vernünftig zu denken, zu essen, aufzuwachen, zu schlafen, usw. ... Zwingen.

Ja, unsere Zivilisation hat dieses Feuer mit Zwang erstickt. Und wenn die Geschichte von Madeleine Le Bouc uns vollständig überliefert ist, dann deshalb, weil sie sich trotz allem in ein Deutungsmuster fügt, das, obwohl archaisch, dem Denken Pierre Janets noch vertraut war. Was die anderen Frauen unter seiner Obhut betrifft, so zeigte er sich völlig ratlos, und als einzige Waffe blieb ihm nur noch brutaler Zwang. Im Grunde war er ein Henker, und das immer unbewußt.

Janet verkörpert auf seine Weise eine sehr französische Art des Widerstands. Denn er, der Zeitgenosse Freuds, verwirft die von der Sexualität besessene Psychoanalyse auf das heftigste. In einer Zeit, in der sich in Frankreich laizistische und republikanische Positionen festigten, war es sicher unvermeidlich, daß ein aufrechter französischer Mediziner, der überdies noch Philosoph war, das reale Handeln als essentielles Kriterium betrachtete und sich davon blenden ließ. Ebenso wie es wohl sicherlich unvermeidlich war, daß ein Jude aus Mähren, der in der österreichisch-ungarischen Monarchie lebte, eine intuitive Sensibilität für das besaß, was innerhalb des europäischen Kulturkreises von einer anderen Welt zeugte, die andere Maßstäbe und andere Gesetze kannte.

Übrigens verdrängt jeder auf seine Weise: Freud für seinen Teil verdrängte ganz bewußt jenes Indien, das ihm durch Romain Rolland offenbart wurde.

Doch das ist eine andere Geschichte.

Das Unglück Madeleine Le Boucs

Wer schon einmal einer jener zweifelhaften «Patientenvorstellungen» in der geschlossenen Station des Sainte-Anne Krankenhauses beigewohnt hat, der kennt jenes Unbehagen sehr gut, das der Anblick eines Wahnzustandes auslösen kann.

Man zögert lange, bevor man das Urteil «geisteskrank» fällt: Wenn dieser Mann, der vorgibt, verfolgt zu werden, nun tatsächlich in Gefahr wäre? Nichts erlaubt eine sichere Entscheidung, es sei denn, jener furchtbare Kompromiß, den der Geist mit der Realität eingehen muß, denn verrückt ist dieser Mann unzweifelhaft ab dem Augenblick, wo er die öffentliche Ordnung, seine Nachbarn, seine Familie und die Gesellschaft stört. An diesem Kriterium und nur an ihm allein erkennt man die Geisteskrankheit.

Auf genau diese Weise war auch Madeleine zu ihrem Wahn gekommen, nämlich indem sie auf einer Parkbank schlief. Und weil sie mit der Polizei in Konflikt geriet, landete sie, nach einem Umweg über das Gefängnis, in dem sie bekanntlich noch länger hätte bleiben sollen, schließlich im Krankenhaus. Madeleines Wahn, so wie ihn Janet mit mustergültiger Aufrichtigkeit beschreibt, kann keinen Moment bezweifelt werden; ebensowenig ist jedoch zu bezweifeln, daß dieser Wahn teilweise die gesellschaftliche Wirklichkeit widerspiegelt. Nach unseren Kriterien gehörte Madeleine jedenfalls zur Kategorie der Geisteskranken, das ist gewiß.

Dennoch stellt sich unvermeidlich die Frage, ob Madeleine eine Heilige war. Wäre sie eine italienische Bäuerin aus dem Mezzogiorno gewesen, so wären die Wallfahrer zu ihr geströmt, und das auch heute noch, am Ende des 20. Jahrhunderts. Als Angehörige der Pariser Bourgeoisie konnte sie jedoch der Salpêtrière nicht entkommen.

In Indien wäre sie zu einer dieser «Mütter» geworden, wie zum Beispiel die erst kürzlich verstorbene Ma Ananda Mayee, die in Benares ebenso verehrt wurde wie Ramakrishna zu seiner Zeit. Sie war eine große Yogini, eine dieser außergewöhnlichen Seelen, die von ihren Anhängern «Hamsa», das heißt «Schwan» genannt werden und dazu ausersehen sind, andere zu führen. Es ist offensichtlich, daß Madeleine ebenso führen wollte, wie sie forderte, selbst geführt zu werden, und ohne Zweifel gehörte sie in ein System, in dem jeder zunächst Schüler eines Gurus war, bevor er dann selbst zum Guru eines anderen Schülers wurde. Zu ihrem Unglück wurde Madeleine in Frankreich geboren, zu einer Zeit, als das Land von starken religiösen Strömungen erfaßt wurde und ein heftiger Konflikt zwischen Kirche und Staat bevorstand. Und sie war leider auch zu gebildet, um nicht zu einem interessanten «Fall» zu werden.

Hätte sie später gelebt, so wäre ihr auf jeden Fall die Revolutionierung der Maßstäbe in der Kunst zugute gekommen, die sich parallel zur Revolution in der Ethnologie vollzog. Denn zur gleichen Zeit, als Lévi-Strauss das wilde Denken und Michel Foucault die Inspiration des Wahns rehabilitierten, «erfand» Jean Dubuffet die «Art brut». Madeleine, man erinnere sich, malte viel, und zwar Bilder im Stile von Saint-Sulpice, die naiv, repetitiv und stereotyp, aber gleichzeitig sehr minutiös ausgeführt waren, zweifellos zu minutiös. Die Anzahl der von ihr gemalten Bilder hätte ausgereicht, um die Verrückte wie durch Zauber in eine wilde Künstlerin zu verwandeln. Doch auch dieses Schicksal sollte Madeleine nicht beschieden sein.

Ihr Unglück war, daß sie zu früh geboren wurde, als daß

ihre «Wildheit», sei es nun im literarischen oder im künstlerischen Bereich, hätte anerkannt werden können, jedoch zu spät, um von der katholischen Kirche zur Heiligen erklärt zu werden – und daß sie in Frankreich anstatt in Indien auf die Welt kam.

Glück hatte sie nur insofern, als ein ehrenhafter Mann sie unter seine Fittiche nahm und sich über lange Zeit hinweg voller Zuneigung um sie kümmerte. Als sie aus dem Hospital entlassen wurde, befand sie sich in einem ausgeglichenen seelischen Zustand. Sie litt weniger, war aber auch weniger glücklich. Auf seine Weise hatte Pierre Janet damit bei Madeleine eine vollständige Heilung in dem Sinne bewirkt, wie sie von Sigmund Freud in den «Studien über Hysterie» beschrieben wird: das «hysterische Elend in gemeines Unglück verwandeln».[141]

Nachdem Madeleine zur Alltäglichkeit zurückgekehrt ist, ist sie geheilt. Und ihrer Freuden beraubt.

Bleibt noch, für die Ewigkeit festgehalten, die Erinnerung an ihre überwältigenden spirituellen Erlebnisse.

2. Kapitel: Ramakrishna und die mystische Erfahrung

Mystik und Regression?

Von den vielen bekannten Wegen, die zu innerer Wandlung führen, ist der Pfad der Mystik wohl einer der ältesten, universellsten und angesehensten, auch wenn diejenigen, die ihn beschreiten, nicht selten in einem zweifelhaften Frieden mit den etablierten Religionen ihrer jeweiligen Gesellschaft leben oder gar in offenem Gegensatz zu ihnen stehen.

Mag es auch nur einen Weg der Mystik geben, so kennt er doch viele Seitenpfade. Nathan Söderblom spricht von einer «Mystik des Unendlichen», einer Bewußtseinserweiterung, bei der das Erlebnis der Vereinigung mit dem Göttlichen die Wahrnehmung der dinglichen und bildlichen Bestandteile der sinnlich erfahrbaren Welt auslöscht. Dem stellt er eine «Mystik des persönlichen Lebens» gegenüber, bei der das Erleben nicht in ekstatischer Verzückung wurzelt, sondern in einer Gottesbegegnung mitten im Leben mit all seinen Problemen und Kämpfen, einer Begegnung, die sich in der Tiefe des Glaubens bei normalem, wachem Bewußtsein vollzieht.[1] Martin Buber und Johannes vom Kreuz wären zwei Beispiele für Söderbloms Mystik des persönlichen Lebens. Natürlich zeigen solche Unterscheidungen nur verschiedene Richtungen an und wollen keine scharfen Grenzlinien ziehen, findet sich doch bei jedem Mystiker sowohl «Unendliches» als auch «Persönliches» in unterschiedlichen Schattierungen.

Auch die Mystik des «Unendlichen», der mein eigenes Interesse gilt, wurde nochmals auf verschiedene Weise untergliedert – in Naturmystik, theistische Mystik und monistische oder Seelenmystik –, wobei dahingestellt sei, ob sich auf der Ebene der inneren Erfahrung überhaupt ein Unterschied zwischen diesen Kategorien ausmachen läßt. Wieder eine andere ist die von William James vorgenommene Unterteilung in sporadisch auftretende und bewußt kultivierte mystische Erfahrungen. Das entspricht Arthur Deikmans Differenzierung zwischen mystischen Erlebnissen, die auf geschulter Sinneswahrnehmung beruhen, und solchen, denen keine derartige Schulung vorausgeht.[2] Ramakrishna war selbstverständlich ein «Berufsmystiker», und mögen seine anfänglichen Vorstöße in die Mystik auch sporadisch und dilettantisch gewesen sein, so war doch die zweite Hälfte seines Lebens geprägt von regelmäßigen und häufigen mystischen Erfahrungen der anderen, auf Schulung und Übung basierenden Art.

Eine mystische Erfahrung kann sich eher unauffällig abspielen – wie etwa jemanden inmitten völlig normaler Zeitgenossen eine «Ahnung vom Jenseits» überkommt –, sie kann aber auch extreme Formen annehmen und mit Ekstase und Visionen einhergehen. Wir wissen aus Umfragen, daß mehr oder weniger unauffällige mystische Erfahrungen recht weitverbreitet sind, sogar in Ländern, in denen eine aktive mystische Tradition nicht existiert und das geistige Klima mystischen Vorstellungen nicht gerade förderlich ist. In den Vereinigten Staaten beispielsweise geben in einer 1975 von Andrew Greeley durchgeführten Repräsentativerhebung 35 % der Befragten an, mystische Erfahrungen gemacht zu haben, ein Ergebnis, das sich in neueren, vergleichbaren Untersuchungen bestätigte. Bedeutsam ist dabei die Tatsache, daß diejenigen, die solche Erfahrungen hatten, in ihrem Bildungsniveau über dem Landesdurchschnitt lagen, «sich psychischer Gesundheit erfreuten» und offenbar keinerlei neurotisch bedingte Probleme kannten.[3]

Mein Interesse gilt hier jedoch der Mystik der extremen Form, insbesondere der ekstatischen Mystik, wie sie sich höchst spektakulär in Visionen und Trancezuständen manifestiert. Psychologisch gesehen, läßt sie sich durch eine Ausweitung der Innenwelt, durch ein den ganzen Körper von innen her durchströmendes Bewußtsein charakterisieren. Dieses sich ausweitende Bewußtsein erstreckt sich

Ramakrishna

auch auf die Außenwelt, die von einem Einklang alles Seienden erfüllt scheint.

Es stellt sich das überwältigende Gefühl ein, daß das, worauf sich Bewußtsein richtet, die Welt, schließlich durchscheinend und wirklicher geworden ist, als dies in der normalen Realität der Fall ist. All das geht einher mit einem intensivierten seelischen und körperlichen Empfinden und gipfelt in einem Gefühl großer Freude, die alles andere Erleben auslöscht bzw. in ihren Sog zieht.[4] Ob es nun als kosmisches Bewußtsein, «Gipfelerlebnis» (Maslow) oder *mahabhava* bezeichnet wird, immer unterscheidet sich ekstatisch-mystisches Erleben von einem anderen, bei dem das Bewußtsein und sein Gegenstand, die Welt, eins werden und Subjekt/Objekt-Unterscheidungen verlorengehen. *Samadhi* bei den Hindus, *satori* bei den Zen-Meistern und *fana* bei den Sufis sind nur einige Termini für diese andere Art der mystischen Erfahrung. Wiederum stellen diese Unterscheidungen keine Entweder/Oder-Kategorisierung dar, führt doch oft die eine Form der mystischen Erfahrung – wie im Fall von Ramakrishna – hin zu anderen, was nicht heißt, daß alle Mystiker die ganze Bandbreite mystischer Erfahrungen durchmessen haben müssen, von denen ja eine jede ihr eigenes Maß hat an Unsagbarem und an *noesis*, das heißt an Gewißheit der Erkenntnis.

Wir dürfen auch nicht vergessen, daß Ramakrishna in der Tradition der Hindu-Mystik steht, die, obwohl sie der Mystik anderer religiöser Richtungen in vielem ähnelt, in ihrem ganz speziellen Kontext zu sehen ist. Zum einen ist die Mystik die Hauptströmung innerhalb der hinduistischen Religiosität. Darum sind Hindu-Mystiker in der Regel nicht den Einschränkungen ausgesetzt, denen sich in den monotheistischen Religionen Mystiker wie sie gegenübersehen, zum Beispiel im Judentum, im Islam und – in geringerem Maße – im Christentum, wo mystische Erfahrungen und Einsichten im allgemeinen mit Bezug auf die geltende, dogmatisch ausgerichtete Theologie ausgelegt werden müssen.[5] Ein Hindu-Mystiker kann normalerweise seine Anschauungen ganz ungehindert zum Ausdruck bringen und muß nicht darauf bedacht sein, daß diese der offiziellen, orthodoxen

Sehweise nicht zuwiderlaufen. Zum anderen kommt in zwei Hauptrichtungen der Hindu-Mystik Gott, so wie ihn sich die monotheistischen Religionen vorstellen, nicht dieselbe Bedeutung zu. Die an den Upanishaden orientierten Mystiker zum Beispiel trachten nach geistiger Erleuchtung, in der der tiefste Wesensgrund der Person als identisch mit dem gemeinsamen Urgrund alles anderen Seins, des belebten und des unbelebten, erfahren wird. Der Yoga-Mystiker strebt danach, der Unsterblichkeit der menschlichen Seele jenseits von Raum, Zeit und Materie gewahr zu werden. Durch intensive Innenschau und mit Hilfe spezieller Übungen, die ihn die Kontrolle über seine Sinne und Gedankenströme erlangen lassen, sucht er die «Seele» als ein Unbedingtes, Ewiges zu erfahren, dessen Sein sich von dem «Schein»-Bewußtsein der bedingten Existenz deutlich unterscheidet. Weder in der upanishadischen noch in der yogischen Mystik findet sich eine Spur von Liebe zu Gott oder die Sehnsucht nach Vereinigung mit ihm. Beides aber gilt sowohl in der christlichen als auch in der islamischen Tradition als höchster Ausdruck mystischen Gestimmtseins, ohne das eine *unio mystica* nicht vorstellbar wäre. In den eben erwähnten Hindu-Schulen wird die mystische Befreiung allein durch die eigene Anstrengung des Mystikers erreicht und nicht durch das Einwirken göttlicher Gnade. Einzig in der *bhakti*-Mystik, der Mystik der Hingabe – der von Ramakrishna bevorzugten Form –, kommt die Liebe zur Gottheit mit ins Spiel: Die Seele des Mystikers bzw. sein «Selbst» vereinigt sich schließlich mit dem Gott (oder der Göttin) in ekstatischer Hingabe. Nur hier tritt eine Verwandtschaft der Hindu-Mystik mit der Mystik monotheistischer Glaubensrichtungen deutlich zutage.

Gleich zu Anfang möchte ich anmerken, daß angesichts der Unsicherheiten innerhalb der heutigen psychoanalytischen Theorie, durch die ihr grundlegendes Paradigma in Frage gestellt wird, die frühere Gleichsetzung des mystischen Zustandes mit einer abwertend beurteilten, ja als pathologisch eingestuften Regression, vergleichbar einer psychotischen Episode, nun von Grund auf revidiert werden muß. Viele Analytiker, die sich für dieses Phänomen interessieren, würden heute einräumen, daß trotz oberflächlicher Ähnlichkeiten der Rückzug ins mystische Erleben weder so vollständig noch so zwingend und unausweichlich ist wie eine psychotische Regression. Zudem bleibt die Fähigkeit, emotionale Bindungen aufrechtzuerhalten, unbeeinträchtigt, ja sie wächst sogar. Vorausgesetzt, daß Freuds Maxime, die Fähigkeit «zu lieben und zu arbeiten» sei vielleicht das beste Kriterium für psychische Gesundheit, für den Analytiker noch gilt, so leistet der Mystiker Beeindruckendes – zumindest dann, wenn man auf die gängigen Vorstellungen von Liebe und Arbeit verzichtet. Kurzum, der Strom, der in voller Stärke durch die Psyche fließt und beim Psychotiker einen Kurzschluß auslöst, kann dem Mystiker Erleuchtung bringen – und dies geschieht auch.

Einige neuere Arbeiten aus dem Bereich der Psychoanalyse belegen, daß Zustände mystischen Erlebens der Integration der Person eher förderlich als abträglich sind.[6] Ebenso nimmt der Einblick des Mystikers/der Mystikerin in das, was sich in seinem/ihrem Selbst abspielt, eher zu als ab. Zwar findet während mystischer Trance im Bewußtsein eine «Dedifferenzierung» statt (um Anton Ehrenzweigs Begriff zu verwenden),[7] das heißt eine Aufhebung diverser Grenzen und Unterscheidungen sowohl in der Innen- als auch in der Außenwelt. Letztendlich jedoch zeigt sich beim Mystiker oft ein immer feiner differenzierendes Wahrnehmungsvermögen. Anders ausgedrückt: Worum es geht, ist nicht das Chaotische an der mystischen Erfahrung – soweit sie überhaupt chaotisch ist –, sondern die Fähigkeit des Mystikers, aus scheinbarem Chaos höchste Ordnung zu schaffen. Was ich hier tatsächlich vorhabe, ist, die Frage zu stellen, die Romain Rolland, wenn er über Ramakrishnas erste Trancezustände schreibt, an die «Ärzte des Leibes und der Seele» richtet, nämlich: «... es ist noch gar nichts damit geleistet, wenn man eine anscheinende Zerstörung des geistigen Gebäudes und den Zerfall seiner Bausteine feststellt. Denn wie erbauen sie sich von neuem zu einer höheren organischen Synthese?»[8] Anders gestellt lautet die Frage: Wie wird der Mystiker Herr über seinen Irrsinn und seine Vernunft zugleich, während der Schizophrene ihr Sklave bleibt?

Der Zeitpunkt für meinen Versuch, Antworten auf diese Fragen zu formulieren, scheint nicht ungünstig. Die Psychoanalyse befindet sich heute in einer vergleichsweise besseren Position, was ihre *adequatio* (Adäquatheit) in bezug auf Phänomene der Mystik und andere Zustände veränderten Bewußtseins – wie etwa die Besessenheitstrance – angeht. Das Prinzip der *adequatio* besagt, daß dieselbe Erscheinung für unterschiedliche Betrachter vollkommen andere Bedeutungsinhalte haben kann.[9] Für einen Hund gehört ein Buch zu einer Klasse von Gegenständen, mit denen man spielen, die man aber nicht fressen kann. Für den Analphabeten ist es nichts als ein Buch: Papier mit Zeichen aus Druckerschwärze, die er nicht zu entschlüsseln vermag. Für den durchschnittlich gebildeten Erwachsenen ist das gleiche Buch ein unverdaulicher wissenschaftlicher Wälzer, für den Physiker hingegen eine brillante Abhandlung über die Relativität, die seine Weltsicht an manchen Stellen ins Wanken bringt. In jedem Fall ist die Bedeutungsebene abhängig von der *adequatio* des Betrachters. Was nun die Mystik betrifft, so stehen die Psychoanalytiker von heute weder auf der Stufe des Hundes noch auf der des Analphabeten, sondern lassen – vielleicht – gerade das Stadium des durchschnittlich gebildeten Erwachsenen hinter sich.

Wenn der analytische Ansatz inzwischen einen höheren Adäquatheitsgrad erreicht hat, so liegt das meines Wissens nicht an den persönlichen Erfahrungen, die irgendein Psychoanalytiker während einer Ausbildung in verschiedenen mystischen Richtungen gesammelt hat. Diese größere *adequatio* rührt teilweise daher, daß inzwischen mehr analytisch verwertbares Material zur Verfügung steht und man nicht mehr allein auf die Schriften einiger weniger Mystiker des Abendlandes, wie z.B. Teresa von Avila und Johannes vom Kreuz, oder auf biographische und autobiographische Darstellungen über sie angewiesen ist. Während der letzten fünfzehn Jahre wurden uns psychodynamisch fundierte Analyse-Gespräche mit Anhängern mystischer Kulte zugänglich, die auf ihrem jeweiligen mystischen Pfad unterschiedlich weit vorangeschritten und bereits durch verschiedene Zustände veränderten Bewußtseins – darunter auch die ekstatische Trance – hindurchgegangen waren.[10] Außerdem existieren wenigstens zwei detaillierte Fallstudien, basierend auf intensiver psychoanalytischer Therapie bei mystisch veranlagten Patienten mit einschlägigen Trance-Erlebnissen.[11]

Aber nicht nur aufgrund dieses zusätzlich verfügbaren Materials kann die Psychoanalyse heute adäquatere Aussagen über die Mystik machen. Wesentlicher noch ist der Beitrag, den hierzu eine ganze Reihe von Autoren in ihrem Werk geleistet haben – ich denke dabei sofort an Namen wie Erik Erikson, Donald Winnicott, Wilfred Bion und Jacques Lacan –, die alle in ihrem Untersuchungsansatz antireduktionistisch ausgerichtet sind. Aus der Summe ihrer Schriften resultierte das, was Winnicott im Zusammenhang mit den sogenannten Übergangsphänomenen «eine besondere Qualität der Einstellung» nennt, und mit eben derselben sollte – so meine ich – auch an mystische Zustände herangegangen werden. Mit anderen Worten spiegelt meine Meinung, daß die derzeitige Psychoanalyse an Adäquatheit hinzugewonnen hat, ein dort vorhandenes, aber nicht ausdrücklich als solches definiertes Projekt wider: Unterschiedliche Erfahrungssysteme werden nebeneinander toleriert, und es wird nicht versucht, das eine System nur mittels des anderen zu erklären, ohne daß auch umgekehrt vorgegangen wird. Winnicott, Lacan und Bion, die, jeder für sich, eine Phänomenologie kreativen Erlebens zu entwickeln suchen, erweisen sich damit, wie wir noch sehen werden, als unmittelbar relevant für eine Neubewertung und Neuinterpretation mystischer Phänomene.[12] Ist Winnicott unter den dreien eher der Poet, so kann man Lacan und Bion zu Recht als die Mystiker unter den Psychoanalytikern bezeichnen: Sie befassen sich nämlich explizit mit Fragen der letzten Wirklichkeit und damit, wie diese im seelischen Erleben immer wieder anders zum Ausdruck kommt. (Für Bion, der seine Kindheit in Indien verbracht hat, ist es nur angemessen, wenn er an das «O», sein Symbol für die letzte Wirklichkeit, ganz und gar ernsthaft herangeht, während Lacan, wie es sich, denke ich, für einen Franzosen ziemt, wenn er vom Wirklichen spricht, ein eher ironischer Mystiker ist.)

Romain Rolland und Sigmund Freud im hinduistischen Dschungel

Psychoanalytisches Verständnis für ein Phänomen fängt in jedem Fall mit einer Geschichte an, mit der Geschichte eines individuellen Lebens und dem, was darin wieder und wieder anklingt und nachklingt. Das Individuum, das ich für meine Nachforschungen ausgewählt habe, ist der Mystiker Sri Ramakrishna, der im 19. Jahrhundert in Bengalen lebte. Zusammen mit Ramana Maharishi wird er allgemein als die herausragende Gestalt der Hindu-Mystik der letzten dreihundert Jahre betrachtet (was man auch immer unter herausragend im Zusammenhang mit Mystik verstehen mag). Ramakrishna eignet sich für eine psychoanalytische Untersuchung ekstatischer Mystik in besonderer Weise, da seine Ekstasen indirekt Anlaß gaben zu Freuds Darlegungen über das mystische Erleben, über das von ihm so genannte «ozeanische Gefühl», einem Pauschalbegriff für alle Formen extremer mystischer Erfahrung.

Ausgerechnet während seiner Arbeit an der Biographie Ramakrishnas nämlich schrieb Romain Rolland 1927 folgendes an Freud: Zwar finde er Freuds Religionsanalyse (in *Die Zukunft einer Illusion*) *juste*, doch hätte er sich eigentlich gewünscht, Freud würde «spontane religiöse Empfindungen oder vielmehr solche religiösen Gefühle, die sich von Religion im strengen Sinn ganz und gar unterscheiden und wesentlich dauerhafter sind, einer Analyse unterziehen».[13] Rolland bezeichnete dieses Gefühl dann als ozeanisch, als grenzenlos, und er führte zwei Inder an, die solche Empfindungen kannten und «deren im Denken und Tun sich manifestierender Genius für ihr Land und die Welt tiefgreifende Erneuerung brachte».[14] Rolland fügte hinzu, daß er selbst dieses ozeanische Gefühl immer schon als wesentlichen Quell neuer Lebenskraft empfunden habe. Freuds Erwiderung auf Rolland, seine Analyse des «ozeanischen Gefühls», erfolgte dann im einzelnen in *Das Unbehagen in der Kultur*. Der Begriff «ozeanisches Gefühl» ist mit großer Wahrscheinlichkeit der Bildersprache Ramakrishnas entlehnt, derer sich dieser bedient, um Unsagbares auszudrücken. Eine von ihm gerne gebrauchte Metapher ist die Salzpuppe, welche die Tiefe des Ozeans ausloten wollte: «Als sie ins Meer eintauchte, löste sie sich auf. Wen gibt es denn dann, der zurückkommt und uns sagt, wie tief der Ozean ist?»[15]

Der Ozean als Symbol für grenzenloses Einssein und eine Einheit, in der alle Vielheit dahinschwindet und Gegensätze verschmelzen, geht natürlich nicht nur auf die Upanishaden und die hinduistische Überlieferung zurück, sondern ist auch bei den in der buddhistischen, christlichen und moslemischen Tradition stehenden Mystikern der Hingabe eine der bevorzugten Metaphern für sich auflösende Ich-Grenzen.[16] Gerade christliche Mystiker verwenden sie ausgesprochen gern: «Ich lebe im Ozean Gottes wie ein Fisch im Meer.»

Freud reagierte auf Ramakrishna, wie überhaupt auf «Mutter Indien», mit Unbehagen. Obwohl beruflich für ihn von einigem Interesse, waren Ramakrishnas blumige Ekstasen seinem Empfinden genauso fern, wenn nicht gar zuwider, wie das wüste Durcheinander von Fleisch, die wirre Flut des Animalischen, Menschlichen und Göttlichen in der indischen Kunst. Als Freud das Buch über Ramakrishna von Rolland erhalten hatte und sich dafür bedankte, schrieb er: «Ich versuche nun unter Ihrer Führung in das Hindu-Jungle einzudringen, von dem mich bisher hellenische Maßliebe ..., jüdische Nüchternheit und philiströse Ängstlichkeit in irgendeinem Mengungsverhältnis ferngehalten haben. Ich hätte es eigentlich früher wagen sollen, denn die Gewächse dieses Bodens brauchten mir nicht fremd zu sein; ich hatte ein Stück weit ihren Wurzeln nachgegraben. Aber man kommt nicht leicht über die Begrenzungen seiner Natur hinaus.»[17]

Wir können von Glück sagen, daß die letzten vier Lebensjahre Ramakrishnas, die Jahre von 1882 bis 1886, von einem Schüler, Mahendranath Gupta oder M., wie er sich in bescheidener Zurückhaltung nannte, minuziös aufgezeichnet wurden.[18] Bei den meisten anderen Mystikern müssen wir entweder auf Lehrschriften zurückgreifen, die steif und unpersönlich gehalten sind, oder auf autobiographische Berichte, in denen alle intimeren Details ausgespart sind, da sie aus transzendentaler Höhe als zu trivial erschienen. M. dagegen hat mit der Detailbesessenheit eines bengalischen Boswell eine ungemein ausführliche Chronik des Alltags und der Gespräche Ramakrishnas verfaßt, und so sind uns sein plötzliches und ungehemmtes Singen und Tanzen, seine häufigen Ekstasen, seine metaphysischen Darlegungen voller Weisheit und tiefer Einsicht, seine Gleichnisse und Witze, seine Ansichten und Meinungen, seine Freuden und Ängste, seine Schlafens- und Essenszeiten sowie sein Speisezettel überliefert, was eine Seltenheit innerhalb der hagiographischen Literatur darstellt.

Beginnen wir also mit dem äußeren Gerüst der Geschichte, mit einer kurzen Wiedergabe der Ereignisse in Ramakrishnas Jugend. Und obwohl man nie genau weiß, was im Säuglingsalter und der Kindheit eines Menschen *wirklich* geschah, weil gerade das erstere der Erinnerung nicht mehr zugänglich ist, so habe ich doch keine Bedenken, Ramakrishnas eigener Version seiner Lebensgeschichte mit einigen Einschränkungen Glauben zu schenken. Aber natürlich ist es nicht allein seine Version. Als derjenige, der dieses Leben nacherzählt, kann ich nicht umhin, mein psychoanalytisches Gespür bei der Auswahl der Ereignisse, die ich hervorhebe, und solcher, die ich eher herunterspiele, einzubringen. Die Biographien, die von Ramakrishnas persönlichen Schülern erstellt wurden, sind hingegen in der für den Hinduismus spezifischen, traditionellen religiösen Diktion abgefaßt, während Romain Rollands Darstellung von universalistischeren, spirituelleren Interessen geprägt ist, im Sinne der «immerwährenden Philosophie» Aldous Huxleys.

Unter dem Schwert der Göttin

Ramakrishna wurde 1836 als Sohn einer Brahmanenfamilie in Kamarpukur, einem Dorf in Bengalen, geboren. Seine Eltern waren fromm und sehr arm, doch was mir an ihnen außergewöhnlich erscheint – bedenkt man, daß wir uns hier im dörflichen Indien des neunzehnten Jahrhunderts befinden – ist ihr Alter bei Ramakrishnas Geburt. Sein Vater zählte einundsechzig Jahre und seine Mutter fünfundvierzig, als Ramakrishna geboren wurde, und das in einer Zeit, als die durchschnittliche Lebenserwartung bei unter dreißig Jahren lag, die Mutter die Geburt eines Kindes häufig nicht überlebte und eine Frau eigentlich schon mit Anfang dreißig über das fortpflanzungsfähige Alter hinaus war! Die Familie bestand noch aus einem einunddreißig Jahre älteren Bruder, einer siebenundzwanzig Jahre älteren Schwester und einem weiteren Bruder, der elf Jahre älter war. Eine zweite Schwester wurde geboren, als Gadhadhar (so hieß Ramakrishna als Kind) vier war.

Seine Mutter Chandra blieb Ramakrishna als schlichte Frau und als ganz und gar weltunerfahren in Erinnerung: Nicht einmal Geld zählen konnte sie. Direkt und ohne Umschweife sprach sie aus, was ihr gerade in den Sinn kam. Ihrem jüngsten Sohn, den sie in so hohem Alter geboren hatte, galt ihre ganze Hingabe, und sie war, wie dies bei schon alten Eltern oft der Fall ist, über die Maßen besorgt, ihm könnte etwas zustoßen, sobald er außer Sichtweite war. Und neugierig und lebhaft, wie er war, ganz darauf aus, die Welt zu erkunden, trug der kleine Ramakrishna nicht gerade dazu bei, die Ängste seiner Mutter zu zerstreuen. Sie suchte ihrer Herr zu werden, indem sie sich in täglichem Gebet an den speziellen Familiengott wandte und ihn um steten Schutz für ihren kleinen Jungen anrief. Vielleicht lassen sich Ramakrishnas spätere Besorgtheit, wenn es ihm körperlich schlechtging, seine dann fast hypochondrischen Ängste, direkt auf die Sorge der schon alten Mutter um ihren Jüngsten zurückführen.

Ein Beispiel für die Eigenwilligkeit des Jungen, der sich bisweilen über die üblichen Verhaltensregeln hinwegsetzte, liefert folgender Vorfall: Hinter einem Baum versteckt, beobachtete Ramakrishna einige Frauen beim Kleiderwaschen und Baden an der Wasserstelle des Dorfes. Eine der Frauen beklagte sich bei Chandra, seiner Mutter, die dann den Jungen zurechtwies: Alle Frauen seien gleichsam seine Mutter. Beschäme er sie, so beschäme er seine Mutter. Verletze er ihre Ehre, so verletze er die seiner Mutter. Wie wir erfahren, hat der völlig zerknirschte Junge so etwas nie wieder getan. Für uns Post-Freudianer kommt in diesem Vorkommnis die natürliche sexuelle Neugier des Kindes zum Ausdruck, die von der Mutter gedämpft wird, indem sie diese mit Inzestangst in Verbindung bringt. Interessanterweise benutzte Ramakrishna dann später eine mythologische Version dieses persönlichen Erlebnisses, um damit seine Haltung Frauen gegenüber teilweise zu begründen – und hier kommen inzestuöse Wünsche und Ängste weitaus expliziter zur Darstellung: In seiner Kindheit erblickte der Gott Ganesha eines Tages eine Katze, die er nach Jungenart auf verschiedene Weise zu quälen begann, bis sie ihm schließlich entwischte. Als Ganesha nach Hause zurückkam, sah er zu seiner Überraschung am Körper seiner Mutter, der Göttin Parvati, die Beulen und Schrammen seiner Tierquälerei. Die Mutter klärte ihren Sohn darüber auf, daß alle Lebewesen in weiblicher Gestalt ein Teil von ihr waren und er alles, was er einem weiblichen Wesen antat, seiner Mutter antat. Als Ganesha das heiratsfähige Alter erreichte, beschloß er, um nicht seine Mutter zu heiraten, gar keine Frau zu haben. «Meine Haltung Frauen gegenüber ist dieselbe», lautete Ramakrishnas abschließender Kommentar hierzu.[19]

Ramakrishnas Vater Khudiram war ein sanfter Mann, der seinen Sohn nie gescholten haben soll. Er war im stillen stolz darauf, daß der Junge sich unverkennbar als intelligent erwies und ein ausnehmend gutes Gedächtnis hatte, was noch deutlicher zutage trat, als er mit fünf Jahren in die Dorfschule kam. Obwohl er – außer im Rechnen – gut in der Schule war, malte er am liebsten oder verbrachte seine Zeit bei den Töpfern des Dorfes und ließ sich beibringen, wie man aus Ton Figuren von Göttern und Göttinnen formte. Ramakrishna hatte eine ausgeprägte künstlerische Ader, und so scheint es nur folgerichtig, wenn Auslöser seiner ersten Ekstase ein plötzlich in ihm aufsteigendes Gefühl von Schönheit war. Ein ästhetisch motiviertes Transzendenzgefühl setzte in der folgenden Episode – einem Beispiel für «Naturmystik» – das mystische Erleben in Gang: «Ich ging just auf schmalem Raine zwischen Reisfeldern. An meinem

Reiskuchen knabbernd, hob ich jetzt die Augen zum Himmel! Ich erblickte eine schöne dunkle Gewitterwolke, die sich jählings verbreitete; sie verhüllte bald den ganzen Himmel... Plötzlich, wie ein Saum der Wolke, flog mir zu Häupten eine Schar schneeweißer Kraniche. Der Gegensatz war so schön, daß mein Geist in ferne Regionen entrückt ward. Ich verlor das Bewußtsein und stürzte nieder; mein Reiskuchen lag zerbröckelt auf dem Boden. Jemand hob mich auf und trug mich auf den Armen nach Hause. Ein Übermaß von Entzücken, von Erschütterung hatte mich niedergeworfen... Das war das erstemal, daß ich in Ekstase entrafft wurde...»[20]

Als Ramakrishna um die acht Jahre war, starb sein Vater nach kurzer Krankheit, und er wurde auf den Tod des Vaters hin in sich gekehrt und suchte die Einsamkeit. Zur Schule ging er nur noch unregelmäßig. Er fühlte sich mehr zu seiner Mutter hingezogen und brachte viel Zeit damit zu, ihr im Haushalt zu helfen und mit ihr die täglichen Gebete zu verrichten. Mit Vorliebe hörte er nun bei Gesprächen spirituellen Inhalts zu und hielt sich oft stundenlang in einer Pilgerherberge auf, in der herumziehende Asketen ein Bett für ein oder zwei Nächte fanden, bevor sie sich wieder auf die Wanderschaft machten. Gerade damit aber bereitete er seiner Mutter größte Sorgen, fürchtete sie doch, ihr Sohn könnte den Entschluß fassen, sein Zuhause zu verlassen, und fortan ein Leben der Askese führen.

Weitere Ohnmachtsanfälle traten auf, z.B. auf dem Weg zum Tempel einer Göttin oder bei einer Aufführung, in der er die Rolle Shivas spielte und – nach außen hin – völlig das Bewußtsein verlor. Er schrieb diese Zustände später dem ihn aufwühlenden spirituellen Geschehen zu, seine Familie jedoch vermutete dahinter eine körperliche Krankheit und drängte ihn nicht mehr, in die inzwischen recht ungeliebte Schule zu gehen.

Die nach Khudirams Tod ohnehin schwierige Situation der Familie verschlimmerte sich noch mit der Heirat von Ramakrishnas zweitem Bruder. Mit der neuen Schwiegertochter nahmen Gezänk und Streitereien im Haus merklich zu, und die Tatsache, daß es mit der Familie finanziell gesehen immer mehr bergab ging und es kaum mehr fürs Nötigste reichte, verbesserte die Lage auch nicht gerade. Dieser tägliche Kleinkrieg gab wohl, so stelle ich mir vor, mit den Ausschlag, daß sich der sensible und künstlerisch begabte Junge zunehmend von der Alltagsrealität mit ihrer Disharmonie, die ihm zuwider war, abwandte und sich Transzendentem, Spirituellem und Religiösem zuwandte. Das religiöse Leben pulsierte im Dorf als mächtiger Strom, und selbst heute noch ist dies im ländlichen Indien weithin nicht anders. Da gab es die vielen fest in den Alltag eingebundenen Rituale, die häufigen Lesungen aus den Puranas und die religiösen Aufführungen und Feste, bei denen Ramakrishna singend und tanzend mit Leib und Seele dabei war. Und immer war da das plötzlich im seltsamsten Augenblick auftretende, nach innen gekehrte Entrücktsein, wofür als Auslöser ein äußerer Reiz – wie z.B. ein Lied zum Lobe Gottes oder ein paar Takte religiöser Musik, denen Ramakrishna lauschte – schon genügte.

Die junge Schwiegertochter starb, als Ramakrishna dreizehn war, und wieder lag die Bürde der Haushaltspflichten auf den alten Schultern seiner Mutter. Um die finanzielle Not zu lindern, ging der älteste Bruder nach Kalkutta und eröffnete dort eine kleine Sanskrit-Schule. Seine Position als Familienoberhaupt fiel nun Ramakrishnas zweitem Bruder zu, der aber von seinem Temperament her wenig geneigt war, die Verantwortung für seine Geschwister zu übernehmen, und ohnehin vollauf damit beschäftigt war, sich immer wieder eine Arbeit zu suchen.

So war also Ramakrishna zu Beginn der Pubertät sich selbst überlassen und mußte ohne Rat und Weisung durch den Vater oder den älteren Bruder auskommen. Noch seltener besuchte er jetzt die Schule. Wenn er nicht gerade am religiösen Leben des Dorfes teilnahm, so war er daheim bei seiner Mutter zu finden, ging ihr im Haushalt zur Hand und war einbezogen in den Rhythmus ihres typischen Frauenalltags. Die Frauen aus dem Dorf, die untertags bei seiner Mutter hereinschauten, hatten ihn offenbar als ihresgleichen akzeptiert. Oft baten sie ihn, etwas vorzusingen – er hatte eine sehr schöne Stimme – oder ihnen Geschichten aus den Puranas zu erzählen, von denen er ein riesiges Repertoire hatte. Auch Szenen aus beliebten Stücken spielte er zu ihrer Unterhaltung vor, wobei er alle Rollen selber übernahm. Und wenn er ihre Geheimnisse und Kümmernisse mit anhörte und eine Frau war deprimiert, so versuchte er sie mit einem in Szene gesetzten derben Schwank auf andere Gedanken zu bringen.

Er liebte es, Frauenkleider und Schmuck zu tragen, und ging er so, mit einem Krug unter dem Arm wie die anderen Dorffrauen, vorbei an den Männern zum Wasserholen, war er stolz, daß niemand merkte, daß er keine Frau war. Einmal verbrachte er, als arme kleine Weberin verkleidet, einen ganzen Abend in den streng abgeschirmten Frauengemächern im Haus des Dorfkrämers und beteiligte sich an den Gesprächen, ohne entdeckt zu werden. Wenn er in reiferen Jahren zu seinen Schülern sprach, erzählte er solche Vorkommnisse aus seiner Jugend nicht ohne ironischen Stolz, und es kam vor, daß er zu ihrer Freude und Überraschung derlei Szenen spielte und sich dabei als Meister im Nachahmen weiblicher Gesten und Bewegungen erwies.

Ebenfalls in dieser frühen Zeit stellte sich Ramakrishna in seiner Phantasie vor, er würde als wunderschöne Kinderwitwe mit langem schwarzem Haar wiedergeboren, die keinen anderen als Krishna zum Manne hätte. Die kleine Witwe würde als Schützling einer älteren Frau in einer Hütte leben, mit einem Spinnrad und einer Kuh, die sie selber molk. Nach getaner Arbeit im Haus würde sie untertags spinnen und Lieder singen, die von Krishna handelten, und des Abends heiße Tränen um ihren Gott weinen und sehnlich darauf warten, ihm aus der Kuhmilch bereitete Süßspeisen vorzusetzen. Krishna käme dann heimlich, sie gäbe ihm zu essen, und er ginge davon, ohne daß irgend jemand von seinen täglichen Besuchen wüßte.[21]

Ramakrishnas ältester Bruder Ramkumar hatte inzwischen in Kalkutta ein gutes Auskommen: Neben der Leitung seiner kleinen Schule stand er als Priester im Dienst einiger reicher Familien, und er rief den siebzehnjährigen Ramakrishna zu sich in die Stadt, damit er ihm bei seinen priesterlichen Pflichten beistehe. Bald darauf tat sich eine neue

Möglichkeit auf: Eine reiche Frau, die außerhalb von Kalkutta einen der Göttin Kali geweihten Tempel hatte bauen lassen, engagierte Ramkumar als hauptamtlichen Priester. Nun erwies sich für Ramkumar, der schon einige Zeit kränkelte, diese Aufgabe als zu anstrengend, und er übertrug seine Pflichten dem jüngeren Bruder. Ein Jahr darauf starb Ramkumar.

Sein Tod sollte sich auf Ramakrishna tiefgreifend auswirken, hatte doch sein um einunddreißig Jahre älterer Bruder nach Khudirams Tod Vaterstelle an ihm vertreten. «Wer weiß», so fragt Ramakrishnas Schüler und Biograph, «wie sehr der Tod des Bruders dazu beitrug, des Meisters reine Seele für den Weg der Entsagung entbrennen zu lassen, da so in ihm die feste Überzeugung von der Vergänglichkeit der Welt entstanden ist?»[22] Jedenfalls trat in seinem Betragen eine deutliche Veränderung ein, als ihn die Verehrung der Göttlichen Mutter mehr und mehr in Anspruch nahm. Zu seinen Pflichten als ihr Priester gehörte es, sie frühmorgens zu wecken, sie zu baden und anzuziehen und ihr Blumengirlanden zu winden, um sie damit zu schmücken. Um neun Uhr dann vollzog er das Ritual der Anbetung, bot ihr Speise dar und geleitete sie mittags zu ihrem silbernen Bett, wo sie den Nachmittag über ruhte. Am Abend schließlich fand nochmals eine rituelle Anbetung statt. Für Ramakrishna war all dies längst nicht mehr zu erfüllende Pflicht, sondern inbrünstiger Dienst. So sehr nahm ihn jedes einzelne Ritual gefangen, daß er daran erinnert werden mußte, wenn das nächste an der Reihe war.

Sobald der Tempel dann am Mittag und um Mitternacht geschlossen wurde, mied Ramakrishna alle menschliche Gesellschaft und streifte tieftraurig in dem an das Tempelgelände angrenzenden Dschungel umher. Wonach ihn mit ganzer Seele verlangte, war, wie er später erzählte, die Mutter persönlich zu schauen, der Anblick *(darshan)* der Mutter selbst. Sein spiritueller Durst – so würde es der Kliniker sehen – ging einher mit allen Anzeichen einer regelrechten Depression: starke körperliche Unrast, Schlaflosigkeit, Appetitlosigkeit, auf das absolute Minimum reduzierte Nahrungsaufnahme, häufiges und unvermitteltes In-

Tränen-Ausbrechen. Sein Neffe, der sich um ihn kümmerte, war um seinen Geisteszustand äußerst besorgt, als er Ramakrishna des Nachts nackt unter einem Baum sitzend erblickte, nachdem dieser die Kleider und selbst die heilige Brahmanenschnur abgeworfen hatte, oder als er ihn beobachtete, wie er sich die Essensreste von den Blättern, die Bettlern als Teller gedient hatten, auf Mund und Kopf legte.

Doch jetzt, am Tiefpunkt der «dunklen Nacht in seiner Seele», müssen wir Ramakrishna selbst zu Wort kommen lassen: «Mein Herz litt unerträgliche Pein, weil mir Ihr Anblick nicht vergönnt war. Geradeso wie jemand ein Handtuch mit ganzer Kraft auswringt, um alles Wasser herauszupressen, so hielt jemand mein Herz und meine Seele umklammert und wrang beides aus. Die Vorstellung, daß mir der Anblick der Mutter versagt bleiben könnte, ließ mich nicht los, und ich stand tausend Qualen aus. Solch ein Leben schien mir keinen Sinn mehr zu haben. Und mein Blick fiel auf das Schwert im Tempel der Mutter. Ich beschloß, meinem Leben damit ein Ende zu setzen, und zwar jetzt gleich. Wie ein Rasender rannte ich hin und packte es, doch in diesem Moment schaute ich auf einmal die Mutter in einer wunderbaren Vision und stürzte ohnmächtig nieder. Ich wußte nicht, was hierauf in der äußeren Welt geschah, wie dieser Tag und der nächste dahingingen. Aber tief im Innersten durchströmte mich ein nie gekanntes, überwältigendes Glücksgefühl... Es war, als ob Häuser, Türen, Tempel, überhaupt alles, samt und sonders verschwunden wären, als ob nirgends mehr irgend etwas wäre! Und was ich dafür sah, war ein grenzenloses, unendlich weites, von Bewußtsein erfülltes Meer des Lichts. Wohin ich auch schaute und wie weit mein Blick reichte, von allen Seiten sah ich gleißende Wogen in endloser Folge heranrollen. Donnernd und tosend brausten sie auf mich zu, und schon schlugen sie über mir zusammen, und ich versank in den tiefsten Tiefen der Unendlichkeit.»[23]

Wer mit mystischer Literatur vertraut ist, wird in Ramakrishnas Vision viele Elemente wiederfinden, die er von ähnlichen Schilderungen aus der ganzen Welt kennt, besonders das Gefühl, von Licht überflutet zu werden. Laut den immer noch umstrittenen Untersuchungen über die Bewußtseinserfahrungen von Menschen, die die Grenze zum Tod schon überschritten hatten, bilden den am tiefsten und positivsten empfundenen Teil solcher Erlebnisse das «Sehen des Lichts» und das «Eingehen ins Licht». Das obige Geschehnis hat aber nicht nur eine universelle, sondern auch seine kulturelle Seite. Es ist die typisch indische Geschichte eines Mannes, der mit der Drohung, er werde sich das Leben nehmen, die Göttin zwingt, ihm zu erscheinen. Dieses alte Motiv taucht in religiöser wie in weltlicher Literatur wiederholt auf, z.B. auch in der von Thomas Mann in *Die vertauschten Köpfe* für westliche Leser so brillant nacherzählten Geschichte.

Mystische Lehre und Heilung der Verrücktheit

Anders als bei den meisten Mystikern, von denen uns ähnliche Schilderungen ihrer ersten Vision vorliegen, reichte bei Ramakrishna diese eine nicht aus, um ihn aus dem «Tal des Todesschattens» herauszuführen. Der Nachgeschmack dieser Vision – die uns später noch beschäftigen wird und auf die all seine Jugenderfahrungen zuzulaufen scheinen – machte ihm vielmehr nur Appetit auf weitere Glückserlebnisse als Balsam für seine Seele. Ramakrishnas Verhalten erschien nun selbst den frommen Tempelbesuchern, die an eine breite Palette von Ausdrucksformen religiöser Inbrunst gewöhnt waren, höchst sonderbar. Er schmückte sich selbst mit den zur Verehrung der Göttin bestimmten Gaben – Blumen und Sandelholzpaste. Er spürte den Atem der Göttinnenstatue, suchte ihrem steinernen Mund Speise zu geben und unterhielt sich scherzhaft mit ihr darüber, wer denn nun, die Göttin oder ihr Priester, den ersten Bissen nehmen sollte. Empfand er ihre Gegenwart nicht mehr in gleicher Intensität, so warf er sich nieder und wälzte sich auf dem Boden, und der Tempel war erfüllt von seinem lauten Wehklagen über ihre Abwesenheit. In solchen Augenblicken stand sein Atem fast still, und er schien ums Überleben zu kämpfen. Wenn die Göttin sich ihm dann in einer Vision wieder zeigte, strahlte er vor Freude und wurde ein ganz anderer Mensch. Die Tempelbesitzer kamen mit andern übereinstimmend zu dem Schluß, daß er geisteskrank geworden war. Romain Rolland nennt «diese Periode der Halluzinationen» ein «notwendiges Durchgangsstadium»,[24] und selbst Ramakrishna sprach von einer vorübergehenden Phase von *unmada* (Geisteskrankheit) und ließ – anders als bei den späteren Visionen – keinen Zweifel daran, daß es sich bei diesem «Verrücktsein» um Rauschzustände handelte, die nicht so sehr von göttlicher Inspiration als vielmehr von psychischer Desintegration zeugten, wenn sie auch notwendiger Auftakt für alles weitere gewesen sein mögen. Später würde er sich nur wundern können über so manches Verhalten während dieser Phase, etwa darüber, daß er seinen eigenen Phallus als den Shivas angebetet hatte oder in ekstatische Visionen verfallen war, während er seinen Darm entleerte, und anderes mehr.

Die ihm für seine «Geisteskrankheit» verordnete medizinische Behandlung zeigte nicht die gewünschte Wirkung. Schließlich brachte man ihn nach Hause in sein Dorf, wo seine besorgte Mutter sowohl einen Exorzisten als auch einen ayurvedischen Arzt zu Rate zog. Langsam kehrte er wieder zu normaler Gesundheit zurück. Damit die eingetretene Besserung auch Bestand hatte, arrangierte die Familie seine Verheiratung, ein Schritt, der, wie ich aus eigener Berufserfahrung weiß, selbst heute noch als bestes Gegenmittel bei drohendem oder akutem psychischen Zusammenbruch gilt. Natürlich stand von seiten Ramakrishnas außer Frage, daß die Ehe nicht wirklich vollzogen wurde. Von Anfang an sah er sich in der Beziehung zu seiner Braut, die noch ein kleines Mädchen war, als Frau, oder, in ekstatischem Zustand, als Kind. Im ersten Fall waren Mann und Frau Freundinnen *(sakhis)* der Göttlichen Mutter, während im zweiten Fall die Frau als die Göttin selbst imaginiert wurde.

Mit vierundzwanzig kehrte Ramakrishna, nun in Begleitung seiner Frau, nach Kalkutta zurück, um seine priesterlichen Pflichten im Kali-Tempel wiederaufzunehmen, und erlitt prompt einen Rückfall, doch in milderer Form. Nun aber sollte seine systematische Ausbildung zum Mystiker beginnen. Hatten sich seine ersten Visionen ohne vorherige Anweisung durch einen Lehrer spontan eingestellt – allein sein leidenschaftliches Verlangen, die Göttin zu schauen, hatte sie ausgelöst –, eignete er sich während der nächsten acht Jahre die in den unterschiedlichen Schulen der hinduistischen Mystik vorgeschriebenen Techniken der Reihe nach an. Er durchlief die diversen Ausbildungsrichtungen jeweils unter Anleitung verschiedener Gurus, die verwundert waren, wie leicht und schnell er das Ziel – *samadhi* – erreichte, was sie selbst oft Jahrzehnte der Anstrengung gekostet hatte.

Am Anfang standen die esoterischen Tantra-Meditationen, wilde und furchteinflößende Meditationen, die ein weiblicher Guru, Brahmani Bhairavi, mit ihm durchführte. Hierauf folgte der nichtdualistische Vedanta-Weg, der ohne göttliches Wesen bzw. ohne Glauben an Gott auskommt: Im Mittelpunkt stehen Konzentrations- und Kontemplationstechniken, die darauf abzielen, Wirkliches von Nicht-Wirklichem unterscheiden zu lernen, bis schließlich, sobald *samadhi* erreicht ist, jegliche Unterscheidung zwischen dem Ich und dem Anderen verschwindet. Dann folgten die verschiedenen Wege der Vaishnava-Mystik, in der die liebende Verehrung Ramas und Krishnas, der Inkarnationen Vishnus, eine große Rolle spielt, und der Shakta-Mystik mit Shakti, der kosmischen Urkraft und großen Muttergottheit, als oberster Göttin. Alle Vaishnava- und Shakta-Richtungen sprechen im wesentlichen das Gefühl an und lagen daher Ramakrishna am meisten. Welcher Richtung und Schule er sich aber auch zuwandte, immer wurde seine besondere mystische Begabung von Laien wie Experten gleichermaßen erkannt. Schüler scharten sich um ihn. Pandits – die theologisch Gebildeten – suchten ihn auf, um teilzuhaben an seiner klaren Einsicht in das gesamte Spektrum hinduistischer Metaphysik, eine Einsicht, die Produkt lebendiger Erfahrung und nicht versierter Schriftgelehrtheit war, konnte er doch kaum als gebildet im herkömmlichen Sinn gelten. Diese Erfahrung vermittelte Ramakrishna schlicht, aber eindrucksvoll mittels religiöser Lieder, puranischer Mythen, Analogien, Metaphern und Gleichnissen, in die der Alltag seiner Zuhörer mit seinen ganz konkreten Details Eingang fand. Was sein Publikum aber am meisten in Bann zog, war seine faszinierende Ausstrahlung, die selbst dann spürbar war, wenn er – des öfteren am Tag – in ekstatische Trance versank, die auch einmal über mehrere Tage andauern konnte.

Die *samadhis* kamen jetzt nicht mehr ungewollt über ihn, sondern dann, wenn er in seinem ununterbrochen rezeptiven Zustand eine bestimmte Schwelle überschritt, sei es während er sang oder selbstvergessen tanzte, oder sich in eine Naturerscheinung oder in ein Götterbild vertiefte. Er war ein großer Lehrer und ein großer Mystiker geworden, ohne dabei seine kindliche Unschuld und Spontaneität einzubüßen, die ihm bis an sein Ende erhalten blieben. Als er, an Kehlkopfkrebs leidend, nicht mehr lange zu leben hatte, bestürmten ihn seine Jünger, er solle die Göttliche Mutter doch darum bitten, ihm seine Krankheit zu erleichtern, so daß er etwas Festes essen konnte und nicht mehr nur ständig auf das bißchen Gerstenwasser angewiesen war, das seit einem halben Jahr seine einzige Nahrung darstellte. Widerstrebend stimmte Ramakrishna zu. Als seine Schüler sich erkundigten, wie es ihm mit seiner Bitte ergangen sei, antwortete er: «Ich sagte zur Mutter: ‹Ich kann nichts essen – deswegen!› (Und er zeigte auf die wehe Stelle in seiner Kehle.) ‹Bitte mach, daß ich ein wenig essen kann!› Aber die Mutter meinte: ‹Warum denn? Du ißt doch mit all diesen Mündern!› (Und sie zeigte auf euch alle.) Da konnte ich vor Scham nichts mehr sagen.»[25]

Vom «Miau» als mystischem Ausdruck

Wenn ich nun den Versuch unternehme, die Bedeutung von Ramakrishnas inneren Zuständen zu erfassen, möchte ich mit seiner eigenen Version seiner Erfahrungen beginnen. Anthropologisch gesprochen, werde ich die Phänomenologie mystischer Zustände zunächst aus der «Perspektive des Eingeborenen» darstellen.

Obwohl Ramakrishna die «höheren» vedantischen Schulen der monotheistischen und der Seelen-Mystik erfolgreich

Ramakrishna im Kreis seiner Schüler

absolviert hatte, galt seine persönliche Vorliebe der theistischen Mystik der Hingabe, wie sie in den verschiedenen Vaishnava- und Shakta-Richtungen praktiziert wurde. Letztlich führen natürlich beide Wege zum selben Ziel. Die unpersönliche Seele des vedantischen Sehers und der Gott oder die Muttergöttin – die Urkraft – des mit Hingabe Glaubenden der beiden anderen Richtungen sind identisch wie das Feuer und seine Brennkraft. Zunächst mag jemand den Weg der Unterscheidung, des *neti*, *neti* (nicht dieses, nicht dieses), einschlagen, auf dem nur Brahman als wirklich und alles andere als unwirklich gilt. Später stellt derselbe Mensch fest, daß alles im Universum Existierende, das Belebte und das Unbelebte, Gott selbst ist – er ist sowohl Realität wie auch Schein der Maya. Auf die Negation folgt eine Affirmation.

Ramakrishna war der Ansicht, daß den meisten Menschen der Weg der klassischen Yoga-Schulen schwerfiel, da die Identifikation des Selbst mit dem Leib, die diese Schulen aufzuheben suchten, zu tief saß, um sie so einfach zu beseitigen. Für diejenigen, die das «Ich»-Gefühl nicht ablegen konnten, war es leichter, auf dem Pfad der Hingabe weiterzugehen, wo man sich statt dessen dem Gedanken «Ich bin Gottes Diener» (oder sein Kind, sein Freund, seine Mutter, sein Geliebter, je nachdem) überlassen konnte. Er veranschaulichte dies am Beispiel des Affengottes Hanuman, dem Symbol des dienenden Verhältnisses zu Gott, der *dasa*-Beziehung zu Gott. Als Hanuman vom Gott Rama gefragt wurde, wie er Ihn denn sehe, antwortete er:

«O Rama, solange ich das ‹Ich›-Gefühl in mir habe, ist mir klar, daß Du das Ganze und ich ein Teil davon bin; Du bist der Herr und ich Dein Diener. Aber dann, o Rama, wenn ich die Wahrheit erkannt habe, begreife ich, daß Du ich bist und ich Du bin.»[26]

Selbst die Leidenschaften – sinnliches Begehren, Zorn, Gier, übermäßige Bindung, Stolz, Selbstsucht –, die nach herkömmlicher Meinung spirituellem Fortschritt im Wege stehen, brauchen in der Mystik der liebenden Hingabe nicht bezwungen werden. *Vairagya* – das den Leidenschaften Abschwören oder vielmehr ihre «Ent-Leidenschaftlichung»

– kann genausogut dadurch stattfinden, daß sich die Zielrichtung dieser Leidenschaften ändert, daß sie sich auf Gott richten und nicht auf Objekte dieser Welt. «Sinnliches Begehren richte sich auf die intime Begegnung mit der Seele. Zorn treffe diejenigen, die dir ein Hindernis sind auf dem Weg zu Gott. Sei voller Gier nach Seiner Nähe! Wenn du dich bindest, dann an Ihn; dann sei Er *dein* Rama, *dein* Krishna. Wenn du stolz sein willst, dann wie Vibhishana (Ravanas Bruder im Ramayana-Epos), der sagt: ‹Ich habe mich gebeugt vor Rama und beuge mich vor niemandem sonst auf der Welt.›»[27] Mystik der Hingabe verlangt nicht, das Gefühl von individueller Identität, von Ich-Bewußtsein, auszuschalten, sondern es kann statt dessen genutzt werden, um auf dem spirituellen Pfad voranzuschreiten. Als Ideal, dem es nachzueifern gilt, und als Beispiel für die *vatsalya*-Beziehung zu Gott, die Haltung einer Mutter gegenüber Gott, führt Ramakrishna die Mutter Krishnas an: «Yashoda dachte immer: ‹Wer wird sich denn um Gopala (so hieß Krishna als Kind) kümmern, wenn nicht *ich*? Er wird mir bestimmt krank, wenn *ich* nicht auf ihn aufpasse.› Sie sah Krishna nicht als Gott. Uddhava sagte zu Yashoda: ‹Mutter, dein Krishna ist Gott selbst! Er ist Herr des Universums und kein gewöhnliches menschliches Wesen!› Yashoda entgegnete ihm: ‹Ach, wer spricht denn vom Herrn des Universums? Ich frage doch, wie es *meinem* Gopala geht. Nicht dem Herrn des Universums, *meinem* Gopala!›»[28]

Ramakrishna gab der Art von Mystik den Vorzug, die ohne Praktiken der Askese, ohne yogische Übungen und ohne zunehmend schwieriger werdende Meditationen auskam. Die Anforderung, die diese Mystik an einen Aspiranten stellte, war zuerst einmal das Wiedererlangen einer kindlichen Unschuld und einer Unverbrauchtheit visionärer Kraft und das Aufgeben der meisten Kategorien, die ein Erwachsener hat. «Nur um eins betete ich zur Mutter: um reine Hingabe. ‹Mutter›, sagte ich zu ihr, ‹hier hast du meine Tugend und hier mein Laster! Nimm beides und gib mir nur reine Hingabe an dich! Hier hast du mein Wissen und hier mein Unwissen. Nimm beides, und gib mir nur reine Liebe zu dir! Hier ist meine Reinheit und hier meine Unreinheit. Nimm sie beide, Mutter, und gib mir nur reine Hingabe an dich. Hier ist mein *dharma* (Tugend) und hier mein *adharma*. Nimm sie beide, Mutter, und gib mir nur reine Hingabe an dich.›»[29] Und an anderer Stelle heißt es: «Wer wollte je Gott kennen? Ich versuche es erst gar nicht. Ich rufe ihn einfach als Mutter an... Ich bin wie ein kleines Kätzchen. Es schreit nur ‹Miau, miau!›. Und alles andere überläßt es der Mutter.»

Dem Göttlichen wie ein Kind zu begegnen, heißt jedoch nicht, ängstlich, unterwürfig oder sanftmütig zu sein, sondern in kindlichem Vertrauen auf die immerwährende elterliche Nähe zu leben und sie wieder einzufordern, sollte sie nicht mehr oder nicht mehr deutlich genug spürbar sein. «Er ist unser Schöpfer. Was nimmt es da Wunder, wenn er gütig zu uns ist? Eltern ziehen ihre Kinder auf. Spricht man denn hier von Güte? Sie müssen ja so handeln. Deshalb sollten wir Gott gegenüber ruhig unsere Forderungen geltend machen. Ist Er nicht unser Vater und unsere Mutter?»[30] Kind zu sein heißt also, vollkommenes Vertrauen zu haben und sich darüber zu freuen, unter der Obhut unendlich starker und unendlich wohltätiger Mächte zu stehen. Was dieses vollkommene Vertrauen vermag, ist ungeheuer; es trägt wesentlich dazu bei, das mystische Ziel zu erreichen. In einer von Ramakrishnas anschaulichen Exempel-Geschichten mußte Rama – Gott selbst – eine Brücke übers Meer bauen, um nach Lanka zu kommen. Der tiefgläubige Hanuman aber sprang, allein im Vertrauen auf den Namen Ramas, mit einem Satz über das Meer auf die andere Seite. Er brauchte keine Brücke.

Die vielleicht wichtigste Voraussetzung in der Hingabe-Mystik jeglicher Ausprägung ist jedoch, daß sich der künftige Mystiker mit aller Sehnsucht zu Gott hingezogen fühlt, ob nun in Form der Mutter-Kind-Dyade oder als Freund, ob als Dienender oder als Liebender. Das Verlangen nach Gott muß so stark sein, daß es völlig Besitz ergreift von Körper und Geist und dadurch jedes Bedürfnis, Andachtsübungen, Gebete oder rituelle Handlungen zu vollziehen, auslöscht. Ramakrishna veranschaulichte dieses Sehnen, das ja sein eigenes war, durch das Gleichnis eines Gurus, der seinen

Schüler an einen Teich führte, um ihm zu zeigen, wie groß die Sehnsucht sein mußte, wenn sie ihm zu einer Vision *(darshan)* Gottes verhelfen sollte. Am Teich angelangt, tauchte der Guru den Schüler mit dem Kopf unter Wasser und hielt ihn so fest. Nach ein paar Sekunden ließ er ihn los und fragte: «Wie fühlst du dich?», worauf der Schüler antwortete: «Ich hatte das Gefühl, ich müßte sterben. Ich sehnte mich nur noch nach Luft!» «Genau das ist es», meinte der Guru.[31]

Wie andere Arten von Mystik auch, kennt die affektive Mystik Entwicklungsstufen: Hingabe *(bhakti)* reift zu *bhava* heran und wird gefolgt von *mahabhava* und *prema*, bis dann zuletzt die *unio mystica* mit Gott erreicht wird. Da sich *bhava*, *mahabhava* und *prema* offenbar eher im Intensitätsgrad unterscheiden und nicht qualitativ grundlegend verschieden sind, will ich lediglich einen dieser drei Zustände in seinem Wesen zu erfassen suchen, nämlich *bhava*, ein Terminus, der immer wieder vorkommt, wenn Ramakrishna den seinen Visionen und ekstatischen Trancen vorausgehenden Bewußtseinszustand beschreibt.

Bhava oder Die Hierarchie der Stimmungen

Wörtlich mit «Gefühl» oder «Gestimmtsein» übersetzt, bezeichnet das Wort in der Gedankenwelt der Vaishnava-Mystik einen seelischen und körperlichen Zustand, der von einer ganz bestimmten Gefühlsqualität getragen ist. Ramakrishna veranschaulicht die verschiedenen Ausprägungen, die die auf Gott bezogenen *bhavas* erfahren können, anhand hinduistischer Idealbilder und kommt so zu folgender Aufstellung: *shanta*, die heiter-gelassene Ergebenheit der Frau ihrem Mann gegenüber; *dasya*, die ergebene Unterwerfung des Dieners; *sakhya*, das Gefühl von Freundschaft; *vatsalya*, die Empfindungen, die eine Mutter für ihr Kind hegt, und schließlich *madhurya*, die romantischen und leidenschaftlichen Gefühle einer Frau für ihren Geliebten. Für Ramakrishna waren in dieser letzten *bhava* – die sich in Radhas Haltung gegenüber Krishna symbolisch ausdrückt – all die anderen enthalten. Wo sich leidenschaftliche Liebe mitteilt, spielen ja tatsächlich vielerlei *bhavas* herein. So kann es vorkommen, daß man den Geliebten, weil man ihn idealisiert, als unendlich überlegenes Wesen erlebt, das man als *telos* außerhalb seiner selbst benötigt, dem man sich hingeben und in *dasya* gehorchen kann. Dann wieder ist da das Gefühl von *vatsalya*, das zufriedene Einssein, wenn der Geliebte zum Kind wird, das an der Brust liegt, jedoch nicht in stiller Selbstzufriedenheit, sondern in lustvoller Versunkenheit und Ruhe. Und wieder ein andermal herrscht die heitere Gelassenheit von *shanta*, der Friede von Eheleuten, die einander unsäglich vertraut sind, ein Zustand, den der Sanskrit-Dichter Bhavabhuti aus dem achten Jahrhundert durch den Mund Ramas, der die schlafende Sita im Arm hält, beschreibt als «diesen Zustand, wo Freude und Leid nicht in Zweiheit erfahren werden / wo das Herz Ruhe findet; wo das Empfinden nicht taub wird mit zunehmendem Alter / wo es mit der Zeit nichts mehr voreinander zu verbergen gibt und die eigentliche Liebe reift.»[32] Neben den Zwängen besitzergreifenden Begehrens machen auch all diese *bhavas* den innersten Kern des erotischen Seins des Menschen aus.

Was die Vaishnava-Mystik, die ja eine Mystik der Liebe ist, nicht als legitime *bhava* in der Beziehung zu Gott kennt, ist die ehrfürchtige Scheu. So gibt es weder das Gefühl von Ehrfurcht noch das des Unheimlichen oder des Mysteriums und auch nicht all die verschiedenen Abstufungen von Furcht, die mit der Scheu einhergehen, im Extremfall Grauen und Entsetzen. Ehrfürchtige Scheu ist vielleicht die zentrale *bhava* dessen, was Erich Fromm die autoritäre Religion nennt. Die Vaishnava-Frömmigkeit dagegen würde diese Scheu als hinderlich für das Vorhaben des Mystikers ansehen. Sie distanziert und trennt eher als daß sie bindet und vereint.

Ich bin mir durchaus bewußt, daß Ramakrishna, wenn er nacheinander in die verschiedenen *bhavas* eintauchte und dabei sogar deren äußere Manifestationen übernahm, in den Augen nicht so einfühlsamer und nüchterner Betrachter zum Stein des Anstoßes wurde. Während er sich in der *madhurya bhava*, der Gefühlshaltung Radhas gegenüber Krishna, übte, lebte er ein halbes Jahr lang als Mädchen und kleidete und benahm sich entsprechend. Ein andermal, als er durch die *dasya bhava* Hanumans ging, band er sich in seinem Bestreben, ganz dem Affengotte zu gleichen, einen künstlichen Schwanz ans Hinterteil. Zu der Zeit, in der er die mütterliche *bhava* Yashodas Krishna gegenüber durchlebte, hatte er einen Schüler, der sich als sein Kind fühlte und ihm auf dem Schoß lag, als würde er an seiner Brust trinken, während Ramakrishna unterdessen zu seinen anderen Schülern sprach und sich deren Sorgen und Nöte anhörte.

Mahabhava und *prema* habe ich als im Vergleich zu *bhava* noch höhere und intensivere Stadien schon erwähnt, zu denen aber die Mehrzahl derer, die sie anstreben, nie vorzustoßen vermag. *Mahabhava* erschüttert Leib und Seele bis in die Grundfesten, und Ramakrishna verglich es mit einem riesigen Elefanten, der in eine kleine Hütte eindringt. *Prema* hingegen, das Stadium, das göttliche Visionen ermöglichte, war nach Ramakrishna einem Seil vergleichbar, mit dem man Gott an sich band. Wollte man einen *darshan*, mußte man nur daran ziehen, und schon erschien Er. Psychologisch gesprochen, würde ich in den *bhavas* eher mehr sehen als nur psychische Lockerungsübungen, die die Seele aus der narzißtischen Hülle der normalen, das Selbst einengenden Alltagsroutine herausrütteln. Es sind extreme emotionale Zustände, in deren Ausstrahlungsbereich Zeit und Raum häufig aufgehoben sind. Wir kennen solche Gefühlszustände, wenn wir leidenschaftliche Liebe erlebt haben, bei der – dann, wenn sie am größten ist – die Schönheit der Geliebten Schönheit schlechthin ist, bei der Liebe nur noch als ewige Liebe vorstellbar ist und wo die Erinnerung an alle früheren Lieben so rasch verblaßt, daß sie sich beinahe ganz im Dunkel verlieren. Wir wissen um *bhava* auch aus unserer Erfahrung von Trauer: Ausgelöst durch einen begrenzten Verlust, kann unsere Trauer auf ihrem Höhepunkt auf die ganze Welt ausstrahlen. Die Welt wird leer, und alles, was darin gut ist, scheint für immer verloren. Die Eigenart von *bhava* ist uns auch von extremen Angstzuständen her vertraut, wo alles, der kleinste Laut, die geringfügigste Veränderung in Licht und Schatten, die unruhigen Umrisse der Gegenstände im Dunkeln, etwas extrem Bedrohliches bekommt. Die Bedrohung dehnt sich zur Ewigkeit, und kein Darandenken, sie könnte irgendwann vorbei sein!

Bhava ist also eine besondere Art des Erlebens, bei der man mit «ganzem Herzen, mit ganzer Seele und mit allen seinen Kräften» dabei ist. *Bhava* füllt den ekstatischen Mystiker, wie Ramakrishna einer war, vollkommen aus. Es ist keine Leere in ihm, und so bedarf er auch nicht des Ausgleichs in Form von Wahnvorstellungen und Halluzinationen, den Geisteskrankheit in erster Linie leistet. Mit jedem *bhava*-Zustand brachte Ramakrishna die Welt durch neue Visionskraft abermals zum Leuchten, deckte ihre Schönheit und Harmonie wieder auf bzw. stattete sie aufs neue damit aus. *Bhava* brachte neues Leben in seine Beziehung zu Menschen und Natur, steigerte seine Sensitivität für Sinnliches und Übersinnliches.

Bhava ist also kreatives Erleben oder vielmehr der Boden, aus dem alle Kreativität erwächst, sei es in Mystik, Kunst oder Wissenschaft. Zu *bhava* imstande zu sein, ist das, was eine ideale Analyse anstrebt: offen zu werden für das Erleben, fähig zu werden zu «erlebendem Erleben», wie Bion dies nennen würde. Alles, was eine Analyse außerdem bewirkt – die eigenen Konflikte zu erkennen, Lust ohne Schuldgefühl zu erleben, Angst zulassen zu können, ohne handlungsunfähig zu werden, eine zuverlässige Realitätsprüfung auszubilden usw. –, ist zweitrangig im Vergleich zu dem Entstehen der analytischen *bhava*. Natürlich ist diese analytische *bhava* – das vollkommene Sich-Öffnen für die analytische Situation, wie es sich in der Fähigkeit zu wirklich *freier* Assoziation manifestiert – nicht erst ein Ziel, das am Ende einer Analyse stehen soll, sondern ein in jeder Sitzung anzustrebender Zustand. Wenn wir, in der Sprache des traditionellen analytischen Trieb-Abwehr-Modells, Abwehrmechanismen in kreative und unkreative einteilen (letztere pathologisch per definitionem), dann ist die Fähigkeit zu *bhava* die vielleicht kreativste Abwehr überhaupt und verdient einen Ehrenplatz neben und sogar über der Sublimierung.

Visionen

Nach der *bhava*, der Grundlage mystischer Kreativität, wenden wir uns nun dem *darshan*, der Vision, zu, diesem wichtigsten kreativen Produkt des Mystikers, seiner besonderen immateriellen Schöpfung und mystischen Kunst. Ramakrishnas Erläuterung visionärer Erfahrung ist schlicht, freimütig und sinnlich: «Gott können wir nicht mit unseren physischen Augen schauen. Im Laufe der spirituellen Ausbildung *(sadhana)* entsteht uns ein Körper der Liebe mit Augen der Liebe, Ohren der Liebe usw. Wir schauen Gott mit diesen Liebesaugen. Wir hören Seine Stimme mit diesen Liebesohren. Uns entstehen sogar ein Penis und eine Vagina der Liebe. Mit diesem Liebeskörper halten wir intime Zwiesprache mit der Seele.»[33]

In meinen eigenen Untersuchungen verwende ich lieber den religiösen Terminus ‹Vision› als sein Pendant ‹Halluzination› aus dem psychiatrischen Sprachgebrauch, und zwar aus dem gleichen Grund, aus dem ich von mystischer Ekstase und nicht von Euphorie gesprochen habe, nämlich wegen der psychopathologischen Konnotationen, die in den psychiatrischen Kategorien anklingen. Allerdings wird zwischen beidem nicht sonderlich strikt und eindeutig unterschieden, da die Grenzen fließend sind. Beide können im Gefolge schwerer Depressionen oder manischer Erregung entstehen oder durch eine toxische Psychose aufgrund von Erschöpfung, Hunger, sensorischer Deprivation oder schlicht einer fiebrigen Erkrankung ausgelöst sein. Entscheidend ist, wenn man sie voneinander abgrenzen will, ihre Bedeutung und ihr Inhalt und nicht ihre Entstehung. Visionen gleichen Halluzinationen insofern, als es sich auch bei ihnen um Bilder handelt, vergleichbar einem Aufleuchten, das man optisch wahrnimmt, ohne daß das Auge einen Außenreiz erfahren hätte. Anders als Halluzinationen jedoch kommen Visionen im Zuge intensiver religiöser Erfahrung vor und nicht während einer psychotischen Episode. Auch sind sie weniger bizarr und ungeordnet. Visionen fallen eher unter die Wahrnehmungen, die etwa während eines Traums ablaufen, beim Einschlafen (im hypnagogen

Zustand) oder beim Aufwachen (im hypnopompen Zustand). In keinem Fall kann man von Wahrnehmungen als Folge psychischer Beeinträchtigung sprechen. Visionen sind folglich eine Sonderform von Träumen, die Eingang ins Wachbewußtsein gefunden haben. Eine Vision zu haben ist für sich genommen genausowenig ein Zeichen geistiger Verwirrung wie der entsprechende Vorgang, daß sich reale Ereignisse über die Schlafgrenze hinweg in unsere Träume einschleichen. Freud erkannte die Eigentümlichkeit von Visionen an, wenn er in einem Exkurs über die Psychologie des Mystikers feststellte: «Man kann sich auch gut vorstellen, daß es gewissen mystischen Praktiken gelingen mag, die normalen Beziehungen zwischen den einzelnen seelischen Bezirken umzuwerfen, so daß z.B. die Wahrnehmung Verhältnisse im tiefen Ich und im Es erfassen kann, die ihr sonst unzugänglich waren.»[34]

Ramakrishnas Visionen stellen – wie die anderer Mystiker wohl auch – kein einheitliches Phänomen dar. Sie umfassen das gesamte Spektrum dessen, was sich zu Recht als Halluzinationen im psychiatrischen Sinne bezeichnen läßt, und erstrecken sich über mehr oder weniger bewußte Visionen bis zu dem, was ich «unbewußte Visionen» (oder «Visionen des Unbewußten») nennen würde: Visionen, die sich nicht schildern lassen, da hier das betrachtende Ich fehlt. Das sind dann die unbeschreiblichen «Salzpuppen»-Visionen, die einen kleinen, wenn auch vielleicht den bemerkenswertesten Teil des gesamten mystischen Repertoires ausmachen.

Bevor wir uns den verschiedenen Arten von Visionen im einzelnen zuwenden, muß noch ihr gemeinsames Hauptcharakteristikum erwähnt werden: der starke Affekt, den sie auslösen und der ihnen dieses charakteristische Gefühl von *noesis* verleiht. Dieser Affekt, der so intensiv ist, daß er als ein *Erkennen* erfahren wird, hat etwas von der Qualität des frühkindlichen symbiotischen Zustands an sich, als das Kind die Mutter durch den gegenseitigen Austausch ihrer Gefühle «erkannte», als affektiver und kognitiver Bereich noch nicht voneinander geschieden waren.[35]

Affekte manifestieren sich nämlich körperlich, und auch Ramakrishnas Visionen hatten ihre bestimmten, genau definierten physischen Entsprechungen. Es konnte sein, daß es ihn schüttelte, während Freudentränen ihm ungehemmt die Wangen hinunterliefen. Dann wieder hatte er die Augen halb geschlossen, und sein Blick ging ins Leere, wobei ein leises Lächeln um seine Lippen spielte, während sein Körper vollkommen steif wurde und er von einem Schüler gestützt werden mußte, damit er nicht hinfiel und sich verletzte. Andere Trancezustände wiederum gingen einher mit einer geröteten Brust oder einem starken Brennen am ganzen Körper. Ramakrishna berichtet, daß ihn Brahmani, sein tantrischer Guru, zum Bad führen wollte, als er einmal in solch einem Zustand war. Sie konnte seine Hand nicht halten, so heiß war seine Haut, und sie mußte ihn in ein Leintuch hüllen. Die Erde, die an ihm hängengeblieben war, als er auf dem Boden lag, war gebrannt. Dann wieder stellt sich das Gefühl ein, vor Hunger zu sterben, und man fragt sich, ob hier spirituelle Aufnahmebereitschaft ihre Parallele im Physischen hat (oder etwa umgekehrt). Oder es überfiel ihn ein Heißhunger, und er verschlang riesige Essensmengen, in der Regel Süßigkeiten. Gelüste nach einem speziellen Gericht oder nach etwas Süßem überkamen Ramakrishna unversehens zu irgendeiner Tages- oder Nachtzeit. Dann glich Ramakrishna einer schwangeren Frau, die wie unter einem inneren Zwang nicht ruht, bis ihre Gelüste gestillt sind.

Für den Kenner mystischer Tradition gehören all diese Symptome zu den neunzehn körperlichen Anzeichen mystischer Erfahrung. Dem Analytiker hingegen bestätigen sie erneut, daß der Mystiker Zugang zu einer frühkindlichen Phase hat – der «oralen» in der klassischen Terminologie –, in der die Grenze zwischen Psyche und Soma noch viel durchlässiger ist als im Erwachsenenalter. Der Mystiker gewinnt wieder Zugriff zu einer wirklich dialogischen Periode, in der sich aufkommende Affekte über den Körper entladen, während sich andererseits körperliche Erfahrungen leicht in affektiven Zuständen äußern. Ramakrishnas Verlangen nach der göttlichen Mutter, das von einer derartigen Atemnot begleitet ist, daß er meint, sterben zu müssen, ist z.B. verwandt mit einer bestimmten asthmatischen Symptomatik, hinter der der aufgestaute Drang nach mütterlicher Zuwendung steht.

Kommen wir nun auf die verschiedenerlei Arten von Visionen zurück, und zwar zunächst auf die ungewollten und unwillkommenen Halluzinationen, die in Ramakrishnas Phase von Geistesgestörtheit *(unmada)* hineingehören: «Wenn sie kamen, spuckte ich auf die Erde. Doch sie verfolgten mich und setzten sich in mir fest wie böse Geister. Am Tag nach einer solchen Vision hatte ich dann starken Durchfall, und diese ganzen Ekstasen trieb es mir durch die Gedärme wieder hinaus.»[36]

Diese Halluzinationen oder, besser gesagt, alptraumartigen Visionen sind Ramakrishnas Wesen nicht fremd, sondern vielleicht genausosehr Teil seiner Persönlichkeit wie seine künstlerische Sensibilität oder seine erhabenen mystischen Visionen. Welcher wesentliche Zusammenhang hier besteht, wird verständlicher, wenn wir auf Ernst Hartmanns Arbeit über Alpträume zurückgreifen.[37]

In seiner Untersuchung an psychiatrisch nicht erkrankten Probanden, die alle von klein auf unter Alpträumen litten, fand Hartmann heraus, daß es sich bei diesen Versuchspersonen in der Regel um Menschen mit einer ausgeprägten künstlerischen Ader und hohem kreativem Potential handelte. Was noch wesentlicher ist, sie wiesen das auf, was er als «instabile seelische Grenzen» bezeichnet, eine Durchlässigkeit der Grenzen zwischen Selbst und Objekt, zwischen Wachen und Schlafen, zwischen Phantasie und Realität, zwischen Erwachsensein und Kindsein, zwischen menschlicher und animalischer Ebene und derlei Bereiche mehr, die für die meisten Menschen relativ festumrissene Grenzen haben. Diese instabilen seelischen Grenzen, dies versucht Hartmann zu zeigen, liegen sowohl ihrer künstlerischen Sensibilität als auch ihrer Disposition zu Alpträumen zugrunde. Dies verführt zu Spekulationen, daß Ramakrishna, und mit ihm vielleicht die meisten Mystiker, eine – durch frühe Erfahrungen (über die noch zu reden sein wird) verstärkte – genetische Veranlagung zu instabilen Grenzen, also auch solchen zwischen alptraumartigen und ekstatischen Visionen, haben könnte.

Die zweite Kategorie bilden die bewußten Visionen. Mit innerer Bereitschaft empfangen, fallen sie auf fruchtbaren

Boden. Bewußte Visionen können symbolische Darstellungen eines gerade ablaufenden psychischen Prozesses sein, wobei die Symbole aus der jeweiligen religiösen und kulturellen Tradition des Mystikers stammen. Dies trifft z.B. auf Ramakrishnas Vision seiner «Erleuchtung» zu, die er in der traditionellen yogischen Bildersprache schaute: Kundalini, die Energie der zusammengerollten Schlange, steigt durch die verschiedenen Zentren des Körpers (die *chakras*) auf und öffnet den zu dem jeweiligen Zentrum gehörenden «Lotos» – eine spezifisch hinduistische Metapher für seelische Wandlung und für das Sich-Öffnen der Psyche für bislang unzugängliche psychische Erfahrungen. «Ich sah einen Zweiundzwanzig- oder Dreiundzwanzigjährigen, der mir aufs Haar glich, in den Sushumna-Kanal eintreten und mit der Zunge mit den vulva(*yoni-*)förmigen Lotosblüten ‹herumspielen› *(raman)*. Er fing bei dem am Anus gelegenen Zentrum an und stieg weiter hoch, durch die Zentren am Penis, am Nabel und alle weiteren. Die jeweils vier-, sechs- und zehnblättrigen Lotosblüten, die welk herabgehangen waren, richteten sich hoch auf und erblühten. Ich erinnere mich deutlich daran, wie er beim Herzzentrum angelangt war und hier mit der Zunge herumspielte und wie daraufhin der zwölfblättrige, schlaff herunterhängende Lotos sich hoch aufrichtete und seine Blütenblätter öffnete. Dann kam er zu dem sechzehnblättrigen Lotos an der Kehle und dem zweiblättrigen an der Stirn. Und als letzter erblühte der tausendblättrige Lotos am Scheitel.»[38] Diese spezielle Vision, in der das sich selbst darstellende Bewußtsein in eine beobachtende und eine beteiligte Seite aufgespalten ist, kann man durch die psychiatrische Brille auch als eine mit einem Doppelgängererlebnis gepaarte Depersonalisation sehen, die vor allem bei zu Selbstbetrachtung und Introspektion neigenden Menschen vorkommt. Doch da sich mit dieser Vision kein schmerzlicher oder angstvoller Affekt verbindet und es sich bei ihr nur um eine in Ramakrishnas reichem Repertoire an Visionen mit ganz anderer Struktur und Eigenart handelt, würde ich meinen, ihre Wurzeln liegen eher in einer der gesteigerten Phantasie eines Künstlers oder Schriftstellers vergleichbaren Kreativität und nicht im Pathologischen.

Goethe und Maupassant sind zwei Beispiele für kreative Schriftsteller, die ebenfalls das Phänomen ihres Doppelgängers erlebten.[39]

Bei anderen bewußten Visionen handelt es sich um visuelle Einsichten, um Bilder voller Überzeugungskraft und plötzlicher Klarheit, deren Sprache entweder universell-mystisch oder speziell kulturhistorisch bedingt ist. Zu der ersten Sorte gehören z.B. solche, in denen ein Universum geschaut wird, das voller Feuerfunken ist oder glänzt wie ein Quecksilbersee oder in allen vier Himmelsrichtungen erstrahlt vom Licht ungezählter Kerzen. Solche Lichtvisionen werden, wie schon erwähnt, von Mystikern aller Zeiten geschildert, und das göttliche Licht zu sehen war im übrigen schon immer wesentliches Merkmal vieler mystischer Kulte, darunter auch des Quäkertums des siebzehnten Jahrhunderts. Auch Visionen, in denen erkannt wird, daß in allem Bewußtsein pulsiert, gehören zur universellen Sorte: «Manchmal sehe ich dasselbe Bewußtsein, das die Welt mit Leben füllt, in einem Fischlein aufscheinen. Manchmal sehe ich die Welt in derselben Weise von Bewußtsein durchdrungen, wie die Erde während der Regenzeit mit Wasser durchtränkt ist.»[40]

Die volle Bedeutung der eher kulturbedingten Visionen dagegen können wir erst ermessen, wenn wir uns vor Augen halten, daß Ramakrishna ein hinduistischer Brahmane war, der zu einer Zeit – dem neunzehnten Jahrhundert – an einem Ort – dem ländlichen Bengalen – lebte, als ausgeprägte Vorstellungen von Unreinheit und unreinen Substanzen herrschten, als strenge Kastentabus galten und die Furcht vor einem eventuellen Verlust der Kastenzugehörigkeit ungeheuer war. Visionen, die sich über religiöse Unterschiede und über Kastentabus hinwegsetzten – wie etwa über jene, verbotene Substanzen zu berühren oder von verbotenen Personen Essen anzunehmen –, drückten sich daher vorwiegend in der in Ramakrishnas Kulturgemeinschaft gebräuchlichen Bildersprache aus. Ein paar Beispiele: «Dann zeigte sich mir ein Moslem mit einem langen Bart, der mit Reis auf einem irdenen Teller auf mich zukam. Er gab anderen Moslems davon zu essen und reichte auch mir ein paar Körner. Die Göttliche Mutter tat mir kund, daß nur eines existierte und nicht zwei».[41] Ein andermal sah ich Kot, Urin, Reis, Gemüse und verschiedene Nahrungsmittel. Plötzlich trat die Seele aus meinem Körper heraus und berührte alles wie eine Flamme: Kot, Urin, alles probierte sie. So wurde offenbar, daß alles eins ist, daß es keinen Unterschied gibt.»[42] Oder Ramakrishna bat die Göttin, auf wiederholtes Betreiben seines Neffen hin, ihm okkulte Kräfte zu verleihen, und sah daraufhin in einer Vision, wie eine Prostituierte mittleren Alters auf ihn zukam, sich mit dem Rücken zu ihm hinhockte und sich anschickte, ihre Notdurft zu verrichten. Die Vision machte deutlich, daß okkulte Kräfte der Schiß dieser Hure waren.

Es gibt noch eine andere Kategorie von Visionen oder, genauer gesagt, von mystischen Phantasiegebilden, denn sie beruhen darauf, daß äußere Reize zu Schöpfungen umgewandelt werden, wie sie sonst eher ein Künstler hervorbringt. So etwa formt sich für Ramakrishna ein englischer Junge, der sich auf bestimmte Weise an einen Baum lehnt, zu einer Vision Krishnas um; oder eine Prostituierte, die auf ihn zugeht, verwandelt sich in eine Vision der Göttlichen Mutter. Von beiden Bildern geht für ihn etwas Wohltuendes für Leib und Seele aus. In Blakes Worten sind diese Phantasiegebilde «Vorahnungen von Unschuld» («auguries of innocence»), die den Mystiker «in einem Sandkorn eine Welt und in einer Blume auf dem Feld einen Himmel sehen» lassen.

Und zuletzt sind da noch die unbewußten Visionen, die sich nicht in Worte fassen lassen. Ramakrishna erklärt dies einmal seinen Schülern so: «Etwas kriecht nämlich von den Füßen zum Kopf. Und das Bewußtsein ist solange vorhanden, wie diese Kraft noch nicht im Kopf angelangt ist. Aber sobald sie dort ankommt, ist alles Bewußtsein völlig ausgelöscht. Ein Sehen oder ein Hören gibt es nicht mehr und ein Sprechen erst recht nicht. Wer sollte auch sprechen können? Wo doch ‹ich› und ‹du› nicht einmal mehr als Vorstellung existieren. Während die Schlangenkraft aufsteigt, habe ich den Wunsch, euch alles mitzuteilen: wie viele Visionen ich erlebe, wie sie aussehen usw. Bis sie hierhin kommt (er zeigt auf das Herz) oder höchstens hierhin (er zeigt auf die Kehle), kann man noch sprechen, und so rede ich. Aber in dem Moment, wo sie über die Stelle hinaus ist (wieder deutet er auf die Kehle), hält mir gleichsam jemand mit Gewalt den Mund zu, und ich verliere alles Bewußtsein. Ich habe keine Kontrolle mehr darüber. Angenommen, ich versuche zu schildern, welche Visionen ich erlebe, wenn sie darüber (deutet wiederum auf die Kehle) hinaussteigt: Sobald ich sie mir ins Gedächtnis rufe, um sie zu beschreiben, verläßt mich der Geist, und das Sprechen wird unmöglich.»[43]

Was er während dieser Visionen fühlte, konnte er daher nur in Bildern ausdrücken: «Ich komme mir vor wie ein Fisch, den man aus einem Netz befreit und in den Ganges geworfen hat.» Allerdings hatte Ramakrishna offenbar nicht sonderlich viel übrig für diese Zustände, die so oft für den Höhepunkt mystischer Erfahrung gehalten werden. Er versuchte bewußt, sich einen Rest seines beobachtenden Ichs zu bewahren – ein Fünkchen des großen Feuers zumindest –, um nicht vollkommen oder allzu lange in der *unio mystica* aufzugehen, die nicht mehr differenziert zwischen dem «Ich» und dem «Anderen». «Im *samadhi* verliere ich das äußere Bewußtsein vollständig, aber Gott läßt mir noch ein Restchen von meinem Ich, damit ich die Vereinigung genießen kann (und er verwendet hier absichtlich eine sinnliche Metapher: *vilas*). Und Genuß ist nur möglich, wenn noch ein ‹Ich› und ein ‹Du› vorhanden sind.» «Ich will den Zucker schmecken und nicht zum Zucker werden», wie er betont. Und dennoch war er, auch wenn er es nicht wollte, oft die Salzpuppe, die in den Ozean eingeht.

Die unbewußten Visionen unterscheiden sich, da sie sich überhaupt nicht in Sprache ausdrücken lassen, von anderen Visionen, die zwar auch unaussprechlich sind, doch nur in dem Sinne, daß sie sich nicht vollständig beschreiben lassen. Die unbewußten Visionen sind eine Rückkehr in eine Welt, in der Sprache noch nicht existierte, es sind Visionen von «Realität», in denen Sprache durch den mystischen Akt aufgehoben ist. Octavio Paz formuliert dies folgendermaßen: «Sprache senkt ihre Wurzeln in diese Welt, formt aber deren Säfte und Reaktionen in Zeichen und Symbole um. Sprache ist die Folge (oder die Ursache) unserer Vertreibung aus dem Universum und bedeutet Distanz zwischen den Dingen und uns selbst. Ein Ende unseres Exils würde ein Ende der Sprache bedeuten.»[44] Die Salzpuppe setzt dem Exil ein Ende, zieht einen Schlußstrich unter die Sprache.

Die Nachwehen der Trennung standen immer schon im Zentrum der theoretischen Überlegungen, die die Psychoanalyse über die Mystik anstellte. Die Sehnsucht danach, mit einem vollkommenen, allmächtigen Wesen wieder vereint zu sein, das Verlangen nach dem Glück des Getröstet- und Gestilltwerdens, das sich mit der Mutter in der frühesten Kindheit verbindet (und vielleicht genausosehr ein Erwachsenenmythos wie kindliche Realität ist), wurde übereinstimmend als Kernpunkt mystischer Motivation gesehen. Worüber unter Analytikern keine Übereinstimmung herrscht, ist die Art und Weise, wie diese Sehnsucht zu sehen und zu bewerten ist.

Die traditionelle Sehweise, zu der Freud den Anstoß gab, will diese Sehnsucht als reaktiv, als Abwehr des auf den ödipalen Vater gerichteten Hasses verstanden wissen. Für von Melanie Klein beeinflußte Autoren ist das Verlangen nach der beglückenden «guten» Mutter ein defensives Leugnen ihrer angsteinflößenden und verhaßten Aspekte.[45] Zwar hat Ramakrishna nie auf der Couch gelegen (aber auch andere Theoretiker haben schließlich keine Mystiker als Patienten gehabt), doch kann ich, gestützt auf die umfangreichen Aufzeichnungen seiner Gespräche, Erinnerungen und Berichte über seine Visionen, nur sagen, daß dort nichts auch nur im entferntesten auf eine ausgeprägte Feindseligkeit gegenüber dem ödipalen Vater hindeutet. Etwas stärker sind die Anhaltspunkte, die auf ein Leugnen der gefürchteten Aspekte der Mutter hinweisen, nämlich dann, wenn man einige Elemente seiner Vision im Kali-Tempel, als er das Schwert nahm, um sich umzubringen, entsprechend interpretiert. Vor dem Hintergrund der insgesamt so zahlreichen Visionen der Göttlichen Mutter reicht jedoch eine einzelne Vision nicht als eindeutiger Beweis aus. Eine Übernahme der Kleinschen Theorie über die Beweggründe, die zur Mystik führen, erscheint daher nicht zwingend.

Paul Horton vertritt eine andere, der Sache angemessenere Ansicht über mystische Sehnsucht und mystische Zustände, insbesondere solche während der Adoleszenz.[46] Er sieht diese Zustände als Auswirkung des Trennungsschmerzes, in denen die verspürte Realität qualvollen, absoluten Alleinseins *vorübergehend* geleugnet werde. Die mystische Erfahrung ist demnach ein «Übergangsphänomen», das ähnlich beruhigend und tröstlich wirkt wie eine Decke bei einem Baby, ein Stofftier oder ein Märchen bei einem Kind, ein spezielles Musikstück bei einem Erwachsenen – alles unterschiedliche Schöpfungen stofflicher oder nichtstofflicher Art, die Möglichkeiten eröffnen zu der gezielten Illusion, die heilt.

Es spricht vieles für die Hypothese, daß Trennungs- und Verlusterfahrungen die treibende Kraft waren, die Ramakrishna den mystischen Pfad einschlagen ließ. Wir wissen, daß seine erste sozusagen mystische Ekstase (als er beim Anblick weißer Kraniche, die vor schwarzen Wolken dahinflogen, bewußtlos wurde) im letzten Jahr der tödlichen Krankheit seines Vaters stattfand (oder zwei Jahre nach dessen Tod – wie es an anderer Stelle in Ramakrishnas Erinnerungen heißt), d.h. zum Zeitpunkt eines drohenden (oder bereits eingetretenen) Verlusts. Und ich habe die deutliche Veränderung geschildert, die mit Ramakrishna nach dem Tod seines Bruders vor sich ging – seine gesteigerten mystischen Sehnsüchte mit allen äußeren Anzeichen einer regelrechten Depression –, und dies während der Adoleszenz, einem Lebensabschnitt, in dem das sich entwickelnde Ich besonders anfällig gegenüber Streß ist. Hier gleicht Ramakrishna einigen christlichen Mystikern, in deren Leben man, wie David Auerbach gezeigt hat, ebenfalls einen hypothetischen Zusammenhang zwischen persönlichem Verlust und mystischer Berufung konstruieren kann.[47] Teresa von Avilas kirchlich orientiertes Leben begann mit dem Tod ihrer Mutter, als Teresa zwölf war. Der Verlust eines Elternteils oder einer Person, die Elternstelle vertritt, kann auch sehr früh eintreten und erst später ein erhöhtes Gefühl von Verlassenheit bewirken und die Suche nach dem «ewigen Du» nach sich ziehen, wie dies etwa bei Johannes vom Kreuz der Fall gewesen sein mochte, dessen Vater wenige Monate nach seiner Geburt starb, oder bei Martin Buber, den seine Mutter verließ, als er drei war.

Der mystische Pfad ist damit auch ein Weg, den Trennungsschmerz zu lindern, die Trauer und die Traurigkeit über den Verlust zu mindern. Bei meinen Gesprächen mit Mitgliedern eines mystischen Kults in Indien stellte sich heraus, daß der wichtigste Faktor bei ihrer Entscheidung, sich dem Kult anzuschließen, eine Verlusterfahrung war. Allein schon sich einzulassen auf den mystischen Weg zog einen therapeutischen Effekt nach sich, und jeder dann auf diesem Weg erfahrene mystische Zustand hatte weitere deutliche Auswirkungen auf das psychische Befinden, das sich zum Positiven hin veränderte.[48] War der Betreffende zuvor in einem Zustand der Dysphorie und fühlte sich apathisch und depressiv, so bewirkte die Hinwendung zur Mystik, daß er mit Trauer geordneter und distanzierter umgehen konnte und diese – wenn auch auf transzendente Weise – besser verarbeitete. Vielleicht hat T. S. Eliot recht, wenn er feststellt, daß «ein Mensch sich nicht an das Universum bindet, solange er etwas anderes hat, an das er sich binden kann».[49]

Natürlich können die zwei konkreten Verlusterfahrungen Ramakrishnas nicht seinen gesamten mystischen Werdegang hinlänglich erklären, nicht das enorme Ausmaß seiner Sehnsucht, die ihn sein ganzes Leben lang dazu trieb, den Zustand des Getrenntseins vom Göttlichen aufzuheben, auch nicht die ungeheure Intensität seines Schmerzes, wenn ihm die Göttliche Mutter fern schien. Was zur Mystik führt, ist, wie bei jedem anderen psychischen Phänomen auch, ein ganzes Bündel von Motiven. Es ließe sich mutmaßen, daß das vorgerückte Alter der Mutter bei seiner Geburt, die Armut der Familie, weswegen die Mutter zusätzlich durch Haushaltspflichten in Anspruch genommen wurde, sowie die Geburt eines weiteren Geschwisterchens, als Ramakrishna vier war, eventuell dazu führten, daß die Mutter emotional nicht verfügbar war während einer Entwicklungsphase, in der es das Kind von seinen eigenen Bedürfnissen her eigentlich drängte, sich enger an sie anzuschließen. Anders gesagt geht die Vermutung dahin, daß die

Mutter in der entscheidenden «Rapprochement»-Phase (die in Indien später anzusetzen ist, als es der Zeitplan der Psychoanalytikerin Margaret Mahler vorsieht) nicht zur Verfügung stand, zu einer Zeit also, in der die Angst des Kindes vor einer Trennung und die damit zusammenfallende Depression ihren Höhepunkt erreichte. Dies würde Trennung und Trennungsangst zum beherrschenden Thema seines Seelenlebens machen. Jeder befürchtete oder tatsächliche Verlust würde so die Trennungsangst wieder wachrufen und gleichzeitig auch das Bemühen in Gang setzen, dagegen anzugehen, indem in der Phantasie die über alles geliebte und liebende Nähe zur mütterlichen Matrix wiederhergestellt wird. Das Einssein, nach dem Ramakrishna trachtete, ist dann nicht der Zustand des gleichsam mit der Mutter verschmolzenen Säuglings an der Brust (obwohl auch dies seine späteren Trancen mitprägte), sondern die vom Kleinkind angestrebte Aufhebung der Trennung. In dieser Phase gibt es in der Beziehung zwischen Mutter und Kind bereits Grenzen, aber eine weitere Grenze umschließt ihre «Doppeleinheit» und grenzt sie von der übrigen Welt ab. Hier ist die Freude an der Gegenwart der Mutter zutiefst sinnlich, ja fast ekstatisch, und dies hat Einfluß auf Ramakrishnas Wortwahl und die Wahl der Bilder und Metaphern, die seine Erfahrungen ausdrücken.

Zugegebenermaßen ist der angenommene Einfluß der frühen Mutter-Kind-Beziehung auf Ramakrishnas Seelenleben ein Konstrukt, das sich aus der analytischen Theorie ableitet, und nicht eine Rekonstruktion, die auf zwingendem psychobiographischem Beweismaterial basiert. Trotzdem würde ich Ramakrishnas ausgeprägte Sensibilität für das Thema der Trennung unter anderem hierauf zurückführen, jedoch zugleich auf die mystische Gabe (oder den Fluch) einer besonderen Art des kreativen Erlebens. Dies wird einsichtiger, wenn wir uns einigen Vorstellungen der vorher erwähnten «metaphysischen» Analytiker zuwenden.

Lacan z.B. hat die These aufgestellt, daß die Psyche des Menschen sich ständig mit einem Urzustand zu befassen sucht, den Lacan das «Wirkliche» nennt. Das «Wirkliche» selbst ist unfaßbar, obwohl wir ständig Mythen schaffen, um es einzukreisen. Der vielleicht wichtigste Mythos betrifft das Auseinanderbrechen einer ursprünglichen Einheit, die Trennung vom Mutterleib, die in uns ein Grundgefühl des Unvollständigseins hinterläßt. Phantasien, die sich um diesen Mangel drehen, sind universell und beherrschen die Psyche von Patienten genauso wie die von Analytikern. Dieser Mangel drückt sich in der Psyche als Sehnsucht aus. Und das Abenteuer des Menschseins ist die Geschichte einer Sehnsucht, die sich unablässig verliert und wiederfindet in dem, was Lacan als das «Imaginäre» und mit dem Entstehen von Sprache als das «Symbolische» bezeichnet. Da die Sehnsucht aus einem Auseinanderbrechen hervorgegangen ist, ist es ihr Los, sich auf die endlose Suche nach dem verlorenen Objekt zu machen. Alle realen Objekte unterbrechen diese Suche nur vorübergehend. Robert und Ilse Barande formulieren dies folgendermaßen: «Es ist Aufgabe des *néoténique*, d.h. des unreifen, sogar fötalen Wesens, das durch seinen Sturz ins Leben und in die Zeit aus der ursprünglichen Einheit herausgefallen ist, sich Umwege auszudenken, vom ‹normalen› Weg abzuweichen, und die Abweichungen von der Norm betreffen das Objekt ebenso wie die Ziele und Mittel. Seine Situation ist gnadenlos pervers – wenn man hier überhaupt von Perversionen sprechen kann.»[50] Die mystische Suche zielt darauf ab, den dauernd erlebten Gegensatz zwischen einem ursprünglichen Miteinanderverbundensein und einem radikalen Auseinandergerissensein wieder aus der Verdrängung hervorzuholen, die sehr früh stattgefunden hat. Anders als die meisten Menschen verwechselt der Mystiker seinen Hunger nicht mit dessen Befriedigung. Wenn wir alle unsere Sehnsucht grundsätzlich auf perverse Art ausleben, dann ist der Mystiker der einzige, der die Illusion des «Imaginären», ja sogar die *maya* der «symbolischen» Ebene zu überschreiten sucht.

Eine von Ramakrishnas «intimeren» Visionen versucht mit groben, doch überzeugenden Pinselstrichen das Problem der Trennung in ein Bild umzusetzen. Hier ist Ramakrishna gleichsam der Analytiker im Sinne Bions, der weiß, daß emotionale Wahrheit unaussprechlich ist und nur über Andeutungen und Annäherungen zugänglich gemacht werden kann. Wie der Bionsche Analytiker muß auch der Mystiker Termini verwenden, die aus dem Bereich sinnlicher Erfahrung stammen, um damit auf ein Reich jenseits dieser Erfahrung zu verweisen. «Ich will euch eine sehr geheime Erfahrung mitteilen: In einem Pinienhain hatte ich die Vision eines kleinen, verborgenen Eingangs (wörtlich: einer ‹Diebestür›) zu einem Zimmer. Was in diesem Zimmer war, konnte ich nicht sehen. Ich versuchte, mit einer Nagelfeile ein Loch zu bohren, schaffte es aber nicht. Jedes Mal, wenn ich das Loch gebohrt hatte, füllte es sich wieder. Aber dann machte ich mit einem Mal eine große Öffnung.» Er schwieg und fing erst nach einer Weile wieder zu sprechen an: «Das sind alles höhere Dinge. Ich spüre, wie jemand mir den Mund zuhält. Ich habe Gott in der Vagina gesehen. Ich sah Ihn da in dem Moment, als ein Hund und eine Hündin sich paarten.»[51]

Ramakrishnas Vision, die er dann noch assoziativ weiterführte, bedarf keines längeren analytischen Kommentars, ist doch die verwendete Symbolsprache nicht sonderlich kompliziert. Die Öffnung in einen von außen nicht einsehbaren Raum, die klein und verborgen ist und die Ramakrishna offenzuhalten versucht, und das Sichtbarwerden Gottes in den Genitalien einer im Geschlechtsakt begriffenen Hündin entschlüsseln sich unschwer als das, womit der Mystiker ausschließlich beschäftigt ist, nämlich sich einen Weg zurück zum vollkommenen Verbundensein des eigenen Selbst mit dem Anderen zu öffnen. Dieses Miteinanderverbundensein, das mystische Einssein, nimmt unterschiedliche Formen an. Wie wir bei Ramakrishna gesehen haben, erstreckt es sich in einem Kontinuum vom pränatalen Zustand, als das fötale Wesen die Trennung vom Mutterleib, die Vertreibung aus dem mütterlichen Schoß, noch nicht erfahren hat, über den Zustand des gestillten Säuglings an der Brust mit seinem Gefühl des Verströmens und Verschmelzens bis zu dem Zustand des Kleinkinds, das sich, wie an einer unsichtbaren Schnur hängend, immer wieder zur Mutter hingezogen fühlt.

Was ich hervorheben möchte, sind jedoch nicht die traditionellen Programmpunkte der Psychoanalyse, wo sich das Augenmerk darauf richtet, wie die verschiedenen Stufen der dyadischen Einheit innerhalb des mystischen Erlebens eingesetzt werden, pathologisch, zur Abwehr oder kompensatorisch. Wie Michael Eigen in einer Reihe von Aufsätzen herausgearbeitet hat, ist für Freud im idealen Erleben, d.h. in Zuständen oder Augenblicken beglückender (oder erschreckender) Vollkommenheit, wozu ich auch die mystischen Zustände zählen würde, in der Regel etwas Verkapptes mit im Spiel – wie z.B. eine Mutter- oder eine Vaterfigur, Sexualität, Aggression etc.[52] Lacan, Winnicott und Bion (und implizit auch Erikson) dagegen betrachten das ideale Erleben selbst und sehen darin eine sich spontan entfaltende Fähigkeit zum kreativen Erleben. Diese Fähigkeit kann als Abwehr eingesetzt werden, wie dies in der Freudschen Literatur im einzelnen aufgezeigt wird, ist aber nicht gleichbedeutend mit Abwehr.

Alle diese Autoren unterscheiden die positiven, regenerativen Aspekte dieses Erlebens, und zwar nicht, weil sie Idealisten wären, sondern weil sie als empirische Analytiker registrieren, welche Entwicklung und welchen Wandel dieses Erleben, von der Kindheit angefangen, im Laufe der Zeit erfährt. Das Erleben selbst sollte, wie sie ausdrücklich feststellen, nicht verwechselt werden mit der Introjektion von Vater- oder Mutterbildern oder -funktionen. Sie sind dieser Erlebnisfähigkeit allenfalls förderlich oder abträglich. «Liest man diese Autoren aufmerksam, so entdeckt man, daß *das primäre Objekt kreativen Erlebens nicht die Mutter oder der Vater ist, sondern der unfaßbare Urgrund der Kreativität als solcher*. Winnicott z.B. betont, im Übergangserleben komme es nicht in erster Linie darauf an, einen Selbst- oder Objekt- bzw. Mutterersatz zu finden, sondern ein Symbol zu schaffen, um das Erleben selbst symbolisch auszudrücken. Das Subjekt durchlebt immer wieder Phasen kreativen Eintauchens (auch solche des Chaos, des Nicht-Integriertseins, des Wartens).»[53] Worauf wir also unser Augenmerk richten sollten, sind nicht nur die Konflikte des Mystikers, die sein kreatives Erleben zu deformieren oder zum Verschwinden zu bringen drohen, sondern ebenso das Erleben selbst – welche Inhalte es hat, in welchem Kontext es steht und wie es sich herausbildet.

Die meisten von uns tragen verlockende, längst «vergessene» Spuren derartigen Erlebens in sich, eine Art der Wahrnehmung, die uns das äußere Geschehen als Schöpfungsakt des ursprünglichen Künstlers (oder Mystikers) in uns empfinden läßt, und wir registrieren ihn als solchen mit «Wonne» (um mit Blake zu sprechen). Im späten Säuglingsalter und in der frühen Kindheit nämlich haben wir die Welt nicht als etwas außerhalb von uns selbst Existierendes gesehen, das im einzelnen erkannt und uns angepaßt werden muß, dem man sich fügen muß und das in unsere ganz individuelle Innenwelt eingepaßt werden muß, sondern oft als unendliche Folge von Schöpfungsakten.

Mystisches Erleben ist eine Möglichkeit – und innerhalb einiger Kulturen und zu bestimmten Zeiten die überragende –, die schöpferische Ader, die wir alle tief in uns haben, freizulegen. Manche hingegen ahnen im Gefühlsüberschwang romantischer Liebe etwas von der ursprünglichen Frische unserer Visionskraft. Andere wieder suchen kreatives Erleben in Kunst oder Wissenschaft zu finden. Auf die Ähnlichkeiten zwischen Mystikern und schöpferischen Künstlern und Wissenschaftlern ist im Westen schon seit Beginn dieses Jahrhunderts verwiesen worden. In ihrem bahnbrechenden Werk über die Mystik hob Evelyn Underhill hervor, wie sehr geniale Künstler und Mystiker einander ähneln – obwohl sich nicht ohne weiteres das eine für das andere einsetzen läßt. James Leuba dagegen stellte eine Ähnlichkeit auf weltlicherer Ebene und auf geringerem Intensitätsniveau bei kreativen Phänomenen alltäglicherer Art fest.[54] Von China wissen wir, daß dort gerade von den mystischen Taoisten, die Spontaneität, Nicht-Handeln, «Leermachen des Geistes» stärker betonten als die rationalen Konfuzianer, wichtige Impulse für wissenschaftliche Entdeckungen ausgingen. Auch in Indien war es in verschiedenen Epochen allgemein akzeptierte und altehrwürdige Praxis, über Kunst, insbesondere über Musik, zu mystischer Erfahrung zu gelangen zu suchen. Und Albert Einstein schreibt über das, was ihn dazu bewegte, sich auf das Wagnis der Wissenschaft einzulassen: «Die schönste, die tiefste Gefühlsbewegung, die wir erfahren können, ist die Empfindung des Mystischen. Sie steht als grundlegendes Gefühl an der Wiege wahrer Kunst und Wissenschaft.» Einstein führt weiter aus, daß es ein Bedürfnis gebe, «dem Alltag mit seiner quälenden Unvollkommenheit und seiner hoffnungslosen Trostlosigkeit zu entkommen, sich aus den Fesseln der eigenen, immer neuen Wünsche zu befreien». Statt dessen schaffen sich der Wissenschaftler und der Künstler ihre eigene Realität und setzen sie an die Stelle der Erfahrungswelt, die sie damit überwinden: «Jeder macht seinen eigenen Kosmos und dessen Aufbau zum Angelpunkt seines Gefühlslebens, um so den Frieden und die Sicherheit zu finden, die er im engen Strudel der persönlichen Erfahrung vergeblich sucht.»[55] Hier scheint mir Einstein nicht als jemand zu sprechen, der deprimiert ist, sondern als kreatives Individuum, das klarsichtig und folgerichtig reagiert auf die Welt, wie sie nun einmal ist. Auch Buddha, der als junger Siddhartha mit Krankheit, Alter und Tod konfrontiert war, ist, wenn er erklärt *«Sabbam dukham»* (Alles ist Leiden), nicht deprimiert, sondern nur in völligem Einklang mit dem Realitätsprinzip. Die Welt mit kreativem Blick, aber nüchtern zu sehen, ist möglicherweise unsere größte Anpassung an die Realität – und ein Zustand, in dem Buddha, Freud und Ramakrishna einander begegnen.

Sexualität und mystische Erfahrung

Genauso wie andere Vaishnava-Mystiker betonte Ramakrishna nachdrücklich, daß Sexualität, worunter er männliche Sexualität, phallisches Begehren verstand, das größte Hindernis auf dem Weg zu mystischer Erfahrung sei. Gegen diese Formulierung hätten wohl auch Psychoanalytiker nichts einzuwenden. Für Kleinkinder männlichen wie weiblichen Geschlechts vollzieht sich die Differenzierung zwischen Selbst und Objekt und das Aufrichten von Ich-Grenzen durch eine allmähliche Ablösung von der Mutter. Wesentlich für diesen Prozeß ist die Präsenz des Vaters. Während die Männlichkeit des Vaters es dem Jungen ermöglicht, seine primäre Weiblichkeit zu überwinden, trägt die unmittelbare

Nähe des väterlichen Phallus mit dazu bei, das kleine Mädchen vor Verschmelzungstendenzen mit der Mutter zu bewahren. Männliche Sexualität und männliches Begehren können daher als Hindernisse auf dem Pfad der Verschmelzung, der Phallus als primäres Symbol für die Grenzen, die der Mystiker ja gerade zu überschreiten sucht, gesehen werden.

Der Verzicht auf erwachsene Männlichkeit ist nicht nur ein Charakteristikum der hinduistischen Mystik der Hingabe, sondern kennzeichnet auch die christliche Gefühlsmystik des mittelalterlichen und beginnenden modernen Europas. Das affektive Gebet oder die Bernhardinische Mystik, wie sie nach den einflußreichen Predigten des heiligen Bernhard von Clairvaux aus dem 11. Jahrhundert oft genannt worden ist, weisen eine auffallende Ähnlichkeit mit ihrem hinduistischen Pendant auf. Beide sind geprägt von femininen Zügen. Nehmen wir das mittelalterliche Europa, so waren die meisten praktizierenden Mystiker Frauen. Doch selbst die herausragenden Männer unter den Mystikern – Johannes vom Kreuz, Franz von Sales, Fénélon – identifizierten sich stark mit dem Weiblichen und entwickelten ihre wichtigsten Vorstellungen unter dem direkten Einfluß von Frauen.[56] Der psychologische Standort christlicher Ekstatiker gegenüber Gott ist – analog dem der Vaishnava-Mystiker – der eines Kindes gegenüber einer liebenden Mutter oder der einer Frau gegenüber ihrem jugendlichen Liebhaber. Gleich den Hindus erkannten auch die christlichen Mystiker den väterlichen Phallus nicht an oder brachten ihn zu Fall, so wie sie den jüdisch-christlichen Gott seiner ursprünglichen Männlichkeit und Strenge weitgehend entkleideten und ihn praktisch in die Rolle des Großvaters abdrängten. Die Botschaft der Gefühlsmystiker Europas scheint dieselbe zu sein wie die Ramakrishnas: Welchem Geschlecht der Mystiker tatsächlich angehört, ist für seine Praxis nicht wesentlich. Entscheidend dagegen ist, daß der Mystiker bzw. die Mystikerin ihre Weiblichkeit soweit akzeptieren und ausbilden, daß in ihrer inneren psychischen Realität der Anteil des weiblichen Selbst schließlich überwiegt.

Unter den vielen mystischen Disziplinen war eine, in der

sich Ramakrishna nie üben konnte, nämlich die sogenannte «heroische» tantrische Praxis, die darauf abzielte und darin gipfelte, Gott als Frau zu befriedigen – vielleicht sollte ich auch sagen, Lustbefriedigung erfahren zu lassen –, wie eben ein Mann einer Frau durch Geschlechtsverkehr Befriedigung verschafft. In seiner eigenen tantrischen Ausbildung hatte Ramakrishna sich der Forderung nach ritueller geschlechtlicher Vereinigung entzogen, indem er immer kurz vor dem tatsächlichen «Akt» in Ekstase fiel. Er warnte seine Schüler wiederholt vor *kamini-kanchani* (wörtlich: Frauen und Gold), und sein Rat an Novizen auf dem mystischen Pfad war, sexuelle Beziehungen zu Frauen überhaupt zu meiden, sich nicht in diesen Strudel ziehen zu lassen, in dem selbst Brahma und Vishnu um ihr Leben kämpfen müssen. Wenn man bei einer Frau saß oder längere Zeit mit ihr redete, so war dies für jemanden, der ein Leben der Entsagung führte, seiner Ansicht nach schon eine Form des sexuellen Verkehrs, wovon es acht Spielarten gab. Dazu gehörte, einer Frau zuzuhören, heimlich mit ihr zu reden, sie zu berühren, etwas, was einer Frau gehörte, zu behalten und daran Freude zu haben usw. Angesichts der Tatsache, daß die überwiegende Mehrheit der allgemein bekannten Mystiker, zumindest innerhalb der mittelalterlichen christlichen und der hingabeorientierten hinduistischen Traditionen im Zölibat lebten, fragt man sich, ob das Zölibat mit seinem tiefgreifenden Einfluß auf den Hormonhaushalt nicht eine wichtige physiologische Technik darstellt, um mystische Ekstase hervorzurufen.

Das Gebot, Frauen zu meiden, galt im übrigen nur für Anfänger. Hatte man einmal mystisches Wissen erworben, verschwand auch die geschlechtliche Differenzierung: «Dann habt ihr nicht mehr viel zu fürchten. Habt ihr das Dach erst erreicht, könnt ihr tanzen, soviel ihr wollt, nicht aber schon auf der Treppe.» Doch obwohl Ramakrishna ständig wiederholte, daß für ihn die Brüste jeder Frau die seiner Mutter waren, daß er sich als Kind oder als Frau unter Frauen fühlte, verschwand sein männliches Bewußtsein für Frauen als sexuelle Wesen und für die Gefahren eines Begehrens, das trennt und auseinanderführt, nie so völlig, wie seine Biographen uns dies glauben machen wollen. Er fühlte sich nicht wohl, wenn Anhängerinnen mit im Raum saßen, und sobald er sie, ohne unhöflich zu wirken, loswerden konnte, bat er sie, den Tempel aufzusuchen. Die Berührung einer Frau ließ ihn nicht gleichgültig, sondern rief starke körperliche Reaktionen hervor. «Wenn mich eine Frau berührt, werde ich krank. Jener Körperteil tut dann weh, wie wenn ich von einem Stachelfische gestochen worden wäre. Wenn ich eine Frau berühre, wird mir die Hand taub; sie schmerzt. Wenn ich mich freundschaftlich einer Frau nähere und ein Gespräch mit ihr anfange, so kommt es mir vor, als ob ein Vorhang zwischen uns niedergegangen wäre.»[57] Wie minimal auch sein sexueller Konflikt sein mag, so scheint sich selbst ein großer Mystiker doch immer noch, zumindest andeutungsweise, in der Welt der Begierden zu verfangen. Im normalen, nicht-ekstatischen Zustand war auch Ramakrishna nicht ganz frei von sexueller *maya*, frei von dem, was die «Illusion», in die wir alle so sehr verstrickt sind, an Wonne und Schmerz, an Weisheit und Schönheit für uns bereithält.

Ramakrishnas versuchter Verzicht auf männliches sexuelles Verlangen ist das Thema einer Vision, obwohl jemandem wie ihm, der behauptete, nie auch nur im Traum an sexuelle Vereinigung mit einer Frau gedacht zu haben, die *bewußt* wahrgenommenen Einflüsterungen der Begierde kaum allzu viel anhaben konnten. «Während der *sadhanas* sah ich ganz deutlich einen Berg Rupien, einen Schal, einen Teller Süßigkeiten und zwei Frauen vor mir. ‹Möchtest du gern irgend etwas davon?› fragte ich mein Inneres. ‹Nein›, antwortete es. Ich sah in die Eingeweide jener Frauen, sah, was da eben so ist: Gedärm, Pisse, Scheiße, Schleim und dergleichen mehr.»[58] Wir können natürlich den Inhalt dieser Vision in biographischer Hinsicht zu verstehen suchen. Geld, Schal und Süßigkeiten stellen unwiderstehliche Versuchungen für einen Jungen dar, der in einer Familie aufgewachsen ist, in der die gravierende finanzielle Not nur einen höchst spartanischen Speisezettel zuließ. Ebenso könnte sein Streben nach sexueller Reinheit von einem tiefen Schamgefühl herrühren, mit dem der Geschlechtsakt für ihn behaftet war. Zu einer Zeit und in einem Land, wo Frauen nicht selten schon

Großmutter werden, bevor sie noch dreißig sind, wo sexuelle Aktivität immer schon als Vorrecht der Jugend galt und sexuelles Begehren bei älteren Männern und Frauen nur Anlaß zu spöttischem Gelächter bot, ist Ramakrishnas Geburt (der dann noch die der Schwester folgte) Zeichen eines mit einem Makel behafteten und zutiefst peinlichen Geschlechtslebens seiner alten Eltern. Ramakrishnas anhaltender Wunsch, eine Frau zu sein, der sich verschiedentlich darin ausdrückte, daß er sich wie eine Frau anzog und bewegte, seine Phantasievorstellung, eine kleine Witwe zu sein, die jeden Abend heimlich mit Krishna verabredet ist, steht ganz im Einklang mit dem Lehrsatz der Vaishnava-Mystik, daß alle Menschen weiblichen Geschlechts sind und allein Gott männlich ist. Die Auffassung, daß, ungeachtet des biologischen Geschlechts, jeder, der Brustwarzen hat, eine Frau ist, würde Ramakrishnas Zustimmung finden. Arjuna, der heldenhafte Krieger des Mahabharata, und Krishna sind die einzigen Ausnahmen und wirkliche Männer, da sie keine Brustwarzen haben. In der *madhurya bhava* hatte Ramakrishna sogar versucht, die erotischen Gefühle einer Frau in sich zu wecken. Eine solch starke Liebe zu Krishna ergriff ihn, «wie sie eine Frau für ihren Geliebten empfindet», so daß er die Arme ausstreckte, um die Krishna-Statuen zu umarmen.

Ebenso wie die Schriften der Mystikerinnen des mittelalterlichen Europas, in denen diese in schwärmerische Begeisterung geraten über ihre ekstatische Vereinigung mit Jesus, diesem als ausnehmend schön und liebevoll geschilderten Bräutigam der Seele, als Produkte einer pathologischen, hysterischen Sexualität analysiert worden sind, wäre es ein leichtes, Ramakrishna in traditioneller Freudscher Manier als sekundären Transsexuellen zu diagnostizieren. Die von Robert Stoller gelieferte Beschreibung des sekundären Transsexuellen als jemand, der sich von einem primären insofern unterscheidet, als er, was geschlechtsspezifisches Verhalten angeht, nicht von vorneherein weiblich erscheint, würde jedenfalls voll auf ihn zutreffen.[59] Hinter der Fassade der Männlichkeit ist jedoch immer der Impuls vorhanden, weiblich zu sein, ein Drang, der dann im allgemeinen in der Adoleszenz manifest wird. Offenkundigsten Ausdruck finden diese Triebe in dem Wunsch, Frauenkleider zu tragen, oder in dessen tatsächlicher Umsetzung. Obwohl dieser Drang zunehmend stärker werden und über immer längere Zeit andauern kann, werden doch die männlichen Aspekte der Identität nicht völlig unterdrückt.

Daß Ramakrishna als Junge offen zu seinen Identifikationen mit dem Weiblichen stehen und sie zum Ausdruck bringen konnte, hat jedoch auch mit der größeren Toleranz des Kulturraumes, in dem er lebte, gegenüber solchen Identifikationen zu tun. Sein Drang zum Weiblichen stieß weder auf harten Widerstand noch wurden Anstrengungen unternommen, ihn zu unterdrücken, indem man z.B. Ramakrishna zwang, am männlichen Spiel teilzunehmen. Ihn in die transsexuelle oder homosexuelle Schublade zu stecken, könnte uns aus dem Auge verlieren lassen, daß ihm die weiblichen Anteile seines Selbst keinerlei Unbehagen bereiteten und er ein unbefangenes und vertrautes Verhältnis zu ihnen hatte. Dies würde verkennen, daß beim Mann die Befreiung der eigenen verdrängten und verleugneten Weiblichkeit – und vice versa bei der Frau – sehr wohl eine große menschliche Leistung darstellen kann und nicht unbedingt Krankheit oder Abweichung vom Normalen bedeuten muß. Die Abweichung kann vielmehr – wie eine Meinung über die Ursachen von Homosexualität lautet – gerade in der Unfähigkeit liegen, mit der gegengeschlechtlichen Persönlichkeit im eigenen Selbst zu Rande zu kommen.[60]

Zusammenfassend würde ich sagen, daß sich der Anteil des männlichen Selbst in Ramakrishnas Persönlichkeit in der frühen Kindheit abspaltete und sich dann, wenn überhaupt, eher langsam weiterentwickelte. Der weibliche Persönlichkeitsanteil dagegen dominierte in seiner inneren psychischen Realität. Der Mädchenanteil in seinem Selbst wurde weder unterdrückt noch abgespalten, sondern konnte in einem Maße reifen, daß Ramakrishna auf psychischer Ebene sogar mit weiblicher Sexualität ausgestattet war und an der sexuellen Erfahrungswelt einer Frau teilhatte.

Doch selbst das offene Eingeständnis sekundärer Weiblichkeit bei einem Mystiker männlichen Geschlechts kann wohl den rätselhaften Zusammenhang zwischen Sexualität und Mystik nicht hinreichend und erschöpfend erklären. Denn wenn es für affektive Mystik wesentlich ist, neben Kindlichkeit, sekundärer Weiblichkeit und weiblicher Körpererfahrung auch Bruststolz und keine äußeren männlichen Genitalien zu haben, dafür aber Vulva und Gebärmutter, dann müßten eigentlich Frauen von vornherein im Vorteil sein in diesem speziellen menschlichen Wagnis. Sie sind von Natur aus, was der männliche Aspirant erst werden muß. Dies mag zwar so sein, doch steht der Beweis noch aus, daß die Geschlechtszugehörigkeit wirklich ausschlaggebend ist für die Karriere als Mystiker. Was vielleicht tatsächlich zählt, ist nicht die sekundäre, sondern die «primäre» Weiblichkeit – der «reine weibliche Anteil» im Winnicottschen Sinne (und nicht die Frau als Person). Nach seiner Theorie über männliche und weibliche Anteile innerhalb einer Person setzt der reine männliche Anteil, beim Mann wie bei der Frau, Getrenntheit voraus und hat zu tun mit aktivem Aufnehmen von Beziehungen oder passivem In-Beziehung-Stehen und wird vom gesamten Triebapparat unterstützt.[61] Die Beziehung des weiblichen Anteils zum Objekt – der Brust, der Mutter (beides im konkreten und im symbolischen Sinn) – ist dagegen eine Beziehung der Identität: Das Subjekt fühlt sich identisch mit dem Objekt. Wenn dieser Anteil das Objekt entdeckt, dann ist das Selbst entdeckt. Der weibliche Anteil ist es auch, der die einfachste und erste aller Erfahrungen vermittelt, die Erfahrung *zu sein.* Winnicott stellt fest: «Psychoanalytiker haben diesem männlichen Anteil oder Trieb-Aspekt der Objektbeziehung wohl besondere Aufmerksamkeit gewidmet. Sie haben die Subjekt-Objekt-Identität, die ganz am Anfang der Fähigkeit steht, zu sein, und auf die ich hier aufmerksam mache, jedoch außer acht gelassen. Der männliche Anteil *handelt,* während der weibliche (im männlichen und weiblichen Bereich) *ist.*» Und er kommt zu dem Schluß: «Erst ist das Sein, dann das Handeln und Mit-einem-gehandelt-Werden. Zu Anfang jedoch ist das Sein.»[62]

Betrachtet man Ramakrishnas Sexualität und ihre Beziehung zu seiner mystischen Erfahrung unter dem Aspekt der oralen, analen und phallischen Entwicklungsstufen oder der Identifikationen mit der Mutter, dem Vater etc., wie dies im klassischen psychoanalytischen Diskurs geschieht, so läßt man außer acht, daß dieser Diskurs ja wohl hauptsächlich auf dem männlichen Anteil basiert. Über den weiblichen Anteil, wie er sich hier herauskristallisiert, über die primäre Weiblichkeit, die im Zentrum der Gefühlsmystik steht, hat unsere Psychologie noch immer wenig zu sagen. Der reine weibliche Anteil bei Frauen wie bei Männern zeugt davon, daß es die Kategorie des Mysteriums weiterhin als grundlegende Dimension gibt, in der wir alle, und der Mystiker in besonderer Weise, leben. Als Analytiker jedoch können wir das Mysterium nicht als etwas sehen, was auf ewig jenseits menschlichen Verstehens liegt, sondern als ein Phänomen, auf das wir immer wieder zurückkommen müssen, damit unser Verständnis dafür wächst. Wenn wir es mit der Zeit anders sehen, werden damit unsere früheren Vorstellungen nicht durch neue ersetzt, sondern in einen sich erweiternden Bedeutungszusammenhang mithineingenommen.

3. Kapitel: Gespräch zwischen Sudhir Kakar und Catherine Clément

Die erste Ähnlichkeit zwischen den Protagonisten: durchlässige Grenzen zwischen Körper und Seele

S. K.: Das erste, was mir auffällt, ist die extreme psychosomatische Sensibilität der beiden, «meines» Ramakrishna und «Ihrer» Madeleine. Dies wird schon in ihrer Kindheit deutlich. Madeleines Probleme beim Laufen beispielsweise oder der Durchfall, von dem Ramakrishna sein ganzes Leben lang betroffen war. Es handelt sich hier um eine große Sensibilität des Körpers. Bei beiden ist die Grenze zwischen Körper und Geist extrem dünn, so als ob sie durchlässig sei. Eine der Fragen, die wir uns stellen müssen, lautet, ob dies bei allen Mystikern der Fall ist.

C. C.: Das Leben vieler westlicher Mystiker – insbesondere von Frauen – ist von vielen verschiedenen Krankheiten gezeichnet, von denen man nicht weiß, ob sie heilig oder verflucht sind. Häufig ist allein schon die Tatsache, daß die Betreffenden krank sind, ein Zeichen ihrer Heiligkeit, ja sogar ihres Märtyrertums, denn das Göttliche verschafft sich durch die Leiden des Körpers Ausdruck.

S. K.: Man möchte meinen, daß sich bei den Mystikern jede Art von Emotion geradewegs auf den Körper niederschlägt. Sie sind Menschen, die eine echte emotionale Beziehung zwischen Körper und Geist erleben, welche einander durchdringen, so daß die Betreffenden unaufhörlich zwischen beiden hin- und herpendeln. Wenn ich die Ähnlichkeiten zwischen Ramakrishna und Madeleine betrachte, dann sind sie so zahlreich, daß wir sie hier auflisten sollten.

C. C.: Es beginnt damit, daß beide einen Verlust erlitten haben. Der erste Verlust für Ramakrishna ist offensichtlich der Tod seines Vaters. Bei Madeleine ist er eigentlich geringfügig: Es ist der Verlust einer Jugendliebe, ganz am Ende der Kindheit, und jene merkwürdige Episode mit dem falschen Kleid. Wenn Sie sich erinnern, so empfand sie einen ungeheuren Kummer darüber, daß man für sie anstatt eines rosafarbenen ein weißes Kleid geschneidert hatte. Wir verfügen nicht über ausreichende biographische Details, um die genauen Umstände dieser Geschichte zu erfassen und wir wissen nicht, was sich hinter diesem rosafarbenen Kleid verbirgt...

S. K.: Beide verfügen über eine unglaublich stark entwikkelte Trauerfähigkeit. Sie sind «leidensfähig»: Wußten Sie, daß die Psychoanalytiker diese innere Freiheit zu weinen als wichtigste Voraussetzung für eine erfolgreiche Psychoanalyse betrachten? Betrübt zu sein, das ist nicht unbedingt negativ; es ist eine Qualität, eine Qualifikation.

C. C.: Mir sind sogar einige französische Psychoanalytiker bekannt, die der Auffassung sind, daß jemand, der nicht *genug* leidet, nicht durch eine Psychoanalyse geheilt werden kann.

S. K.: Das ist für Ramakrishnas und Madeleines Mystizismus von Bedeutung, denn ich bin wirklich überzeugt, daß diese Leidensfähigkeit ihnen den Zugang zu einem inneren Leben verschafft. Jene, die in der äußeren Welt agieren, leiden weniger, sie sind nicht so «leidensfähig», doch haben sie auch ein weniger intensives inneres Leben. Jene, die zur Introspektion neigen, finden damit auch Zugang zur Trauer.

C. C.: Und doch zeigt sich Madeleine, wie Pierre Janet besonders hervorhebt, gleichgültig gegenüber den Leiden der Menschen in ihrer Umgebung; sie reagiert auch nicht auf den Tod ihres Vaters. Dies ist übrigens auch bei anderen Patienten zu beobachten, deren Fälle Janet mit dem Madeleines vergleicht.

S. K.: Sicherlich ist das die Gefahr, die in diesem «Talent zur Trauer» liegt. Wer für das Trauern begabt ist, taucht so tief in seine innere Welt ein, daß die äußere Welt ihm tatsächlich gleichgültig wird, und das ist bei vielen Mystikern der Fall. Hierin liegt auch der große Fehler mancher indischen Gurus, die in ihrem Streben nach Gelassenheit, die sie als Loslösung bezeichnen, das Bewußtsein für die sozialen Leiden ihrer Zeitgenossen verdrängen.

C. C.: Bringen Sie hier nicht Kriterien ins Spiel, die typisch westlich sind? Besteht nicht beispielsweise eines der wesentlichen Ziele des Yoga darin, nach Gelassenheit zu streben?

S. K.: Ja, das trifft zu, denn unbestreitbar gilt das Handeln einerseits und die Linderung von Leid andererseits als höchster westlicher Wert. Aber auch wenn dies als ein meiner Kultur sehr fremdes Kriterium erscheint – denn die Gelassenheit gegenüber dem Leiden entspricht tatsächlich dem indischen Ideal – so glaube ich persönlich, daß diese Trauerfähigkeit in Verbindung mit der Introspektion in erster Linie zur Reduzierung der Kontakte mit der Außenwelt und schließlich zu einer tatsächlichen Abwesenheit führen kann und auch führt.

C. C.: Sie sprechen von äußeren und inneren Welten und von ihren Grenzen, so als ob es sich um Membranen handeln würde...

S. K.: Ernest Hartmann, der amerikanische Psychiater, spricht von den «instabilen seelischen Grenzen»: zwischen dem Inneren und dem Äußeren, dem Es und dem Ich, dem Selbst und der Welt, zwischen dem Primärprozeß und dem Sekundärprozeß, wie Sigmund Freud es ausgedrückt hätte; oder auch zwischen der Phantasie und der Realität. Zwischen all dem existiert bei den Mystikern nur eine hauchdünne Grenze. Und ebenso schwer voneinander abzugrenzen sind *Alpträume* und *Vision*... Wenn man dagegen betrachtet, wie die Psychiatrie den Begriff Gesundheit definiert!

C. C.: Dennoch spricht Jacques Lacan, wenn er nach einem Bild sucht, um das Ich zu beschreiben, von einer Festung; das ist nicht unbedingt ein Symbol für Zerbrechlichkeit. Eine Festung ist solide, ist schwer zu zerstören!

S. K.: Das stimmt, denn in den meisten von Psychoanalytikern behandelten Fällen weist der Patient zu feste Strukturen auf, die es niederzureißen gilt. Im Gegensatz dazu haben wir es bei Madeleine und Ramakrishna mit «schwachen» Strukturen, mit allzu durchlässigen Grenzen zu tun. In unserer Zeit würde man sie als Patienten betrachten, deren Abgrenzungsfähigkeit es zu stärken gelte. Heutige Psychoanalytiker würden Ramakrishna und Madeleine als Fälle von übergroßer Sensibilität bezeichnen.

C. C.: Natürlich wissen wir nicht, wie Freud auf solche Patienten wie Ramakrishna und Madeleine reagiert hätte...

S. K.: Es sind zwar nur Spekulationen, doch in einem Brief, den Freud an Romain Rolland schickte, als dieser ihm ein Exemplar der Biographie Ramakrishnas hatte zukommen lassen, spricht Freud dem Schriftsteller gegenüber mit unendlicher Vorsicht und Vorbehalten vom «hinduistischen Dschungel». Ich könnte mir vorstellen, daß Freud sowohl Madeleine als auch Ramakrishna äußerst interessant gefunden hätte; vor allem aber hätte er beiden gegenüber eine große Distanz gewahrt. Freud war gläubig: Er glaubte an die Realität, und zwar an die innere wie an die äußere; er glaubte an eine *harte* Realität. Ramakrishna und Madeleine hingegen glaubten an eine *weiche* Realität.

Die zweite Ähnlichkeit: Das große Fressen

C. C.: Befassen wir uns nun mit einer eindeutig sichtbaren, ja sogar sehr auffälligen Realität, ihren Eßgewohnheiten. Madeleine bekommt direkt nach den Ekstasen Hungeranfälle, und das gleiche gilt für Ramakrishna, wenn man nach der Zahl der Teigfladen urteilt, die er verspeisen konnte. Haben Sie irgendeine Erklärung für eine solche Erscheinung von Bulimie?

S. K.: Es sind eher Hypothesen als wirkliche Erläuterungen. Ich glaube, daß dieses Verlangen nach dem «großen Fressen» so etwas wie das körperliche Äquivalent der spirituellen Bedürfnisse darstellt. Essen, das ist Ausdruck des Bedürfnisses nach innerer Wandlung: Dieser große Hunger nach Gott oder der Göttin oder wem auch immer muß auf somatischer Ebene seine Entsprechung finden.

C. C.: Was mich frappiert, ist, daß sie vor allem ein Verlangen nach Zucker empfinden.

S. K.: Ich habe mich bei einem Allgemeinmediziner erkundigt: Die Auswirkungen von Zuckermangel können bis zu Bewußtlosigkeit und geistiger Verwirrung führen. Man verhält sich, als ob man betrunken wäre, leidet unter Desorientierungszuständen und in Extremfällen sogar unter Halluzinationen. Bei Ramakrishna ist die Vorliebe für Zukker zum großen Teil durch die indische Kultur bedingt. Zum Beispiel bietet man dem Elephantengott Ganesha Süßigkeiten an, die Gläubigen opfern ihm Bonbons. Deshalb hat er einen so dicken Bauch, der sich rasch leert und den man erneut füllen muß. Das Bedürfnis nach Süßem reicht sehr weit zurück, bis hin zur Urmutter. Wenn man spürt, daß man die innere Verbindung mit der Mutter verloren hat, wenn man sich nicht mehr wohlfühlt, dann ißt man Süßigkeiten, um sein Wohlbefinden wiederzuerlangen. Bei einem meiner Patienten geschieht es häufig, daß er anfängt, den ganzen Tag Süßigkeiten zu essen, wenn er den Eindruck hat, daß er sich von mir entfernt, oder wenn er glaubt, daß ich ihm keine vollkommene Empathie entgegengebracht habe. In meinen Augen ist das ein Beweis dafür, daß die Kultur Eßgewohnheiten entwickelt hat, bei denen der Zucker die Regression zu dem von der Mutter ausgehenden Wohlbefinden ermöglicht. Ganz allgemein stellt die Nahrung die Verbindung zwischen den natürlichen Bedürfnissen des Körpers und den durch die Kultur geschaffenen Bedürfnisse her.

C. C.: In Madeleines Fall scheint Zucker aber keine besondere Rolle gespielt zu haben, und die westlichen Bulimiekranken stürzen sich eher auf das, «was im Kühlschrank ist», gleich, ob es sich nun um Käse, Eier etc. handelt.

S. K.: Nahrung ist die Grundlage des organischen Lebens. Die Upanishaden sagen: «Die ganze Welt ist Essen und Esser.» oder auch: «Brahman ist Nahrung.» Brahman ist ein unpersönlicher Gott, der Gegensatz zum Ich, das Andere.

C. C.: Was bietet man bei Ihnen den Göttern außer Zucker noch an?

S. K.: Früchte, Getreide und auch Blumen... In Indien aber vor allem Süßigkeiten.

C. C.: Die Götter stehen also auf der Seite des Zuckers.

S. K.: Genau. In der Welt der Götter ist nichts bitter oder scharf, und der göttliche Nektar, *amrta*, ist reiner Zucker.

C. C.: Die «Bitterkeit» ist also den Menschen eigen. Vielleicht hat diese Formulierung viel mit meiner jüdischen

Herkunft zu tun. Denn während des Osterfestes, das Zeichen des Menschseins der Juden ist, müssen diese unter anderem bittere Kräuter essen. Es ist auch festzustellen, daß manche Religionen oder Sekten – ich denke dabei an die große Sekte der Nathyogis – die Verwendung von Salz, Gewürzen, Zwiebeln und Knoblauch streng untersagen. Die Nahrung ist neutralisiert. Zucker hingegen ist erlaubt.

S. K.: Natürlich! Für die meisten Religionen in Indien sind Gewürze tabu, weil man glaubt, daß sie sexuelle Erregung auslösen. Zucker hingegen, das ein Nahrungsmittel wie jedes andere ist, wirkt nicht sexuell stimulierend. Alle religiösen Vorschriften untersagen die Verwendung von Gewürzen. Für die ayurvedische Medizin zum Beispiel entsprechen alle Nahrungsmittel bestimmten Emotionen; so wird eine Verbindung zwischen Sexualität und bitteren Nahrungsmitteln sowie Tamarinde, Chillies, Knoblauch, Zwiebeln und Gewürzen hergestellt. Jeder Anhänger einer spirituellen Lehre wird auf diese sexuell anregenden Lebensmittel verzichten.

C. C.: Verzeihen Sie, aber gemeinhin hat man von Indien ein ganz anderes Bild! Ihr Land ist sowohl für seine Religiosität als auch für seine Gewürze bekannt.

S. K.: Das ist vollkommen richtig. Meine Bemerkungen beziehen sich auch nur auf jene, die den Weg der spirituellen Vollendung (Sadhana) gewählt haben. Doch auch der «Normalmensch» in Indien kennt diesen vermuteten Zusammenhang zwischen Emotionen und Nahrungsmitteln, und wenn ein Inder krank ist, dann verzichtet er üblicherweise auf den Genuß «scharfer» oder angeblich «scharfer» Lebensmittel. Das geht so weit, daß mich Patienten häufig fragen: «Was darf ich essen?» Ich spreche hier nicht von westlich orientierten indischen Patienten, sondern von solchen, die in ihrer Seele Inder geblieben sind. «Was darf ich essen?», das ist ihre erste Frage, wenn sie eine Analyse beginnen. Weil ihnen die Psychoanalyse als ein Weg zur spirituellen Vollendung erscheint, muß sie notwendigerweise auch Ernährungsvorschriften umfassen. Für sie beginnt mit der Analyse «Sadhana».

C. C.: Was antworten Sie darauf?

S. K.: Ich sage ihnen, daß dies nicht von Bedeutung sei, da die Psychoanalyse eine westliche spirituelle Disziplin sei. An ihren Gesichtern sehe ich dann, daß sie verunsichert sind und ihnen meine Äußerung nicht weiterhilft. Manchmal fragt einer von ihnen nochmals nach: «Ich kann also sogar Paprika essen?». Dies bejahe ich dann immer.

C. C.: Das muß sie sehr verwirren.

S. K.: Ja, und unter anderem auch deshalb, weil Mahatma Gandhi zunächst auf Zwiebeln und dann auch auf Chillies verzichtet hatte. Häufig sind es Knoblauch, Zwiebeln und Salz, die geächtet werden.

C. C.: Diese drei Gewürze haben etwas Besonderes an sich: Bei den Parsen sind sie verpönt, und in Mitteleuropa, wie zum Beispiel in Rumänien, glaubt man, daß eine Kette aus Knoblauchzehen vor Vampiren schütze...

S. K.: Ramakrishna hatte diese Regeln übertreten. Wenn man einmal ein gewisses Stadium erreicht habe, so sagte er, so hätten diese keine Bedeutung mehr. Aber solange man sich noch auf dem Weg befinde, gelte es sie zu beachten. Die Regeln sind also nur für seine Schüler von Bedeutung. Ramakrishna hatte eine Vorliebe für Fische mit Senf und Gewürzen und verzichtete keinesweg darauf! Nach den Ekstasen verspeiste er Süßigkeiten, aber in den Phasen zwischen zwei Ekstasen war alles erlaubt.

C. C.: Das ist erstaunlich, denn die Ekstase gilt als Zustand der Fülle. Nachdem die Fülle vorüber ist, fehlt also doch noch etwas.

S. K.: Nachdem man durch die Ekstase «gefüllt» wurde, leert sich alles, und man bekommt Hunger. Das wäre tatsächlich gut möglich: Nachdem das emotionale «Gefülltsein» vorüber ist, benötigt man einen Ersatz in Form von Nahrung.

C. C.: Ich würde das ein wenig anders ausdrücken: Nachdem zunächst der «obere» Teil des Körpers gefüllt wurde, muß nun der «untere» Teil ebenfalls zufriedengestellt werden. Ramakrishnas und Madeleines Ekstasen spielen sich in erster Linie im Gehirn ab, auch wenn der ganze Körper die Auswirkungen spürt. Danach hat dann der untere Teil des

Körpers ein Recht auf «es» – lassen wir diesem Begriff ruhig seine Doppeldeutigkeit.

S. K.: Die Süßigkeiten sind also die Ekstasen des Bauchs.

C. C.: A propos Bauch... Janet betonte die Tatsache, daß Madeleine vor ihren Ekstasen immer unter Verstopfung gelitten habe; danach jedoch niemals. Manchmal stellte er dies auch bei anderen Patienten fest, und es kam sogar vor, daß sie ihre Exkremente aßen. All dies erscheint sehr merkwürdig...

S. K.: Ramakrishna tat das ebenfalls. Und interessant ist auch, daß er während der Defäkation Ekstasen erleben konnte. Winnicott sagt, daß orale Phantasien (die die Aufnahme durch den Mund zum Thema haben) nur dann wirklich vollständig sind, wenn man zugleich an das denkt, was man zu sich nimmt und an das, was man ausscheidet. In dem Augenblick, in dem man Nahrung durch den Mund aufnimmt, stellt man sich vor, wie sie am unteren Teil des Körpers wieder austritt.

C. C.: Das ist keine sehr appetitliche Vorstellung, doch gilt es festzustellen, daß sich Ekstasen nicht nur im Kopf abspielen, sondern auch in den Eingeweiden. Möglicherweise stellt das Zwerchfell, dieser Muskel, der die Gestalt einer Wand hat, auf imaginärer Ebene eine durchlässige Grenze zwischen dem Bereich der Atmung und dem der Verdauungsorgane dar.

Die dritte Ähnlichkeit: Zwei große Verführer

C. C.: Eine andere Ähnlichkeit zwischen beiden ist ihre Anziehungskraft auf andere Menschen. Ramakrishna und Madeleine sind beide «unwiderstehlich». Sie sprachen doch bereits von Ramakrishnas Verführungskraft?

S. K.: Genau. Diese wirkte insbesondere in seinem Dorf auf die anderen Dorfbewohner, und vor allem auf die Frauen, als er ein kleines Kind war. Sogar viel später, als Erwachsener, war er für Frauen so unwiderstehlich wie ein kleines Kind. Wieder begegnet uns hier eine innere Urperson, eine sich wieder manifestierende Emotion aus der

Kindheit. Eine Süße. Man muß hier auf Freuds energetische Modelle zurückgreifen: Diese Typen von Mystikern verfügen tatsächlich über eine Art von Energie, über eine Anziehungskraft. Ob man dies nun als charismatische Kraft bezeichnet oder nicht, es handelt sich auf jeden Fall um die körperliche Manifestation einer inneren Energie.

C. C.: Das Wort «Energie» ist vielschichtig. In Indien bezeichnet es die innere Kraft der Mystiker, im Okzident jedoch – zumindest in Frankreich – spricht man von der Energie eines Geschäftsmanns, eines Industriellen, eines Politikers, kurz, all jener, die in der äußeren Welt tätig sind. Gemeint ist hier also das genaue Gegenteil der mystischen Energie, nämlich jene, wie sie der Wirtschaftsliberalismus versteht. Immerhin spricht man im Westen auch von der Energie einer Darbietung, eines Schauspielers – hier bewegen wir uns auf dem gleichen psychischen Terrain wie in Indien.

S. K.: Wie sollte man dieses Phänomen dann bezeichnen, wenn man den vagen Begriff «charismatisch» vermeiden will? Magnetismus? Mesmerismus? Man müßte diese Dinge aus einer anderen Perspektive betrachten.

C. C.: Und warum nicht einfach «Verführung»? Dies hätte den Vorteil, daß diese innere Energie in der Nähe der Liebesverführung, der Fähigkeit, bei anderen Liebesgefühle auszulösen, gerückt würde. Das ist nicht unbedingt sehr viel klarer, doch würde der Gedanke der Verführung unsere beiden Welten umgreifen. Sogar die arme Madeleine in der Salpêtrière verführt Professor Janet, und von ihrer Lehrerin in der Schule wird das Mädchen als «unwiderstehlich» bezeichnet. In Indien trifft man manchmal etwas an, was ich hier als das andere Gesicht der Energie bezeichnen werde: die furchteinflößende Gestalt des Yogis, der versucht, seine Umgebung in Schrecken zu versetzen.

S. K.: Diese Erscheinung fällt eher in den Bereich des geistigen Machtstrebens, des militärischen Angriffs, als in den der Verführung. Sie ist ein Einbruch in den Bereich anderer, eine Vergewaltigung. Die Verführung ist indirekter. Während die «anderen» Yogis Macht erlangen anstatt zu verführen, sind jene, die verführen, nicht an Macht interessiert – diese erlangen sie nebenbei, unfreiwillig. Ramakrishna und Madeleine haben nicht die Absicht zu verführen, sondern sie sind unfreiwillige Verführer.

Die vierte Ähnlichkeit: Der Verlust des Ich in der Natur

S. K.: Ich möchte dieser vergleichenden Liste noch einen anderen Punkt hinzufügen: die Bewußtseinsverluste. Für die meisten von uns ist es eine schreckliche Vorstellung, die Kontrolle über uns selbst zu verlieren... Madeleine hingegen empfindet diese Zustände der Bewußtlosigkeit als köstlich, und Ramakrishna, so heißt es über ihn, fühlt sich immer schlecht und verliert sehr häufig das Bewußtsein.

C. C.: Bei Madeleine verhält es sich etwas anders. Es ist nicht so, daß sie kein Verlangen nach Bewußtsein verspüren würde, doch muß sie einen sehr langen Weg zurücklegen, um dorthin zu gelangen. Ramakrishna, so möchte man meinen, verfällt hingegen ganz plötzlich in Ekstase, ja es scheint, daß er jederzeit das Bewußtsein verlieren kann. Hat man eine gewisse Vorstellung von der durchschnittlichen Dauer seiner Ekstasen?

S. K.: Nein, nicht wirklich. Doch lassen sie sich mit den weiblichen Orgasmen vergleichen: Frauen können häufig Orgasmen haben, so heißt es. Mehrmals täglich; manchmal zwei Minuten, manchmal mehrere Tage lang. Ramakrishna erlebte Ekstasen von sehr unterschiedlicher Dauer. Einmal ging das sogar bis zu sechs Monaten...

C. C.: Sechs Monate!

S. K.: Ja, das ist sehr erstaunlich, denn die maximale Dauer von Ekstasen darf den indischen Regeln nach nicht mehr als 21 Tage betragen; halten sie länger an, so stirbt der Körper. Doch blieb während dieser Ekstasen ein Sadhu in seiner Nähe (es war noch die Zeit als er seine Lehrzeit im Tempel der Göttin Kali absolvierte), welcher ihm ab und zu wie einem Säugling Nahrung in den Mund schob und ihn wusch, da die körperlichen Funktionen während dieser Zeit nicht aussetzten.

C. C.: Glauben Sie, daß das wahr ist?

S. K.: Bei Ramakrishna erstaunt mich nichts. Ja, es ist ganz sicher wahr.

C. C.: Madeleines Ekstasen dauern niemals länger als 48 Stunden. Entspricht das einem biologischen Zyklus?

S. K.: Dazu kann ich nichts sagen. Was mich jedoch bei beiden frappiert, ist, daß sie die Furcht vor dem Verlust des Ichs überwunden haben.

C. C.: Man kann sogar noch weiter gehen und denjenigen als Mystiker bezeichnen, der um jeden Preis einen Bewußtseinsverlust anstrebt.

S. K.: Für mich ist das ein erschreckender Gedanke. Ich empfinde das Gefühl des Ichverlusts, das man erlebt, kurz bevor man in Ohnmacht fällt, als etwas wahrhaft Entsetzliches.

C. C.: Kurz davor, wie sie sagen, durchlebt Madeleine «die Schwärze», einen Zustand großer Traurigkeit und Leere. Dieser ist für uns erschreckend, weil er das Abbild des Todes darstellt.

S. K.: Alles, was man einmal gewußt hat, weiß man nicht mehr; das Licht verändert sich, der Körper verliert seine Stabilität, man befindet sich im Unbekannten...

C. C.: Was jedoch bei den meisten Menschen nur einen kurzen Moment dauert, hält bei Madeleine sehr lange an. Es ist jene depressive Phase, die sie als schwarze, leere Traurigkeit beschreibt, eine Welt, die sie als trocken bezeichnet, eine Trockenheit. Findet sich die gleiche Erscheinung auch bei Ramakrishna, diese negative Phase tiefer Depression, die vor der Ekstase liegt?

S. K.: Nein, wenn man vom allerersten Mal absieht, als er im Tempel der Kali das Schwert der Göttin ergreift, weil er nicht zur Ekstase gelangt. Das bleibt bei ihm jedoch der einzige Fall von Depression. Später erreicht er die Ekstase durch alle möglichen spirituellen Übungen. Es wäre zwar möglich, daß er vor seinen Ekstasen Schrecken durchlitt, doch ist uns aus den offiziellen Dokumenten nichts darüber bekannt.

C. C.: Ich möchte noch einmal auf die Kraniche zurückkommen, die für jene Ekstase, die er in seiner Kindheit erlebte, eine Rolle spielten. Ich habe den Eindruck, daß die sehr feine und zerbrechliche Abgrenzung zwischen dem

Realen und dem Psychischen auch Ausdruck einer fehlenden Abgrenzung zwischen Natur und Mensch ist. Ramakrishna und Madeleine erleben ständig gewaltige Gefühlsausbrüche, die durch die Erscheinungen der Natur ausgelöst werden – die Sonne, die Dämmerung, die Wälder, die Bäume, die Blumen etc.... Die menschliche Natur hingegen ist in ihren Augen nur von geringer Bedeutung. Betrachten Sie einmal die von ihren verwendeten Metaphern: ein Wassertropfen im Ozean, ein Salzkorn im Meer. Die menschliche Ebene verschwindet.

S. K.: Das ist eine gute Interpretation ihrer sogenannten «Gleichgültigkeit».

C. C.: Wenn sie aber geistig nicht der menschlichen Gattung angehören, wer sind sie dann? Sie sind gewiß keine Tiere... Doch sagten Sie nicht, daß Ramakrishna sich mit einem Affen identifizierte, als er mit Hanumans Schwanz, der an seinem Gesäß befestigt war, umherlief?

S. K.: Nein, denn hier handelt es sich lediglich um einen religiösen Brauch. Er identifiziert sich nicht mit dem Affen, sondern mit dem Gott Hanuman, der nun mal eben ein Affe ist und der die vollendete Inkarnation frommen Gehorsams darstellt. Hanuman ist menschlich, auch wenn er das Gesicht eines Affen hat. Ramakrishna wird nicht zum Affen, sondern zum Affengott Hanuman, das ist etwas Anderes.

C. C.: Was hat es zu bedeuten, wenn man sich einen Schwanz am Gesäß befestigt?

S. K.: Das bedeutet, daß man mit Hilfe der äußeren Teile des Affengottes Zugang zur Seele des frommen Dieners erhalten will.

C. C.: Ich komme noch einmal auf meine Frage zurück: Auf welcher Ebene der Natur vermeinen sich Ramakrishna und Madeleine zu befinden? Sind sie Elemente? Atome? Wassertropfen?

S. K.: Diese Frage existiert für sie nicht mehr. Sie wollen keinerlei Unterschiede mehr machen. Weder im Bereich der Natur noch in dem der Kultur, da für sie *alles* Bewußtsein ist. Für sie ist alles «vom Gleichen»: die Fische, die Steine, etc...

C. C.: Enthält der Mythos vom Gott Vishnu nicht einen ähnlichen Gedanken? Der Gott Vishnu erlebt hintereinander mehrere Inkarnationen. Die ersten Inkarnationen gehören zum Tierreich, und er wird zur Schildkröte, zum Fisch und dann zum Löwen. Erst später erscheint er in den menschlichen Inkarnationen eines Krishna, Ram und Buddha. Das fehlende Differenzierungsvermögen Ramakrishnas und Madeleines, das einer göttlichen Macht von der Art ähnelt, wie Vishnu sie besitzt, erscheint mir offen gestanden größenwahnsinnig!

S. K.: Aber nein, es ist einfach so, daß beide nicht mehr entweder Mann oder Frau, nicht mehr entweder Vogel oder Fisch sind, sondern eine verschwimmende Identität haben, die alle Erscheinungen der Natur umfaßt.

C. C.: Der Ozean und die Wolken...

S. K.: Ja, weil der Ozean und die Wolken sich unaufhörlich verändern. Es ist ein fließender Wandel; er gehört nicht in den Bereich des Festen.

C. C.: Überhaupt gar nichts mehr ist fest!

S. K.: Für die Mystiker besteht das Problem generell darin, einen Zustand der Nicht-Festigkeit zu erreichen. Das Ziel eines Mystikers ist es, nicht fest zu sein...

Homosexuell oder nicht

C. C.: Zu den Ähnlichkeiten, mit denen wir uns bisher noch nicht befaßt haben, gehört das große Kapitel der Homosexualität.

S. K.: Bei Ramakrishna ist das eine sehr schwierige Angelegenheit. Immerhin spricht er selbst über die Anschuldigungen, die in dieser Hinsicht gegen ihn vorgebracht werden. So erwähnt er: «Es werden Dinge über meine Beziehung zu meinen Jungen, das heißt, zu meinen Schülern, gesagt.» Und es gab tatsächlich Behauptungen dieser Art, weil er seinen jungen Schülern gegenüber ein sehr «körperliches» Verhalten zeigte.

C. C.: Was wollen Sie damit sagen? Die Vorwürfe sind erstaunlich, denn das gehört traditionell zum Unterricht eines Gurus; wie können also in Indien derlei Anschuldigungen gemacht werden?

S. K.: Das liegt nicht daran, daß er Knaben und junge Männer um sich hatte, sondern auch daran, daß er sehr sinnlich war. Er verspürte das unwiderstehliche Verlangen, sie zu berühren. Er konnte seine Hände nicht von ihrer Haut nehmen. Zu Vivekananda, seinem Lieblingsschüler, sagte er: «Ich kann nicht von euch getrennt werden, ich kann nicht fern von euch existieren, es schmerzt mich zu sehr.»

C. C.: Das gleiche Phänomen ist bei Madeleine zu beobachten, die nicht von Gott getrennt werden kann. Ich glaube, man kann sagen, daß sich beide jeweils in der Nähe ihres eigenen Geschlechts wohler fühlen – Sie erinnern sich, daß Madeleine mit einer Frau zusammenlebte, die, wie sie selbst, Mystikerin war und unter den gleichen Symptomen litt.

S. K.: Das trifft ganz besonders für Ramakrishna zu, der jeden Kontakt zu Frauen verabscheute. Wenn eine Frau ihn berührte, so hatte dies bei ihm heftige Beschwerden zur Folge! Erinnern Sie sich: Wenn er zufällig eine Frau berührte, so löste dies bei ihm Nesselsucht aus; er bekam dadurch tatsächlich Pickel und wurde nervös und reizbar. Er wußte, daß er sich in Gegenwart seines eigenen Geschlechts wohler fühlte. Doch verspürte er wirklich sexuelle Erregung, wenn er den körperlichen Kontakt mit seinen jungen Schülern suchte? Es gibt nichts, was dies beweisen würde.

C. C.: Im Grunde ist es schlicht unzureichend, von Homosexualität zu sprechen. Es geht hier um weit mehr als um die Entscheidung für das eine oder andere Geschlecht.

S. K.: Ja, ich glaube, es wäre zutreffender zu sagen, daß man sich in Gegenwart von jemandem des eigenen Geschlechts sicherer fühlt, und daß dies nicht dem entspricht, was man im allgemeinen unter Homosexualität versteht. Aber genau in diesem Punkt sehe ich bei Ramakrishna eine Schwachstelle: Er vermeinte sich selbst von jeglicher sexuellen Determiniertheit «befreit», doch fühlte er sich in Gesellschaft von Frauen unwohl. Daraus schließe ich, daß selbst ein echter Mystiker, der sich voll entfaltet hat, sich nicht völlig aus der Sexualität zu lösen vermag. Die Sexualität spielt immer eine Rolle, selbst wenn es eine negative ist.

C. C.: Beide fühlen sich als Babys, als Säuglinge.

S. K.: Für Mystiker und für Menschen, die leiden, entspricht dies einer ganz bestimmten Urphase: Es geht hier nicht um die Wiedererschaffung der Person der Mutter, sondern um die erneute Erzeugung – mittels des Gefühls «wie-das-Kind-in-den-Armen-der-Mutter-zu-sein» – eines Wandlungsprozesses, den nur die Mutter bewirken kann. Gehen wir noch etwas mehr ins Detail. Die Mutter ist zweifellos ein Objekt der Begierde, doch liegt dies in erster Linie an dem Gefühl einer großen Verwandlung, das sie allein schon durch ihre Gegenwart vermittelt. Die Grenzen des Körpers lösen sich dann auf, und die Mutter öffnet die Arme und gibt die Brust. Auf einmal ist man wieder *ein Ganzes*. Man ist nicht mehr abgetrennt, nicht mehr isoliert, ist nicht mehr ein kleines Stück einer fragmentierten Realität. Es ist ein mächtiges Gefühl der Verwandlung, das nicht in den Bereich der Erkenntnis, sondern in den des Seins gehört. Wichtig ist hier nicht die Mutter allein, sondern der Zustand, den man sehr wohl als «das-Kind-mit-der-Mutter» bezeichnen muß.

C. C.: Das ist sie, unsere Natur in ihrer Ganzheit!

S. K.: Genau, denn wenn Sie das Gefühl haben zu zerfallen, wenn Sie sich nicht ganz, nicht intakt fühlen, dann zerfällt auch die ganze Welt um Sie herum. Auch das ist eine Verwandlung. Die Mystiker hingegen streben eine Verschmelzung an, die ihnen Sicherheit vermittelt; sie möchten dieses Gefühl des Vereintseins fortwährend und unverändert aufrechterhalten.

C. C.: ... Und deshalb werden sie zu Gott selbst. Nichts logischer als das. Hat dies möglicherweise mit der Katatonie zu tun, so wie Janet sie beschreibt – die Starre des Körpers während der Ekstase, eine stark verlangsamte Atmung, so daß das Fleisch keinen Schmerz mehr verspüren kann?

S. K.: Wenn man unaufhörlich die Fähigkeit zu dieser Verwandlung aufrechterhalten kann, ja, dann wird man möglicherweise tatsächlich zu Gott.

C. C.: Was meinen Sie zu den Dämonen, die in der Geschichte beider auftauchen? Madeleine sieht häufig Dämonen.

S. K.: Ramakrishna manchmal, und er erträgt sie nicht. Sie müssen, wie er sagt, mit Hilfe seines Durchfalls verschwinden. Er beschreibt sie aber nicht; sie sind entsetzenerregend und müssen weichen.

C. C.: Und er kann sie auf diese Weise vertreiben?

S. K.: Genau das. Er entledigt sich ihrer mittels des Durchfalls. Erinnern Sie sich daran, was wir über die Exkremente sagten.

C. C.: Aber die bedauernswerte Madeleine muß die Dämonen ertragen! Sie hat nicht einmal die Möglichkeit, sie zu vertreiben. Madeleine führt ab und an Gespräche mit Tieren; sie spricht manchmal mit einer Fliege.

S. K.: Ramakrishna spricht mit Statuen von Göttern, die die Gestalt von Tieren haben können; Madeleine jedoch, so meine ich, steht in der großen Tradition des Heiligen Franz von Assisi, der mit den Vögeln plaudert.

C. C.: Äußert Ramakrishna auch Haß auf Gott, wie Madeleine es tut?

S. K.: Nein, wenn man von der oft erwähnten ersten Ekstase absieht, die so zwiespältig für ihn war. Ich bin sicher, daß er eine große Wut auf die Göttin verspürt haben muß, als er das Schwert ergriff.

Der eine tanzt, die andere nicht

C. C.: Bleiben als Gemeinsamkeit zwischen ihnen noch Tanz und Musik. Madeleine tanzt nicht mit dem Körper, spricht aber fortwährend von einem «spirituellen Tanz». Ramakrishna hingegen tanzt «wirklich» – macht das einen Unterschied?

S. K.: Ich vermag kaum zu beurteilen, was Tanzen für eine Frau im Frankreich des 19. Jahrhunderts bedeutete, und ob sie einfach aufstehen und allein für sich tanzen konnte. Ramakrishna jedoch hatte in der Welt, in der er lebte, viele Vorbilder, denn die indische Religiösität, wie zum Beispiel der Vishnu-Kult, verlangt das Tanzen. Tanzen ist erlaubt, ja wird sogar gefordert. Es ist der ekstatische Tanz, den man in den Tempeln sehen kann, wenn zum Beispiel *Kirtans*, das sind gemeinsame religiöse Gesänge, stattfinden; plötzlich erhebt sich irgend jemand und fängt an, sich tanzend um die eigene Achse zu drehen.

C. C.: In Bengalen, wo Ramakrishna lebt, gibt es auch die Bauls, jene als Tänzer und Sänger umherziehenden Mystiker...

S. K.: Genau. Ramakrishnas Tanzen ähnelt dem der Bauls. Und da diese ein allgemein akzeptiertes Vorbild darstellen, kann er ohne die geringsten Schwierigkeiten vom Geistigen zum Körperlichen überwechseln. Für Madeleine war es wahrscheinlich sehr viel problematischer, den spirituellen Tanz in körperlichen Tanz umzusetzen, da letzterer andere soziale Konnotationen haben konnte.

C. C.: Und wenn hier die Erklärung läge, in der Episode mit dem weißen Kleid, das eigentlich rosafarben hätte sein sollen? Es war ein Ballkleid, und zu dieser Zeit tanzte man Walzer, der als äußerst skandalös galt, weil sich Mann und Frau dabei körperlich recht nahe kommen. Und beim Walzertanzen dreht man sich um die eigene Achse... Hier fangen nun die Unterschiede an: Im Krankenhaus tanzt man nicht. Das erinnert mich an eine Begebenheit, die sich 1985 ereignet hat, während der Proben zu dem Eröffnungs-«Mela» des Indienjahres in Frankreich. An den Veranstaltungen nahmen auch Künstler aus Rajasthan teil, die im Jardin du Luxembourg spazierengingen. Da sie sich in einem Garten befanden, begannen sie ganz deutlich zu ihrem eigenen Vergnügen zu tanzen und zu singen, wie man es in Ihrem Land zu tun pflegt, wo man in jedem Garten das Recht hat, Musik zu machen und zu tanzen. In Paris jedoch war dies verboten, und die Parkwächter versuchten dies den Künstlern zu erklären. Aber vergeblich, denn die Parkwächter sprachen nur Französisch und die Rajasthanis nur Hindi...

S. K.: Sie haben recht: Im Krankenhaus war es Madeleine verboten zu tanzen. Ist es denn bei Ihren Mystikern im Westen üblich zu tanzen?

C. C.: Die Heilige Teresa von Avila tanzte nicht. Nein, sie tanzen nur selten. Sie dürfen allerdings singen, was jedoch nicht so häufig vorkommt. Während ihrer Visionen beschreiben sie eine Art von Tanz, doch sie tanzen nicht mit dem Körper, das heißt nicht in Gesellschaft. Tanzen ist im Geiste erlaubt, nicht jedoch in der Realität.

S. K.: Tanzen wird wohl als unrein betrachtet, es kann überhaupt nicht keusch sein ... bei Frauen, meine ich.

C. C.: Genau, Tanzen gehört eher zu Satan und Hexensabbat, zu dämonischen Bacchanalien. Wenn wir der These des Historikers Michelet Glauben schenken, dann sind die Bacchanalien der heidnischen Antike keinesweg verschwunden, sondern leben in dem fort, was die Kirche als «Hexerei» bezeichnet. Für die Hexen sind sie also sehr lebendig; das Heidentum ist nicht tot.

S. K.: Das ist die Erklärung. Bei Ihnen tanzen nicht die Heiligen, sondern die Hexen. Bei uns jedoch ist es wirklich üblich, daß die Heiligen tanzen!

Unterschiedliche Vorstellungswelten

S. K.: Wir stoßen allmählich zum Ursprung der Unterschiede zwischen beiden vor, nämlich ihren Vorstellungswelten.

C. C.: Madeleine zum Beispiel verspürt ein großes Verlangen zu reisen: Von Zeit zu Zeit beschließt sie, nach Rom zu pilgern. Zwar kommt sie mit ihrem Bündel niemals sehr weit, was sie jedoch nicht daran hindert, immer wieder aufzubrechen. Die Krankenpflegerinnen oder die Polizei fangen sie jedesmal auf der Straße wieder ab. Ist ein solches Phänomen auch bei Ramakrishna zu beobachten?

S. K.: Nicht mehr, nachdem er ein Guru geworden ist. Aber vorher begibt er sich auf Wallfahrt zu dem heiligen Ort, an dem Krishna geboren war, der Stadt Mathura, und der Stadt, in der er aufgewachsen war, Vrindavan.

C. C.: ... Er hat sich aber nicht nach Dwarka begeben, der Stadt, in der Krishna gestorben ist?

S. K.: Nein, denn dieser Krishna, also jener, dem man in der Mahabharata begegnet, interessiert ihn nicht. Dennoch, als Ramakrishna sein Ziel erreicht hat, als er also tatsächlich in Vrindavan angekommen ist, bricht er in Tränen aus:

«Alles ist da, die Bäume, die Blumen, aber wo ist Krishna, wo ist Krishna?»

C. C.: Aber er ist natürlich selbst Krishna!

S. K.: Nein, denn er ist Radha, und er leidet unter Krishnas Abwesenheit ebenso wie die verliebte Hirtin, die ihren Gebieter erwartet...

C. C.: Wie äußert sich nun seine Ergebenheit gegenüber Krishna und die Ergebenheit gegenüber Kali, der großen Mutter?

S. K.: Gegenüber Krishna ist er die Geliebte, und dies ist auch das Hauptthema der vishnuitischen Mystik. Gegenüber Kali ist er Kind und Sohn; dies ist das Hauptthema der Shakta-Mystik. «Shakti» bezeichnet die Urenergie, das belebte Prinzip der Existenz, des Universums, die Große Göttin.

C. C.: Nun spielt aber tatsächlich der Kali-Kult in ganz Bengalen eine wichtige Rolle; er mußte also nirgendwohin pilgern, um die Göttin zu finden...

S. K.: Sie haben recht: Er hat sich tatsächlich zu den Ursprüngen seiner Kultur begeben, den heiligen Stätten Krishnas – ebenso wie Madeleine an den heiligen Ort gelangen wollte, der den Ursprung ihrer Kultur darstellt, also Rom.

C. C.: Ramakrishna gelingt es jedoch wirklich, dorthin zu kommen, während Madeleine Rom niemals erreicht. Ihre Reise führt nur vom Gefängnis ins Krankenhaus, weiter nicht.

S. K.: Betrachten wir einmal einen anderen Aspekt der Unterschiede zwischen beiden: Ramakrishna empfindet sich als im Ozean schwimmende Salzpuppe, während Madeleine sich von Gott durchdrungen fühlt. Er ist also aktiv, *dringt* in den Ozean ein, während Gott in sie eindringt, sie ist eine von Gott *«betretene»*, ist also passiv.

C. C.: Der Inhalt der Ekstase ist jedoch bei beiden, sofern sie dorthin gelangen, genau der gleiche. Unterschiede zwischen beiden finden sich darum herum, auf dem Weg zur Ekstase.

Vielleicht muß ich mich korrigieren. Könnte man sagen, daß der Inhalt der Ekstase bei Madeleine männlich ist, also Gott, und bei Ramakrishna die Gottheit immer Devi, die Göttin ist?

S. K.: Nicht unbedingt. Für Ramakrishna kann Gott auch männlich sein. Als er sich zum Beispiel in der Phase befindet, in der er den Gott Ram verehrt, ist er dessen Diener, und sein Gott ist männlich.

Kann Ramakrishna sich auch als Frau fühlen, wenn er einen männlichen Gott verehrt? Nun, auch das kommt bei ihm vor, denn er möchte ja die Statue Krishnas umarmen, als er sich mit der Hirtin Radha, der Geliebten Krishnas, identifiziert. In diesem Moment ist er Frau.

C. C.: Man kann also mit Sicherheit sagen, daß die Französin Madeleine sich im Rahmen des christlichen Systems bewegt, in dem nur ein einziger, ein männlicher, Gott existiert. Ramakrishna bewegt sich im Rahmen des hinduistischen Systems...

S. K.: ...wo es eine Vielzahl von Göttern und Göttinnen gibt. Er kann sich daher leicht verwandeln, vom Mann zur Frau und umgekehrt. Für Madeleine ist das jedoch schwierig.

C. C.: Dennoch kommt es ein oder zwei Mal vor, daß sie wie die meisten westlichen Mystikerinnen «Gott besitzen» will, wie sie es selbst ausdrückt.

Dieses Wort *besitzen* klingt eher männlich. Ein andermal ist sie das Jesuskind, ein Baby sicherlich, aber männlich, mit einem kleinen Penis.

S. K.: Was mir wichtig erscheint, das ist das eine Wandlung beinhaltende Vorstellungsmuster des Spermas, das in die Ovarien eindringt, ein zutiefst biologisches und mystisches Vorstellungsmuster. Die gegenseitige Durchdringung von Männlichem und Weiblichem beim Koitus beinhaltet die Grundvorstellung der Verschmelzung. Das heißt, daß man je nach den kulturellen Traditionen das Geschlecht wechseln kann; man kann ein männlicher Gott oder eine weibliche Göttin werden, aber das ist eine andere Problematik. Die Grundvorstellung ist jedenfalls universell.

C. C.: Was hat Ramakrishna aber mit seinem wirklichen Samen gemacht? Hat er sich nicht jenen tantrischen Übungen unterzogen, bei denen der Mann den Koitus vollzieht, ohne zu ejakulieren, damit das Sperma bis zur Schädeldecke aufsteigt, wie es die Vorstellungsmuster des Yoga besagen?

S. K.: Sie sprechen von etwas, was im Yoga als Kundalini bezeichnet wird, die Macht der imaginären, am Steißbein zusammengerollten Schlange. Ramakrishna hat sich dem unterzogen, doch glaubte er zum einen nicht an die Yoga-Übungen und zum anderen empfand er es bei tantrischen Übungen als äußerst schwierig, die Rolle eines Liebhabers zu übernehmen, der seine Geliebte besitzt. Er verabscheute diese Übungen, die er gewiß in jenen zwei Jahren praktizieren mußte, als er Schüler bei einer tantrischen Yogini, seinem Guru, war. Die Rolle der Geliebten war ihm tausend Mal lieber. Er hatte diese Geliebten im Tempel der Kali gesehen und dachte sofort an die Spiele Krishnas und der Hirtinnen, die wir *Lila* nennen; bei diesem Gedanken verfiel er augenblicklich in Ekstase. Und als die tantrische Meisterin mit ihm die Kopulationsübungen beginnen wollte und ihn dazu mit einer wunderschönen Frau zusammenbrachte, damit er mit ihr schliefe, rollte sich Ramakrishna im Schoß seiner Partnerin zusammen und verfiel sogleich in Ekstase, wie ein Baby. Auf diese Weise entzog er sich dem Schlimmsten...

Leider wissen wir nicht viel über diese Lehren, die Ramakrishna durchlief und von denen er seinen Schülern sicherlich erzählt hat. Unter den Aufzeichnungen, die seine Schüler Tag für Tag erstellten, müssen sich zahlreiche Berichte darüber befinden, die heute jedoch sorgsam geheimgehalten werden. Die *Ramakrishna Mission* läßt niemanden Einsicht darin nehmen. Ramakrishna war ein offener und spontaner Mann, ein Mensch von kindlicher Unbefangenheit, der auch seine intimsten Erfahrungen freimütig schilderte; dennoch ist das Geheimnis tatsächlich bis heute nicht gelüftet.

C. C.: Mit jedem Mystiker entsteht ein Dogma!

S. K.: Das Dogma entsteht erst nach dem Tod des Mystikers.

C. C.: Das Dogma entsteht durch die Zensur, nämlich sobald etwas aus dem Leben des Mystikers verheimlicht wird. Und das geschieht natürlich nicht zu seinen Lebzeiten, sondern wenn er gerade gestorben ist.

Verrückter oder Mystiker? Mystikerin oder Verrückte?

S. K.: Kommen wir nun zur entscheidenden Frage.

Ramakrishna ist ein Mystiker, der manchmal verrückt ist; Madeleine ist eine Verrückte, die manchmal zur Mystikerin wird. Drücken wir es zunächst einmal so aus.

C. C.: Ich finde diese Formulierung völlig unangemessen. Sie ist *impertinent* im etymologischen Sinne des Wortes, nämlich «nicht zutreffend» (frz. *«pertinent»* – dt. «zutreffend, richtig», Anm. der Übersetzerin).

Was im 19. Jahrhundert in Frankreich «Wahnsinn» genannt wird, wäre im 16. Jahrhundert als *Heiligkeit* oder *Hexerei* bezeichnet worden.

Madeleine hätte heiliggesprochen werden können, wie Pierre Janet mehrmals betont – oder wäre verbrannt worden. Als sie Professor Janet in der Salpêtrière kennenlernt, ist es bereits zu spät, ihr Schicksal als Geisteskranke ist besiegelt. Aber Janet besteht auf der Tatsache, daß nicht der geringste Unterschied zwischen Madeleine und den von der Römisch-Katholischen Kirche anerkannten großen Heiligen besteht. Er ist sich nur zu gut bewußt, daß der einzige Unterschied zwischen diesen Heiligen und Madeleine darin liegt, daß sie mit ihm, Janet, zu tun hat, und daß er Psychiater ist. Er ist es, der den Unterschied durch seinen Beruf als Psychiater erzeugt. Madeleine hingegen muß die Frage impertinent, ja beinahe schockierend erscheinen.

S. K.: Ramakrishna hingegen sagt selbst, daß er eine Phase des Wahns durchlebt. Und wenn er dies selbst feststellt, so deshalb, weil er einen bedeutenden Unterschied erkennt. Er trennt ganz klar: Das war Wahn, und alles andere war kein Wahn.

C. C.: Wie sieht demnach die Phase des Wahns aus?

S. K.: Der Wahn ist unkontrollierbar. Er kommt einem völligen Durcheinander gleich, einem totalen Zerfall, besteht in Visionen, die Ramakrishna selbst nicht will und die sich ihm doch aufdrängen...

C. C.: Madeleine hat ebenfalls übermächtige, unerträgliche Visionen, unter denen sie sehr leidet.

S. K.: Diese gewaltsame Invasion, das ist der Wahn.

C. C.: Aber Madeleine erhält im Unterschied zu Ramakrishna offensichtlich keinerlei Anleitung.

Erst nach und nach entwickelt sich so etwas wie eine Anleitung, und zwar durch Janet, der sie zwingt, die verschiedenen Zustände, in die sie nacheinander verfällt, in allen Einzelheiten zu beschreiben. Außer Pierre Janet, der nicht Priester, sondern Arzt ist, hat sie aber niemanden um sich herum.

Ramakrishna hingegen steht die ganze Palette der in Indien vorhandenen Anleitungsmöglichkeiten zur Verfügung. Und Indien ist nun einmal das Land der mystischen Anleitung, aller mystischen Anleitungen. Frankreich hat hier gar nichts zu bieten. Madeleine ist also, was die spirituelle Anleitung angeht, völlig unkultiviert. Sie ist eine Wilde.

S. K.: Wenn ich recht verstehe, ist Madeleine also eine wilde Mystikerin...

C. C.: Die Pierre Janet zu zähmen versucht.

Bei Janet sind die Dinge aber ebenfalls kompliziert: Er will Madeleine wieder zur «Normalität» zurückführen, aber unbewußt ermutigt er sie zur Mystik, so als ob er regelmäßige Übungen mit ihr abhalten würde. Er vermeint sie zu heilen, aber in seinem Bemühen, sie genau zu untersuchen, treibt er sie zur Ekstase. Wenn Madeleine eine wilde Mystikerin ist, so ist Pierre Janet, auch wenn er ein Professor ist, ein wilder Guru.

Bei Ramakrishna frage ich mich, wie er den Zwängen der mystischen Anleitung und ihren Techniken entkommen und in den Bereich des Wahns hinübergleiten konnte. Wie, letztlich, konnte er Indien entkommen? Und das vor allem mitten in Bengalen, einem Hort der Mystik par excellence.

S. K.: Er begann seine Übungen nach seiner ersten großen Vision und nach den Phasen des Wahns. Zwei Jahre lang wurde er sogar behandelt, und er wurde auch verheiratet...

C. C.: Ach ja, Krishnas Heirat. Er wurde doch verheiratet, um ihn zu heilen, nicht wahr?

S. K.: Ja, genau. Später wurde er an verschiedene Orte gebracht, um ihn behandeln zu lassen... Und schließlich beschloß er, mit seinen Übungen zu beginnen. Es war eine freiwillige Entscheidung.

C. C.: So wie man sich zu einer therapeutischen Behandlung entschließt.

S. K.: Genau. Das war bereits ein Teil seiner Behandlung.

Zu jener Zeit gab es zwei Wege zur Behandlung von Geisteskranken. Zum einen die traditionelle Medizin, die mit Medikamenten, mit Kräutern, also jedenfalls mit Substanzen arbeitete, die dem Körper von außen zugeführt wurden. So zum Beispiel mit Beruhigungsmitteln, die auf das Gehirn einwirken, mit Substanzen, die das Gleichgewicht des Verdauungsapparats wieder herstellen, und mit allen möglichen Schockbehandlungen, wie zum Beispiel ein Verfahren mit dem Namen *Nasya*, bei dem schwarzer Pfeffer und scharfe Kräuter in die Nase eingeführt werden, um Niesanfälle hervorzurufen.

Zum anderen werden Exorzismen durchgeführt, um die bösen Geister zu vertreiben: Das ist der zweite, der schamanistische Weg, bei dem dem Körper keinerlei äußerliche Substanzen zugeführt werden. Die westliche Psychiatrie, dies sei erwähnt, war damals in Bengalen noch nicht bekannt. Doch keines der angewandten Verfahren zeigte bei Ramakrishna eine Wirkung.

C. C.: Nicht einmal die Exorzismen?

S. K.: Nein. Auch das blieb ohne Erfolg. Geheilt wurde er erst, als er nach Hause zu seiner Mutter zurückkehrte und dort blieb...

Und dennoch erweist sich Exorzismus oft als erfolgreich: allerdings nur bei Schuldgefühlen, die von den Exorzisten ausgetrieben werden können. Unter solchen Gefühlen litt Ramakrishna jedoch nicht.

Es läßt sich nur schwer über diese psychotische Phase spekulieren.

C. C.: Nennen wir sie wild, unkontrollierbar.

S. K.: Wir sollten trotzdem von «psychotisch» im Sinne der modernen Terminologie sprechen.

C. C.: Kommt so etwas auch heute noch vor?

S. K.: Wenn es sich um mystikähnliche Formen handelt, ergeben sich keine Probleme, doch bei Formen, die an «Wahnsinn» erinnern – wenn sich zum Beispiel jemand auf dem Boden rollt und schreit –, so wird dies auch im allgemeinen als «Wahnsinn» bezeichnet. Alles was sich sozial störend auswirkt, gilt nicht mehr als mystisch. Und ist es übrigens auch nicht mehr!

C. C.: Was geschieht heute, wenn solche dem «Wahnsinn» ähnlichen Erscheinungen auftreten?

S. K.: Sie werden durch Exorzismus und mit den Methoden der ayurvedischen Medizin behandelt.

C. C.: Und wenn das nicht funktioniert?

S. K.: Dann wird der Betreffende in eine psychiatrische Anstalt eingeliefert und erhält Elektroschocks. Sogar im tiefsten Indien verabreicht man heute «elektrische Behandlungen».

C. C.: Schließen Sie daraus, daß ein Ramakrishna heute in Indien nicht mehr möglich wäre?

S. K.: Nein. Ich würde jedoch sehr wohl daraus schließen, daß der wilde Anteil in Ramakrishna und den Mystikern sich heute nicht mehr manifestieren könnte. Wobei sich die Frage stellt, inwieweit dieser wilde Anteil notwendig ist, um ein Ramakrishna zu werden.

C. C.: Denn im Grunde mußte zunächst alles versucht werden, um ihn von diesem wilden Anteil zu heilen, und erst dann begann die Anleitung zur Mystik. Was in der Moderne verschwindet, ist die Freiheit, verrückt zu sein und alle Behandlungen auszuprobieren, einschließlich der Anleitung zur Mystik und ihrer spirituellen Übungen.

S. K.: Die Behandlungen «wirken», doch setze ich das Wort hier in Anführungszeichen, denn es handelt sich hier lediglich um ein chemisches Gefängnis und nicht um die Freiheit.

C. C.: Hierin liegt von vornherein einer der großen Unterschiede im Schicksal unserer beiden Protagonisten. Ramakrishna war frei, und sogar so frei, daß er es sich erlauben konnte, den Wahnsinn auszuprobieren, bevor er sich der Mystik zuwandte. Wir dürfen jedoch nicht vergessen, daß Madeleine vor ihrer Einlieferung in psychiatrische Krankenhäuser bereits mehrere Gefängnisaufenthalte hinter sich gebracht hatte. Und dies waren keine «chemischen» Gefängnisse, sondern echte Gefängnisse mit echten Gittern vor den Fenstern. Die Polizei spielt eine große Rolle in

Madeleines Leben; sie wird mehrmals verhaftet, was ein keineswegs zu vernachlässigendes Ereignis darstellt. Die Salpêtrière ist für sie ein sicherer Hafen, man könnte beinahe sagen, eine Art «Ashram», wenn man sie mit den Gefängnissen und Madeleines Odyssee vergleicht. Und je mehr ich darüber nachdenke, um so mehr erscheint mir, daß die Mauern des Anstaltszimmers, in dem Madeleine von Janet behandelt wird, den Mauern eines Klosters ähneln, wo sie insgesamt gesehen freier ist, ihre Mystik zu leben, so wild sie auch sein mag.

Wenn aber heute auch in Indien, sogar in Indien, frühzeitig Neuroleptika verabreicht werden, bedeutet das dann nicht das Ende der Mystik in Ihrem Land?

S. K.: Nein, denn es gibt alle möglichen anderen Formen von Mystik. Die Mystik Ramakrishnas, also die von der wir sprechen, ist die ekstatische Mystik, die eine wilde, ungebändigte Seite in sich hat. Diese ist tatsächlich bedroht. Aber die anderen Formen wie beispielsweise die kontemplative Mystik, können ungestört praktiziert werden. Wirklich in Gefahr ist nur das, was wir «Bhakti» nennen, die ekstatische hingebungsvolle Mystik. Wenn Sie hingebungsvoll zu Gott beten, so gilt das als akzeptabel; wenn Sie jedoch den ganzen Tag über immer wieder in Trance verfallen, so geht das zu weit! Genau diese Freiheit ist verschwunden.

C. C.: Gehört Yoga zu den bedrohten Praktiken?

S. K.: Nein, obwohl es nicht kontemplativ ist, und ebensowenig die tantrischen Praktiken. Kontemplativ sind die Formen, die beispielsweise von Rama Maharishi entwickelt wurden, durch das Vedanta inspiriert sind und dem Buddhismus nahestehen.

C. C.: Also das, was sich nicht gesellschaftlich störend auswirkt, aber auch sehr viel weniger Verführung beinhaltet...

Bleibt immer noch die Frage, ob Ramakrishna verrückt war.

S. K.: Er war dann verrückt, als er verrückt war, aber nur während dieser Zeit. Der Rest ist reine Mystik.

Das erinnert mich an einen treffenden Scherz, den sich Bruno Bettelheim von einer Patientin einhandelte:

Als Bettelheim eine Patientin einmal strickend auf dem Gang sitzen sah, sagte er zu ihr: «Wissen Sie denn nicht, daß Stricken soviel bedeutet wie Masturbieren?»

Darauf antwortete sie ihm schlagfertig: «Doktor Bettelheim, wenn ich masturbiere, dann masturbiere ich, und wenn ich stricke, dann stricke ich.»

Ich sage nun, daß Ramakrishna verrückt war, als er verrückt war, und Mystiker, als er Mystiker war.

C. C.: Gut. Aber hat die Mystik immer eine therapeutische Funktion?

S. K.: Ja. Aber es handelt sich hier nicht um eine geringfügige Angelegenheit und auch nicht um eine wenig bedeutsame Behandlungsmethode, sondern es geht um sehr schwerwiegende, massive existentielle Probleme, die in jedem von uns vorhanden sind. Die Unterscheidung zwischen neurotisch und psychotisch greift hier nicht mehr. Die Mystik ist sehr wohl eine Therapie, aber eine, die bei jedem von uns angebracht wäre.

C. C.: Probleme, die in jedem von uns vorhanden sind? Was wollen Sie damit sagen?

Liebe als nicht institutionalisierte Therapie

S. K.: Jeder Mensch verspürt das Bedürfnis, jene berühmten Grenzen zu überschreiten. Diese Sehnsucht kennen wir alle. Jeder versucht dies auf seine eigene Weise, und am häufigsten natürlich durch die Liebe.

C. C.: Vollkommen einverstanden! Liebe ist auch eine Therapie. Für eine kurze Zeit.

S. K.: Es scheint mir, daß man die Wendung «das Bedürfnis, Grenzen zu überschreiten» durch eine andere, exaktere Wendung ersetzen sollte: «das Bedürfnis nach einer Metamorphose des Seins», das was der englische Analytiker Christopher Bollas als den «transformationellen Augenblick» bezeichnet. Es gibt keine Grenzen mehr, sie haben sich aufgelöst, man erlebt eine Verschmelzung... Dies ist wirklich ein Grundbedürfnis der menschlichen Gattung. Und auf genau dieser Ebene wirkt die Mystik wie eine Heilbehandlung.

C. C.: Sind Sie wirklich sicher, daß jeder Mensch dieses Bedürfnis verspürt? Haben Sie noch niemals jene Leute getroffen, die sich vollkommen wohl in ihrer Haut fühlen und keinerlei Verlangen nach Verschmelzung haben?

S. K.: Verspüren diese Menschen tatsächlich keinerlei Bedürfnisse, nicht einmal das Bedürfnis nach jenen ästhetischen Augenblicken, die die Realität langsam verwandeln? Wenn das so ist, dann sind diese Menschen wirklich krank.

C. C.: Formulieren wir es einmal ganz extrem: In meinen Augen entspricht diese Krankheit, die in dem fehlenden Bedürfnis nach Liebe besteht, genau der im Okzident herrschenden Vorstellung von Normalität.

Man ist normal, wenn einem offensichtlich nichts fehlt.

Man braucht nur ein kleines bißchen Sex, ein bißchen Liebe, mal ein Küßchen, aber vor allem nichts Großes.

Nichts Maßloses.

S. K.: Das wäre alles in allem eine pathologische Normalität...

4. Kapitel: Der Guru als Heiler

Vom indischen Guru, dem geheiligten Mittelpunkt der religiösen und philosophischen Traditionen des Hinduismus, gibt es gegenwärtig viele Bilder. Er ist jene imposante Gestalt im makellos weißen oder safrangelben Gewand mit Bart und fließenden Locken – allem Anschein nach der jüngere Bruder eines dunkelhäutigen Jahwe. Man tritt ihm mit Scheu und Ehrerbietung gegenüber, ermöglicht er doch die schicksalhafte Begegnung des Schülers mit dem Mysterium, das den Kern des menschlichen Lebens ausmacht. Mit seinem durchdringenden, aber doch warmen Blick, hypnotisch und verführerisch zugleich, ist er auch ein Zwillingsbruder Rasputins, der geheime Ekstasen und radikalen Bewußtseinswandel und ein völlig neues Leben verheißt. Zugleich ist der Guru ehrwürdiger Hüter alter esoterischer Überlieferungen, wacht mit Wohlwollen über die Glaubenserfahrungen des Schülers und hilft ihm auf sanfte Art, seine Identität und sein Selbst zu finden. In der Bildersprache Pupul Jayakars, der Biographin des indischen Weisen Jiddu Krishnamurti, ist er «der schweigsame Fremde mit der aufrechten Haltung, der Bettler, der mit der Aufforderung zum Anderssein wartend am Tor zu Haus und Seele steht» und «leidenschaftliche, kaum zu ertragende Sehnsüchte wachruft und einen mit Leib und Seele nach dem Unerreichbaren greifen läßt.»[1]

Vom lehrenden zum mystischen Guru

In den vorausgehenden Momentaufnahmen findet sich wenig von der alten Polarität wieder, die das Bild des Guru immer kennzeichnete. Diese Polarität bestand zwischen dem weltlichen, orthodoxen Lehrer-Guru auf der einen Seite, der relatives, empirisches Wissen verkörperte, und dem weltabgewandten, mystischen Guru auf der anderen Seite, der Repräsentant esoterischen, existentiellen Wissens war. Das vorherrschende Bild des Gurus scheint sich entscheidend gewandelt zu haben: Der Akzent hat sich verschoben, und zwar – in hinduistischer Terminologie – vom *dharma*-Guru zum *moksha*-Guru (vom Guru, der den Weg des rechten Handelns lehrt, zum Guru, der den Weg zur Befreiung weist), vom *jnana*-Guru zum *bhakti*-Guru (vom Guru des Wissens zum Guru der Hingabe) oder – in tantrischer Begrifflichkeit – vom *shiksha*-Guru (dem Lehrer-Guru), der die Schriften lehrt und den Sinn und Zweck des Lebens erläutert, zum *diksha*-Guru (dem Initiations-Guru), der den Novizen in die Heilwege einweiht.[2]

Dies war freilich nicht immer so. In vedischer Zeit (1500–500 v. Chr.), als die Begegnung des Menschen mit dem Mysterium über das Ritual stattfand, war der Guru derjenige, der zur richtigen Durchführung der Rituale Anleitung gab und in den religiösen Pflichten unterwies. Er war ein Lehrer, dem Respekt und ein gewisses Maß an Gehorsam gebührte, jedoch noch nicht eine geheimnisumwitterte, ehrfurchtgebietende Gestalt und auch nicht die Inkarnation des Göttlichen, der Verehrung galt.

Am Ende der upanishadischen Zeit (800–500 v. Chr.) findet dann die entscheidende Wende statt, als die Person des Gurus nach und nach die vedischen Rituale in ihrer Funktion als Pfad zu spiritueller Befreiung ablöste. Er wandelt sich nun von jemandem, der Brahman kennt und in ihm wohnt, zu demjenigen, durch den hindurch allein der Weg zu Brahman führt. Doch der Guru der upanishadischen Zeit ist immer noch erkennbar menschlich – ein Lehrer mit scharfem Verstand, klug und mitfühlend, der vom Schüler verlangt, seinen Verstand zu schulen, und nicht, sich in Unterwerfung und blindem Gehorsam zu üben. Der große Shankara, der sich im siebten Jahrhundert n. Chr. vornahm, die alte brahmanische Tradition wiederaufleben zu lassen und auch den upanishadischen Guru wieder ins Leben zu rufen, sieht in ihm einen Lehrer, der «ruhig, gelassen, kindlich, schweigsam und ganz auf das Eigentliche ausgerichtet ist. Wenngleich er gelehrt ist, sollte er doch wie ein Kind sein und weder seine Weisheit noch seine Gelehrtheit und auch nicht seine Tugend offen zur Schau tragen... Er ist ein Quell der Barmherzigkeit, und aus Mitgefühl heraus gibt er sein Wissen an viele weiter. Er hat Verständnis für die jeweilige Lage des Schülers und dementsprechend einfühlsam vermag er sich ihm gegenüber zu verhalten.»[3] Shankaras Guru verdeutlicht dem Schüler, daß der Verstand genauso wichtig für seinen spirituellen Weg ist wie die Autorität der Schriften, und ermahnt ihn, die Lehre anhand seiner eigenen Erfahrung auf ihre Tauglichkeit und Wahrheit hin zu überprüfen. Jeder Schüler und jede Schülerin soll das bereits Bekannte neu für sich selbst entdecken, soll das spirituelle Erbe jedesmal neu erwerben, um es wirklich zu besitzen. Hierin war das Ideal des hinduistischen Gurus nicht weit entfernt von dem des buddhistischen Meisters, der ebenfalls lebensnahe Situationen entwarf, um eine bestimmte Lehre zu veranschaulichen, und der die Meister-Schüler-Beziehung als eine vollkommen gleichberechtigte sah, in der Lehrer wie Schüler gleichermaßen Selbstverwirklichung anstrebten und zu grundlegender Erkenntnis vorstoßen wollten. Zwischen Guru und Schüler herrschte ein Verhältnis intimer Nähe und nicht eines des Ineinander-Verschmelzens. Sowohl Guru als auch Schüler waren gesonderte Individuen und potentiell gleichberechtigt, auch wenn sie immer größere Nähe anstrebten.

Vom siebten Jahrhundert an beschleunigte sich mit dem Aufkommen der *bhakti*-Kulte in Nord- und Südindien der Wandel im Bild des Gurus, und die Vorstellung vom Guru als einem Lehrer rückte immer mehr in den Hintergrund. Gläubige Unterwerfung auf seiten des Schülers, die in ritualisiertem Dienst am Guru, verehrender Berührung seiner Füße, dem Sich-Niederwerfen vor dem Guru und anderen Formen der Ehrerbietung ihren Ausdruck fand, und göttliche Gnade *(prasada)* von seiten des Guru kennzeichnen jetzt die Beziehung zwischen Guru und Schüler. «Guru und Govind (d.h. der Gott Krishna) stehen vor mir», sagt Kabir, der Dichterheilige aus dem fünfzehnten Jahrhundert, und er fragt: «Wessen Füße soll ich berühren?» Die Antwort lautet: «Dem Guru gebührt das Opfer. Er weist den Weg zu Govind.»[4] Das entscheidende Wort heißt jetzt Liebe und nicht mehr Verstehen. Um nochmals mit Kabirs Worten zu sprechen:

Nachdem sie ein Buch nach dem anderen gelesen hatte,
Erstarb die ganze Welt
Und gar niemand wurde weise
Derjenige, der auch nur eine Silbe von «Liebe»
zu lesen versteht
ist der wahre Weise (der pandit).[5]

Mit der Ausbreitung der tantrischen Kulte um 1000 v. Chr. ist der Guru nicht mehr nur derjenige, der den Weg zum Herrn weist, sondern er ist der Herr. «Es gibt keinen höheren Gott als den Guru und keine höhere Wahrheit als den Guru», finden wir in tantrischen Texten geschrieben. «Der Guru ist der Vater, der Guru ist die Mutter, der Guru ist der Gott Shiva. Wenn Shiva zürnt, ist der Guru euer Erretter. Doch wenn der Guru zürnt, gibt es niemanden, der euch errettet.»[6] Der Guru ist nun eine außergewöhnliche Gestalt, die das göttliche Mysterium und göttliche Macht verkörpert, größer als die Schriften und die Götter, und alles, was der Schüler zu tun braucht, um sein eigenes göttliches Wesen zu erkennen, ist, sein materielles und spirituelles Sein mit dem des Gurus zu verschmelzen.[7] Die vielerlei Pfade, die das Denken nimmt, und das verzweifelte Ringen des Verstandes kann man nun unbesorgt umgehen, da der Weg ja nun nicht mehr über Zuhören, Reflexion und Konzentration wie in der upanishadischen Zeit führt, sondern über vollständige und bewußte Unterwerfung – das Hingeben von *tana, mana* und *dhana* (Körper, Seele und Besitz) in der bekannten Redewendung der nordindischen Glaubensrichtung. Die Verantwortung für die innere Wandlung des Schülers liegt jetzt beim Guru und nicht mehr beim Schüler. «Ein einziges Wort des Gurus schenkt Befreiung», steht in einem tantrischen Text zu lesen. «Alle Wissenschaften sind nur Maskeraden. Allein das Wissen, das aus dem Munde des Gurus strömt, bedeutet Leben. Alles andere Wissen ist ohne Macht und schafft nur Leiden.»[8]

Die vordringenden *bhakti-* und *tantra*-Kulte bewirkten im Verein, daß der Guru zunehmend vergöttlicht und sein Mysterium und seine Macht immer stärker idealisiert wurde. Der Marathi-Heilige Jnaneshvara (13. Jahrhundert) schreibt über den Guru:

> *Was seine Kräfte angeht,*
> *So übertrifft er selbst die Größe Shivas,*
> *Mit seiner Hilfe*
> *Erlangt die Seele den Zustand des Brahman,*
> *Ist er jedoch mittelmäßig,*
> *So ist das Brahman nicht mehr wert als ein Grashalm.*[9]

Parallel zum Wandel des Guru vom Menschen zum Gott vollzieht sich beim Schüler der Umschwung vom Mann zum Kind. Der bevorzugte und ideale Schüler ist reinen Herzens, hat einen formbaren Charakter und verzichtet wie selbstverständlich auf alles, was den Erwachsenen ausmacht, besonders auf rationales Hinterfragen und auf die ihm gegebene Sexualität. Diese Vorstellung von Guru und Schüler und ihrer idealen Beziehung beherrscht die hinduistische Psyche immer noch nachhaltig. «Der Guru ist Brahma, der Guru ist Vishnu, der Guru ist Maheshwara» – diese Verszeile ist nicht nur den meisten Hindus vertraut, sondern ruft auch komplexe kulturelle Sehnsüchte wach und bringt das zum Klingen, was sie als den besten Teil ihrer Identität und ihrer hinduistischen Tradition empfinden.

Es soll jedoch nicht der Eindruck entstehen, daß der Befreiungs- und Erlösungsguru seinen Siegeszug in der hinduistischen Tradition vollkommen unangefochten antreten konnte. In den überlieferten Texten finden sich zumindest zwei Stellen, wo die Notwendigkeit eines Gurus in Frage gestellt wird – zugegebenermaßen eine unbedeutende Zahl im Vergleich zu den Hunderten von Geschichten, Gleichnissen und Aussprüchen, die ihn verherrlichen. Die erste Stelle stammt aus der Uddhavagita, einem Text aus der Bhagvata-Purana aus dem sechsten Jahrhundert, wo Dattareya auf die Frage, wie er zu seiner Selbstbeherrschung und zu seinem Gleichmut komme, Elemente der Natur als seine vierundzwanzig Gurus aufzählt – den Fluß, bestimmte Tiere und sogar eine Prostituierte (die ihn lehrte, sich von der Welt der Sinne unabhängig zu machen). Das Gleichnis von Dattareya schließt mit der Aufforderung: «Lerne vor allem vom Rhythmus deines eigenen Körpers!» Bei der zweiten Stelle handelt es sich um eine Episode aus der Yogavasistha, einem Text, der zwischen dem neunten und dem zwölften Jahrhundert in Kashmir entstanden ist. Hier macht sich Prinzessin Cudala auf die innere Reise, ihr Selbst zu erkunden, und geht dabei bewußt allen Gurus und äußeren Autoritäten aus dem Weg. Ihr Ziel erreicht sie über eine Selbstanalyse in sieben Stufen.

In jüngerer Zeit, angefangen im neunzehnten Jahrhundert, traten Reformer auf, die die vedischen Rituale und die upanishadische Religion wiederzubeleben suchten. Sie wollten höchstens den Lehrer-Guru, wie z.B. den sozial engagierten, intellektuellen Swami der Ramakrishna-Mission oder der Reformbewegung des neunzehnten Jahrhunderts, Arya Samaj, gelten lassen. Es gab auch Gurus wider Willen, wie etwa Krishnamurti, der vehement abstritt, daß ein Guru nötig sei, und in ihm sogar das Haupthindernis sah, das spiritueller Befreiung im Wege stand. Für ihn wie für andere moderne, gebildete Inder ist die Institution des Gurus ein Brennpunkt aller anti-intellektuellen und autoritären Tendenzen innerhalb der hinduistischen Gesellschaft.[10] Und doch ist für die große Masse der Hindus das Leitbild des mystischen, charismatischen, göttlichen Gurus weiterhin richtungweisend in ihrer Innenwelt. Daß diese Figur die Bildfläche derart beherrscht, hat komplexe Gründe und heißt nicht einfach, daß das Irrationale über die Ratio, die Unterordnung über die Autonomie oder ein gegenwärtiges dunkles über ein einstiges goldenes Zeitalter gesiegt hat.

Der Guru als Seelenarzt

Meine Vermutung ist, daß der Umschwung von der Figur des Lehrers zu der des Meisters unausweichlich war, wenn man bedenkt, daß wohl eine wichtige Rolle des Gurus, wenn nicht die wichtigste überhaupt, die des Heilers von seelischem Leiden und seiner körperlichen Symptome ist. Diese psychotherapeutische Funktion, die nicht ausreichend erkannt wird, zeigt sich ganz deutlich bei namhaften modernen Gurus, deren Ruhm von ihren heilerischen Fähigkeiten, die sich herumsprechen, abhängt und nicht von ihrer Kompetenz hinsichtlich der überlieferten Schriften oder ihrem philosophischen Wissen und auch nicht einmal von großen Leistungen auf spirituellem Gebiet. Natürlich sind bei den internationalen Gurus die Heilmethoden auf die jeweiligen kulturspezifischen Bedürfnisse zugeschnitten. In Indien werden eher Wunder und magisches Heilen im Vordergrund stehen, während im Westen überwiegend psychoreligiöse Methoden und Techniken, die den mit Psychotherapie vertrauten Menschen dort nicht fremd sind, zum Einsatz kommen.[11]

Der Stellenwert, den der als Heiler wirkende Guru hat, wird in allen verfügbaren Berichten deutlich: So schreibt Ramakrishnas Schüler und Biograph:

«Der spirituelle Lehrer wurde in der Guru-gita und anderen Büchern als «Arzt für das Leiden der Welt» dargestellt. Wir wußten überhaupt nicht, wieviel Bedeutung sich dahinter verbarg, bevor wir zu unserem Segen dem Meister begegnet sind. Wir hatten keine Ahnung davon, daß der Guru tatsächlich Arzt unserer seelischen Krankheiten war und mit einem Blick die Veränderungen in der Menschenseele, die auf den Einfluß seelischer Regungen zurückgingen, diagnostizieren konnte.»[12]

Der vielleicht lebendigste Bericht aus jüngerer Zeit über eine therapeutische Begegnung zwischen einem Guru und einer Schülerin ist in Pupul Jayakars bewegender Schilderung ihres ersten Zusammentreffens mit Krishnamurti unter vier Augen enthalten. Bei dem, was sie erzählt, könnte es sich genausogut um ein Erstgespräch mit einem guten Analytiker handeln. Jayakar ist Anfang Dreißig, nach außen hin aktiv und erfolgreich, und doch gibt es Anzeichen dafür, daß irgend etwas in ihrem Leben ernstlich falschläuft, und so sieht sie der Begegnung ängstlich entgegen und versucht sich darauf vorzubereiten. Sie beginnt das Gespräch damit, über ihr ausgefülltes Leben und ihre Arbeit zu sprechen, über ihr Engagement für die Unterprivilegierten, ihr Interesse an der Kunst, ihren Wunsch, in die Politik zu gehen. Nachdem ihr anfänglicher Redeschwall versiegt ist, wird Jayakar allmählich still. «Ich schaute auf und sah, daß er mich ansah; sein Blick war fragend und sehr prüfend. Nach einer Pause sagte ich: ‹Ich habe Sie bei den Diskussionen beobachtet. Wenn Sie zur Ruhe kommen, ist auf Ihrem Gesicht eine große Traurigkeit.›

Ich hatte vergessen, was ich sagen wollte, vergaß alles, nur nicht die Trauer in mir. Ich hatte den Schmerz nicht hochkommen lassen. So tief unten saß er, daß er mir nur selten ins Bewußtsein drang. Der Gedanke, andere könnten mir ihr Mitleid und ihr Mitgefühl zeigen, entsetzte mich und hatte meine Trauer Schicht um Schicht mit Aggressionen zugedeckt. Ich hatte noch nie mit jemandem darüber gesprochen – nicht einmal mir selbst hatte ich meine Einsamkeit eingestanden; aber vor diesem schweigenden Fremden fielen alle Masken von mir ab. Ich schaute ihm in die Augen und fand darin mein eigenes Gesicht gespiegelt. Wie ein lange aufgestauter Sturzbach brachen die Worte aus mir hervor.»[13]

Jayakar erzählt von ihrer Kindheit, von dem sensiblen einsamen Mädchen «mit dunkler Haut in einer Familie, in der alle hellhäutig waren, ein Mädchen, dem keiner Beachtung schenkte, wo ich doch ein Junge hätte werden sollen.» Sie spricht über ihre Schwangerschaften: Einmal starb das Kind im Mutterleib, einmal wurde ein mißgebildetes Kind geboren, ein Mädchen, das nicht alt wurde. Sie erzählt Krishnamurti von dem rasenden Schmerz über den Tod ihres geliebten Vaters und von den entsetzlichen, unerträglichen Qualen, die sie während des Sprechens empfindet. «In seiner Gegenwart nahm die Vergangenheit, die im Dunkel des längst Vergessenen verborgen lag, Gestalt an und wurde wieder lebendig. Er war wie ein Spiegel, der ein Bild zurückwarf. Als Person war er nicht vorhanden, es gab niemanden, der bewertete, abwägte und Dinge verdrehte. Ich versuchte immer wieder, etwas von meiner Vergangenheit zu verschweigen, aber er ließ es nicht zu. Wenn Sie das wirklich wollen, dann sehe ich es schon, sagte er. Und so wurde das, was jahrelang in mir gefressen hatte, ausgesprochen.»[14]

Krishnamurti ist einer der «intellektuellsten» unter den modernen Gurus, und seine Gefolgschaft rekrutiert sich hauptsächlich aus den fortschrittlichsten und gebildetsten Schichten der indischen Gesellschaft. Trotzdem ist es die Nachricht von seinen «Wunderheilungen» – Taubheit in einem Fall, eine akute Depression in einem anderen –, die sich wie ein Lauffeuer in den *ashrams* im ganzen Land verbreitet. Scharen potentieller Jünger versammeln sich, wenn er spricht, und versuchen seine Hand zu berühren, an seinem Segen teilzuhaben. «Diese Geschehnisse und die überwältigende Ausstrahlung seines schweigenden Da-Seins beeindruckten die Leute ungeheuerlich», schreibt Jayakar etwas bedauernd. «Seine Lehre dagegen, obwohl sie nach allgemeiner Übereinstimmung in absoluter Nichtdualität gegründet ist, erschien dagegen als zu fern und unerreichbar.»[15]

Bei meiner eigenen Arbeit mit Gurus und deren Anhängern stellte ich fest, daß das Leben vieler dieser Jünger ein gemeinsames Grundmuster aufwies, das ihnen den Anstoß dazu gab, sich auf die Suche nach einem Guru zu machen und sich in einen Kult einweihen zu lassen.[16] Fast ohne Ausnahme hatten diese Menschen Erlebnisse gehabt, die ihr Selbstwertgefühl erheblich beeinträchtigt, wo nicht völlig zerbrochen hatten. Im Gegensatz zu uns übrigen, die wir gelegentlich auch mit einer vorübergehenden schmerzlichen Minderung der Selbstachtung fertig werden müssen, schienen die Leute, die sich Gurus anschlossen, mit diesen Gefühlen sehr viel länger und erfolglos gerungen zu haben. Unfähig, sich von dem Gefühl frei zu machen «Ich habe alles verloren, und die Welt ist leer» oder «Ich habe alles verloren, weil ich es nicht anders verdient habe», waren sie auf der Suche irgendwo nach irgendeinem Menschen, der ihnen das verlorene Selbstwertgefühl wiedergäbe und ihrer heimlichen Vorstellung entgegenwirkte, Versager und innerlich hohl zu sein. Diese Suche verläuft größtenteils unbewußt, ist auch deshalb nicht weniger verzweifelt. Als dieser «Irgendwer» entpuppte sich schließlich der jeweilige Guru, zu dem die Suchenden durch Ereignisse geführt wurden, die nachträglich als wunderbar erschienen, wie etwa die Traumvision dieses Gurus. Die Überzeugung, daß ein Wunder geschehen sei, wurde zwar auf die Umstände projiziert, die zur Einweihung in den Kult geführt hatten, stammte in Wirklichkeit aber daher, daß auf «wunderbare» Weise ein lang andauernder, schmerzlicher innerer Zustand sein Ende gefunden hatte und die schwarze Wolke der Depression verschwunden war, die das Leben des Betreffenden für immer überschatten zu wollen schien.[17] Die knappe Skizze einer Lebensgeschichte soll dieses Grundmuster konkretisieren.

Harnam war der jüngste von vier Söhnen einer bäuerlichen Familie eines nordindischen Dorfes, die seit vielen Generationen auf eigenem Grund und Boden lebte. Als «Nesthäkchen» der Familie war Harnam in seiner Kindheit sehr verwöhnt worden, besonders von seiner Mutter. Sie war gestorben, als er achtzehn war, und seit ihrem Tode, so sagte er, hatte eine eigentümliche Traurigkeit *(udasinta)* von seiner Seele Besitz ergriffen. Obwohl er zu Hause alle Bequemlichkeiten und genug zu essen und zu trinken hatte und ein überreiches Maß an Zuneigung von seinem Vater und den älteren Brüdern genoß, war die *udasinta* nicht von ihm gewichen. Fünfzehn lange Jahre, erzählte er, war seine Seele rastlos geblieben und hatte sich nach einem unerreichbaren Frieden gesehnt. Seine Gedanken kreisten oft um den Tod, vor dem er eine übertriebene Furcht entwikkelte, und er litt immer wieder unter lähmenden Kopfschmerzen, die ihn für längere Zeit an die Dunkelheit seines Zimmers fesselten. Dann plötzlich war ihm im Traum der Guru erschienen (sein Foto hatte er vorher einmal gesehen) und hatte ihm befohlen, zu seinem *ashram* zu kommen, um sich in den Kult einweihen zu lassen. Das hatte er getan; seine Traurigkeit verschwand, ebenso seine Todesfurcht und die Kopfschmerzen, und er hatte den Eindruck, daß ihn die liebende Allgegenwart des Gurus davor beschützte, von diesen Gefühlen erneut heimgesucht zu werden.[18]

Bei vielen Hindus der oberen Kasten sind es, denke ich, übereinstimmende, im Laufe ihrer Entwicklung gemachte Erfahrungen, die neben förderlichen kulturellen Einflüssen und individuellen Bedürfnissen mit dazu beitragen, sie in ihrer Vorstellung vom Guru als Heiler zu bestärken. In einer früheren Arbeit habe ich die Erfahrung der «zweiten Geburt» beschrieben, die ein kleiner Junge durchmacht, wenn er am Ende der Kindheit mehr oder weniger plötzlich der Beziehung symbiotischer Nähe zur Mutter verlustig geht und in die von eher geschäftsmäßigen Beziehungen bestimmte Männerwelt eintritt.[19] Die Folgen der «zweiten Geburt» für die Identitätsentwicklung des hinduistischen Mannes sind als erstes eine unbewußte Tendenz, sich einer idealisierten, allmächtigen Gestalt zu «unterwerfen», und zwar sowohl in der inneren Welt der Phantasie als auch in der realen Welt des Broterwerbs, und zum zweiten die lebenslange Suche nach jemandem, sei es ein charismatischer Führer oder ein Guru, der als Mentor dient und eine Orientierung bietende Weltsicht liefert und der so im Leben des einzelnen wieder für intime Nähe und Autorität sorgt. Ich würde gern dieselben Phänomene noch expliziter im Sinne der Psychologie des Selbst deuten. Da ich der Meinung bin, daß einige der Konzepte der Selbst-Psychologie hilfreich sind, um den Heilungsprozeß, der in der Guru-Schüler-Beziehung abläuft, zu erhellen, sollen diese Konzepte zunächst knapp erläutert werden.

Ihr Hauptaugenmerk richtet die Kohutsche Psychologie des Selbst auf das sogenannte Selbstobjekt.[20] Man existiert als Person, als Selbst, weil ein wesentliches Gegenüber, das Selbstobjekt, einen als Selbst angesprochen und die Erfahrung des Selbst ausgelöst hat. Selbstobjekte im strengen Sinn sind keine Personen, sondern der subjektive Aspekt einer durch eine Beziehung erfüllten Funktion. Man sollte daher eher von intrapsychischen und nicht von interpersonalen Selbstobjekt-Erfahrungen sprechen, die das Selbst ins Leben rufen, es aufrechterhalten und ihm Zusammenhalt geben.[21] Das Auftauchen und die Aufrechterhaltung des Selbst als psychischer Struktur hängt folglich von dem ständigen Vorhandensein einer auslösend-stützend-reagierenden Matrix von Selbstobjekt-Erfahrungen ab. Da diese Erfahrungen immer nötig sind, von der Geburt bis zum Tod, führt ihr Nicht-Vorhandensein zu einem Gefühl der Fragmentierung des Selbst bis hin zu den Schrecken des Zerfalls des Selbst bei extremen Zuständen narzißtischer Unterversorgung.

Die benötigten Selbstobjekt-Erfahrungen werden mit dem Älterwerden in ihrer Form zunehmend komplexer. Bei einem Kind ereignen sich die erforderlichen Selbstobjekt-Erfahrungen hauptsächlich über körperliche Zuwendung, wenn auch nicht ausschließlich (man denke nur an die Bedeutung des strahlenden Blicks der Mutter und des bestätigenden Timbres ihrer Stimme). Beim Erwachsenen können dann symbolische Selbstobjekt-Erfahrungen, die ihm seine Kultur zur Verfügung stellt, wie etwa religiöse und ästhetische Erfahrungen und Gruppenerfahrungen, an die Stelle der konkreteren Erfahrungsweisen des Säuglingsalters und der Kindheit treten. In der Sprache der Selbst-Psychologie ist der Guru die wesentliche kulturelle Selbstobjekt-Erfahrung für Erwachsene innerhalb der hinduistischen Tradition und Gesellschaft. Für alle diejenigen, deren Selbst aufgrund fehlgelaufener Selbstobjekt-Beziehungen während entscheidender Entwicklungsphasen geschwächt wurde oder für jene, die infolge ihres zerbrechlichen Selbst in Abwehrhaltungen gedrängt wurden, in denen sie von allen normalen stützenden und heilenden Selbstobjekt-Reaktionen abgeschnitten sind, ist der Guru das unwiderstehliche Angebot der Hindu-Kultur, um die Verletzung wiedergutzumachen und die für eine Stärkung des Selbst nötigen Selbstobjekt-Erfahrungen bereitzustellen.

Und dieses der Guru-Schüler-Beziehung innewohnende heilende Moment hat dann unumgänglich zur Folge, daß der Guru in der Vorstellung mehr und mehr zu einem göttlichen Vater bzw. zu einer göttlichen Mutter und der Schüler zu einem kleinen Kind wird. Westliche Psychiater richteten ihr Hauptaugenmerk eher auf die pathologische und negative Seite der Regression, die durch die psychischen Verschiebungen im Selbstbild und im Bild des Gurus ausgelöst wird, wenn die auf therapeutische Wirkung gerichteten Erwartungen der Schüler an Einfluß gewinnen.[22] Sie sprechen davon, daß die Schüler extrem unterwürfig seien, eine unbewußt vorhandene starke Feindseligkeit abstreiten würden und davon, daß sich die tiefste Sehnsucht des Jüngers auf orale Abhängigkeit von der Mutter richte etc.

Ich bin der Meinung, daß die westliche Psychiatrie die pathologischen und regressiven – im «schlechten» Sinne regressiven – Aspekte der Guru-Schüler-Beziehung zu Unrecht derart betont. Wie sehr man auch immer den Tugenden der Aufklärung – Vernunft und ideologischem Egalitarismus – den Vorzug geben mag, so läßt sich doch nicht leugnen, daß das, was ich als Guru-Phantasie bezeichnen möchte, allerorts Macht über uns hat. Unter Guru-Phantasie verstehe ich die Wunschvorstellung, daß es irgendwo jemanden gibt, der die in der ursprünglichen Eltern-Kind-Beziehung entstandenen Wunden heilt. Es ist die unbewußte Sehnsucht nach demjenigen, der «das Leiden der Welt» kuriert, eine Sehnsucht, die alle potentiell heilenden Begegnungen, ob sie nun als solche offiziell deklariert sind oder nicht, prägt. Die Macht dieser Wunschvorstellung liegt stets darin, daß sie das Selbstbild des Suchenden und die Vorstellung vom heilenden Gegenüber in der oben beschriebenen Richtung verändert.

Auch mein eigener Beruf, die Psychoanalyse, konnte, was die Heilungstheorien anbelangt, der allgegenwärtigen Macht dieser Phantasie nicht entrinnen. Patienten sind selbstverständlich immer schon mit einer ausgewachsenen Guru-Phantasie zur Analyse und zum Analytiker gekommen. Analytiker dagegen haben zunächst oft ebenso wie Freud angenommen, die Heilung finde über Wissen und eine zunehmende Bewußtheit statt. Doch bereits bei einem der eigenständigsten der Analytiker der ersten Generation, Sandor Ferenzci, setzte sich immer stärker die Meinung durch, daß die Person des Analytikers und seine Interaktion mit dem Patienten, bei der der Analytiker den spezifischen pathogenen Defiziten der Eltern-Kind-Beziehung entgegenwirkt, die tragenden Elemente der Heilung sind. Franz Alexander war vielleicht der offenste Verfechter davon, daß der Analytiker die Rolle eines Korrektivs zu übernehmen hat, aber auch sonst wird in der psychoanalytischen Literatur, insbesondere innerhalb der Schule der Objektbeziehungen, immer wieder hervorgehoben, daß dem Analytiker die

Rolle zufällt, auf die eine oder andere Art wiedergutzumachen, was das mangelnde Einfühlungsvermögen eines Elternteils angerichtet hat. Winnicott z.B. war der Ansicht, daß bei Patienten, die am Anfang ihres Lebens von einer «nicht hinreichend guten» Mutter umgeben waren, das analytische Setting und der Analytiker, und nicht so sehr seine Deutungen, Gelegenheit schaffen, ihr Ich zu entwickeln und aus Ich-Kernen zu integrieren. Kohut geht in seiner Psychologie des Selbst, in der die heilenden Kräfte der Empathie des Analytikers betont werden, noch weiter in dieselbe Richtung. Wie Ernest Wolf, wenn er die Position der Selbst-Psychologie herausstellt, sagt, ist «nicht der dem Patienten übermittelte Informationsinhalt, nicht der Gehalt der Deutungen und Interventionen, nicht die Richtigkeit der Annahmen des Therapeuten und auch nicht einmal, daß der Therapeut, wie gefordert, ein ‹Spiegel› des Patienten oder sein Ideal ist, das wesentliche Moment: Entscheidend für den Fortschritt im therapeutischen Unterfangen ist, daß der Patient oder die Patientin eine Atmosphäre erleben, in der sie sich respektiert und angenommen fühlen und zumindest ein wenig verstanden... Die Person des Therapeuten wird damit genauso zur ausschlaggebenden Variablen wie die Person des Patienten.»[23]

Sacha Nacht hatte dieses Umdenken der Psychoanalyse im Hinblick auf das Heilen schon viele Jahre vorher für sich vollzogen, als sie meinte: «Vom heilerischen Standpunkt ist eine mittelmäßige Deutung, die von einer guten Übertragung gestützt wird, mehr wert als der umgekehrte Fall.»[24] In Gesprächen mit Anhängern von Gurus wird deutlich, daß sich die unbewußte Erwartung, der Guru werde spezifische Defizite der Eltern ausgleichen, darin äußert, wie sich der einzelne seinen jeweiligen Guru aussucht. Es scheint eine Tatsache zu sein, daß der Meister, der von seinen eigenen Schülern als Inkarnation des Göttlichen erlebt wird, andere Suchende oft kalt läßt. Im Mächtespiel des Gurutums sind die Ehrfurcht und die Verehrung, die einem Guru von den eigenen Anhängern entgegengebracht werden, noch keine Gewähr, daß er andere Gurus und Mitglieder von *deren* Sekten nicht völlig gleichgültig läßt oder sogar Spott und

Verachtung auf sich zieht. Ein Beispiel soll dies veranschaulichen:

Amita, eine dreißigjährige Frau, die an einem örtlichen College Hindi unterrichtet, gehört zu den engsten Schülerinnen Nirmala Devis, eines weiblichen Gurus unserer Zeit. Aus einer orthodoxen Brahmanenfamilie der Mittelschicht stammend, ist sie seit ihrer Kindheit auf der «Suche» gewesen. «Meine Mutter hat jeden Tag zu 560 Millionen Göttern gebetet», sagt sie mit Bitterkeit und Verachtung in der Stimme, «aber geändert hat es sie kein bißchen. Sie war eine jähzornige, vertrocknete Frau, die wenig menschliche Sympathie oder Freundlichkeit in sich hatte. Was hat es genützt, daß sie all die Riten befolgt und zu den Göttern gebetet hat?» Während Amita von ihrer Vergangenheit spricht, wird deutlich, daß sie ihr ganzes Leben lang eine feindselige Beziehung zur Mutter gehabt hat. Amita versuchte es mit vielen Gurus, war aber von jedem einzelnen von ihnen enttäuscht, bis sie vor einigen Jahren eine der öffentlichen Versammlungen Matajis (Nirmala Devis) besuchte. Sie war auf der Stelle bekehrt und ist von Stund' an eine treue Jüngerin Matajis geblieben. «Mataji ist wie eine Wolke, die jedem Menschen Regen spendet», sagt sie. Ich bin verblüfft vom Gegensatz der Bilder: während die Mutter vertrocknet ist, strömt Mataji über vom Regen der Liebe.

Für Amita hat Matajis elterlicher Stil Elemente des Altbekannten und des Fremden. Altbekannt ist Matajis Ungestüm, ihr «Jähzorn»; der Unterschied, und das ist das Entscheidende, liegt im Überwiegen von Wärme und Liebe in Mataji gegenüber der Gleichgültigkeit des mütterlichen «Stils», den Amita in ihrer Kindheit erfahren hatte. Ein Guru wie der verstorbene Maharaj Charan Singh, Oberhaupt der Radhasoami-Sekte, dürfte dem zentralen Konflikt Amitas zu fern sein, während der ebenfalls inzwischen verstorbene Bhagwan Rajneesh, dem der Ruf von Oregon und Poona vorausgeht, für die Moralvorstellungen eines Mädchens, das in einer orthodoxen Brahmanenfamilie der Mittelschicht aufgewachsen ist, zu bedrohlich sein dürfte. Matajis elterlicher Stil dagegen paßt genau zu Amitas Selbstobjekt-Bedürfnissen und ihrer sozialen Erfahrung.[25]

Die Unterwerfung

Daß die Guru-Schüler-Beziehung in wesentlichen Aspekten eine Weiterführung der Eltern-Kind-Beziehung ist und eine zweite Entwicklungschance darstellt, um die nötige Nahrung für den Zusammenhalt, die Integration und Stärke des Selbst zu erlangen, ist implizit in manchen älteren religiösen Schriften enthalten und wird von heutigen Gurus oft explizit erwähnt. Basava, der im zwölften Jahrhundert die Virsaiva-Sekte begründete, setzt den mit Gott identifizierten Guru mit einem bestimmten Aspekt der Mutter gleich:

Wie eine Mutter
dicht hinter dem Kind herläuft
das die Hand auf eine Kobra
oder ins Feuer legt
so bleibt der Herr der zusammenfließenden Flüsse
bei mir
auf Schritt und Tritt
und paßt auf mich auf.[26]

Ein zeitgenössischer Guru, Swami Satyanand Saraswati, schreibt in seinen Anweisungen an Schüler folgendes: «Für sein Verhältnis zum Guru wählt sich der Schüler eine Gefühlshaltung *(bhava)* aus, die seiner Persönlichkeit und seinen Bedürfnissen entspricht, und entwickelt diese so weit und vollkommen wie möglich. Wenn er das Bedürfnis nach einem Freund hat, sollte er den Guru als einen Freund betrachten. Wenn es ihm aber an elterlicher Liebe gefehlt hat, kann ihm der Guru Vater und Mutter sein ... Alles hängt von seinen grundlegenden Bedürfnissen ab und davon, welcher Teil seiner Persönlichkeit der stärkste ist. Manche Schüler neigen dazu, ihre Komplexe und Neurosen ebenfalls zu übertragen, wenn sie gegenüber dem Guru eine bestimmte *bhava* einnehmen. Hatten sie unter strengen Eltern sehr zu leiden und hat sie dies unsicher gemacht, so fühlen sie sich auch in der Beziehung zu ihrem Guru unsicher.»[27]

Damit spricht Swami Satyanand auch die Schwierigkeiten an, die auf dem Pfad der *Unterwerfung* unter den Guru auftreten, ein Gefühlserlebnis, das unerläßlich für die mutativen Veränderungen im Selbst des Schülers ist.

Wenn der Guru etwas vom Schüler fordert, dann ist es Unterwerfung, ein Sich-Öffnen und eine Aufnahmebereitschaft der Psyche, die manchmal über die Metaphorik weiblicher sexueller Erfahrung (wie Männer sie sich vorstellen) zu übermitteln versucht wird. Saraswati schreibt: «Wenn du dich dem Guru hingibst, wirst du wie ein Tal, ein Vakuum, ein bodenloser Abgrund. Du gewinnst an Tiefe, nicht an Höhe. Diese Unterwerfung macht sich auf vielerlei Art bemerkbar. Der Guru beginnt sich in dir zu manifestieren; seine Energie fängt an, in dir zu fließen. Die Energie des Gurus fließt ständig, aber um sie zu empfangen, mußt du ein Schoß sein, ein Gefäß.»[28]

Das Hingeben des Selbst ist freilich überall in den religiösen Traditionen der Welt zu finden. William James nennt es in seinem Buch *The Varieties of Religious Experience* eine Regeneration durch Entspannung und Loslassen, die sich, psychologisch gesehen, von der lutherischen Rechtfertigung aus dem Glauben und dem freien Geschenk der Gnade in Wesleys Methodismus nicht unterscheidet. Er beschreibt dies als eine Ruhepause, die man dem persönlichen ruhelosen Selbst gönnt, wobei man entdeckt, daß es ja noch ein größeres Selbst gibt. «Die sich allmählich oder sofort einstellenden kleinen oder großen Ergebnisse einer optimistischen Erwartenshaltung, das Phänomen der Regeneration, die sich ereignet, wenn man davon abläßt, sich zu bemühen, sind feststehende Tatsachen der menschlichen Natur.» Und Williams James fügt hinzu: «... so erklärt sich, weshalb die Selbstaufgabe immer schon als wesentlicher Wendepunkt im religiösen Leben gesehen wurde und immer gesehen werden muß... Man kann wohl sagen, daß die gesamte Entwicklung des Christentums im Bereich der Innerlichkeit weitgehend darin bestand, daß dieser Krise der Selbstaufgabe immer mehr Bedeutung beigemessen wurde.»[29]

Auch im Sufismus ist Unterwerfung unter den Meister eine notwendige Voraussetzung für den Zustand des *fana fil-shaykh*, bei dem das Selbst im Meister aufgehoben ist. Über das Verhältnis zwischen dem Sufi-Meister und seinem Schüler – *iradah* – schreibt ein Sufi-Dichter: «O Herz, willst du, daß der Geliebte glücklich mit dir ist, so mußt du tun und sagen, was er befiehlt. Wenn er sagt: ‹Weine Blut!›, dann frage nicht ‹Warum?›; wenn er sagt: ‹Stirb!›, dann frage nicht: ‹Wie kann das recht sein?›»[30]

Von der Psychologie des Selbst her gesehen ist Unterwerfung die volle Entfaltung der idealisierenden Übertragung, die mit dem starken Bedürfnis nach einem Verschmelzen mit einem guten und mächtigen, weisen und vollkommenen Selbstobjekt – dem Guru – verbunden ist. «Es ist das Geheimnis der Guru-Schüler-Beziehung», meint ein Guru, «daß der Guru der Schüler *ist*, nur vollkommener, vollendeter. Wenn der Schüler eine Beziehung mit dem Guru eingeht, dann geht er eigentlich eine Beziehung mit seinem eigenen besseren Selbst ein.»[31] Der Schüler, der, wenn er sein Selbst als Teil des Selbst seines Gurus sieht, mit der Zunge des Gurus schmeckt, mit der Haut des Gurus spürt, möchte, so könnte man sagen, zu den allerarchaischsten Selbstobjekt-Erfahrungen gelangen.

Ramakrishna, Musterbeispiel für den Hang des Inders zur narrativen Form, um damit eine kohärente und geschlossene Welt zu schaffen, für die indische Vorliebe für das Konkrete, für Metapher und Symbol an Stelle begrifflicher und abstrakter Formen, erzählt uns das folgende Gleichnis:

Eines Tages schaute Krishna (Gott und zugleich der Guru Arjunas), als er mit Arjuna (dem Kriegshelden aus dem Mahabharata-Epos) unterwegs war, gen Himmel und sprach: «Sieh nur, mein Freund, wie wunderschön die Schar Tauben ist, die dort fliegt!» Arjuna sah sie und sagte gleich: «Ja, mein Freund, wirklich sehr schöne Tauben.» Im nächsten Augenblick schaute Krishna wiederum hoch und sprach: «Wie seltsam, mein Freund, es sind keineswegs Tauben!» Arjuna sah die Vögel und sagte: «Ganz richtig, mein Freund, es sind überhaupt keine Tauben.» «Nun seht zu, daß ihr das versteht!» fordert uns Ramakrishna auf. «Arjunas Wahrhaftigkeit steht außer Frage. Nie hätte er Krishna nur nach dem Munde geredet, indem er ihm beide Male beipflichtete, sondern Arjunas gläubige Unterwerfung unter Krishna war so groß, daß er tatsächlich mit eigenen Augen sah, was Krishnas Augen erblickten.»[32]

Gläubige Anhänger, die zum Guru kommen, tun dies ebenso wie Patienten, die den Analytiker aufsuchen, mit zwiespältigen Gefühlen. Einerseits haben sie die unbewußte Hoffnung, daß die Interaktion mit dem Guru sie für fehlende oder unzulängliche Selbstobjekt-Reaktionen entschädigt. Auf der anderen Seite steht die Furcht, eben diese Interaktion könnte eine Fragmentierung des Selbst zur Folge haben. Die ständig vorhandenen Ängste, das Selbst könnte Schaden nehmen und in frühe primitive Zustände einer Auflösung des Selbst regredieren, zwingen den Jünger, vor zuviel Intimität auf der Hut zu sein. Sie verhindern die erwünschte Unterwerfung unter den Guru trotz aller bewußten Idealisierung des Wertes dieser Unterwerfung und des Loslassens. Gurus sind sich dieses Zwiespalts natürlich bewußt und suchen ihren Schülern auf verschiedene Weise über ihre Ängste hinwegzuhelfen. Muktananda z.B. schreibt: «Es gibt nur zwei Arten zu leben: in ständigem Zwiespalt oder in Unterwerfung. Zwiespalt führt zu Qual und Leiden... Doch wenn jemand sich im rechten Verständnis und mit Gelassenheit unterwirft, so wird sein Haus, werden Leib und Seele voll sein. Sein einstiges Gefühl von Leere und Mangel wird verschwinden.»[33] Und einer seiner Schüler findet Worte, die fast von einem modernen Selbst-Psychologen stammen könnten: «Wir leben in zahllosen flüchtigen Beziehungen, sind immer dabei, neue zu suchen, zu finden und wieder zu verlieren. Als Kinder wie als Erwachsene lernen wir durch diese Beziehungen. Wir lernen, indem wir die Gedanken und Stimmen unserer Lieben in uns hineinnehmen, indem wir das bloße Da-Sein unserer Lieben zusammen mit ihrem Wissen in uns aufsaugen.»[34] Gurus, dies betonen Gurus immer wieder, sind keine menschlichen Wesen, keine Objekte in der uneleganten Sprache der Psychoanalyse, sondern Funktionen. Spirituell ausgedrückt, stellen sie die Kraft der Gnade dar, und in der Sprache der Selbst-Psychologie sind sie intensive Selbstobjekt-Erfahrungen.

Der psychologische Terminus der «intensiven Selbstobjekt-Erfahrung» verlagert natürlich den Sitz des «Gnadenquells» von der Person des Gurus in die Psyche seines Jüngers. Es ist eine Gnade, die wir alle als Säuglinge immer wieder erlebt haben, als die fürsorgliche Zuwendung der Mutter unsere innere Welt verwandelte: Der Zustand der Desintegration wich einem Gefühl des Integriertseins, statt einer sich bedrohlich abzeichnenden Fragmentierung stellte sich die beseligende Erfahrung von Ganzheit ein. Daß wir uns dann als Erwachsene ständig auf der Suche nach dieser inneren Metamorphose befinden, macht den Guru in Indien – und ich verwende hier Christopher Bollas' Konzept – zu einem «Transformationsobjekt» ersten Ranges.[35] Er ist der kulturell gebilligte Adressat eines kollektiven Bedürfnisses nach Erfahrung, die Wandlung bewirkt, die über Heilung im engen Wortsinn hinausgeht. Die Gnade des Gurus besteht dann also darin, daß sein Jünger sich wieder in den einstigen transformierten Zustand zurückversetzen kann. Dieses Sich-Zurückerinnern, darauf weist uns Bollas hin, findet nicht auf kognitiver Ebene statt, sondern vollzieht sich existentiell durch intensives affektives Erleben, wenn auch nicht im selben Maße wie in der frühen Kindheit. Die Aussicht auf die bevorstehende Transformation durch den Guru bewirkt die ehrerbietige Haltung gegenüber seiner Person, eine Haltung, die im weltlichen Menschen, insbesondere dem aus dem Westen, eher durch die Transformationsobjekte aus dem Bereich der Kunst hervorgerufen wird als durch solche des religiösen Glaubens.

Die idealisierende Übertragung, die zum Verschmelzungserlebnis führt, steht daher in der Guru-Schüler-Beziehung im Zentrum des Heilungsprozesses. Die Heilung wird als alchimistische Umwandlung des Selbst gesehen: «Wenn Eisen in Berührung mit dem Stein der Weisen kommt, verwandelt es sich in Gold. Sandelholzbäume erfüllen mit ihrem Duft alle anderen Bäume im Umkreis.»[36] Psychoanalytiker aus der Schule der Objektbeziehungen und der Selbst-Psychologie werden dagegen, wie hier die Grundlage der Heilung formuliert wird, nichts einzuwenden haben. Jedoch erfordert ihr Modell des gesunden Menschen noch einen weiteren Schritt – den des Wiederauftauchens; Untertauchen und Wiederauftauchen sind beides wesentliche Bestandteile psychischen

Wachstums, und zwar auf allen Entwicklungsebenen. In Kohuts Sprache ausgedrückt, umfaßt Heilung nicht nur einen weit zurückliegenden Verschmelzungszustand, sondern außerdem eine Ablösung dieses Zustands durch die Erfahrung, empathische Resonanz bei einem Selbstobjekt zu finden.

Gurus sind sich im allgemeinen der Gefahren der Fragmentierung des Selbst und der Abwehr, die Schüler gegen diesen gefürchteten inneren Zustand aufbauen, bewußt. Moderne Gurus wie Muktananda sprechen ausdrücklich über die Erregung und Angst, die in einem Schüler aufkommen kann, wenn er dem Guru nahe ist. Die erforderliche Übung auf dem Weg zur Unterwerfung ist hart und schmerzlich. Die Erfahrung des Verschmelzens stellt sich nicht von heute auf morgen ein, sondern stufenweise, wie dies z.B. Jnaneshvara in seiner Schilderung der sich entfaltenden Guru-Schüler-Beziehung in der Metaphorik der Braut-Mystik zum Ausdruck bringt.[37] Sie sind sich der Widerstände und negativen Übertragungen bewußt, der Zeiten, in denen der Jünger kein Vertrauen mehr zum Guru hat, und sich oft Bedenken und Zweifel bei ihm einschleichen. Die Beziehung nicht abzubrechen, wenn dies passiert, lautet allgemein der analytisch vernünftige Rat. Die feindseligen Gefühle, die sich gegenüber dem Guru einstellen, sind Teil des heilsamen Wandlungsprozesses. Was an den Gefühlen gegenüber dem Guru wichtig ist, ist ihre Intensität und nicht ihre Richtung. Solange der Schüler dem Guru zugewandt bleibt, ob nun in Ergebenheit oder Feindseligkeit, wird er sich absolut angenommen finden. Muktananda beschreibt, wie sich der ideale Guru verhält: «Ein wahrhafter Guru zerschlägt deine alten Gewohnheiten: daß du immer herumkritisierst, daß du ständig deine Fehler und Sünden siehst, daß du dich selbst nicht leiden kannst. Er reißt die schlechte Saat, die du gesät hast, genauso mit der Wurzel heraus wie deine Schuldgefühle ... Nie wirst du den Guru Kritik an dir üben hören. Statt dessen erfährst du, wenn du mit ihm zusammen bist, das Göttliche in dir. Niemals wirst du für schuldig befunden in den Augen des Gurus. In ihnen wirst du immer nur den Lobpreis des in dir verborgenen Gottes lesen können.»[38]

Die «Atmosphäre affektiven Angenommenseins», die der

Guru und seine Institution, der *ashram*, verbreitet, wird, wie der Meister weiß, dem Schüler zunehmend Sicherheit geben, und in seinem Hin- und Herschwanken zwischen dem Bedürfnis nach Nähe und der Furcht davor wird das erstere die Oberhand gewinnen. Verdrängte und uneingestandene alte Selbstobjekt-Bedürfnisse werden wieder geweckt und mobilisiert und machen die Übertragungen immer intensiver. Oder, einfacher ausgedrückt, der Guru wird – genauso wie der Analytiker – in dem Maße, wie der Zwiespalt zwischen Bedürfnis und Furcht zurücktritt, zum Brennpunkt der neu gewonnenen, aber alten Liebesfähigkeit, die heftig auf ein Verschmelzen mit dem geliebten Gegenüber drängt.

Die Intimität mit dem Guru

Wenn es neben der Unterwerfung einen zweiten Begriff gibt, mit dem sich die Guru-Schüler-Beziehung fassen läßt, dann ist es *intime Nähe*. Lawrence Babb kommentiert seine Gespräche mit Anhängern von Sai Baba folgendermaßen: «Was in diesen Berichten als generelles Thema aufscheint, ist dieselbe Erfahrung von intimem Kontakt durch Blick, Berührung und Nahrung, wie er prinzipiell so entscheidend für den Hinduismus der Hingabe ist. Die Jünger sehnen sich danach, den Guru zu sehen, ihn zu hören, ihm nahe zu sein, eine Privataudienz bei ihm zu haben, ihn zu berühren (speziell seine Füße) und Substanzen und Gegenstände, die von ihm berührt wurden oder von ihm stammen, zu bekommen oder zu verzehren oder auf andere Weise zu verwenden.»[39] Dieses Streben nach intimer Nähe ist nicht nur die typische Reaktion des Schülers gegenüber dem Guru der Hingabe, sondern auch gegenüber dem Guru des Wissens. Pupul Jayakar schreibt, wenn sie über ihre Reaktion auf den «intellektuellen» Krishnamurti spricht: «Ich war getrieben von dem Bedürfnis, bei ihm zu sein, von ihm beachtet zu werden, in die Geheimnisse einzudringen, die seine Anwesenheit umgaben. Mir war angst vor dem, was geschehen mochte, und doch zog es mich hin.»[40]

Die angestrebte intime Nähe ist ihrem Wesen nach archaisch, älter als die Sprache, die trennt und auseinanderführt. Bei Dadu, dem nordindischen Heiligen aus dem sechzehnten Jahrhundert, findet sich folgender Gradmesser für diese Nähe:

Als erstes spricht der Guru im Geiste
Dann mit seinem Blick
Wenn der Schüler ihn so nicht versteht
Unterweist er ihn schließlich mit seinem Wort
Wer das gesprochene Wort versteht,
ist ein gewöhnlicher Mensch
Wer die Gesten zu deuten weiß, ein Eingeweihter
Wer die Gedanken liest
Die unerforschlichen, unergründlichen, ist ein Gott.[41]

Was Janeshvara bei dieser ersehnten wortlosen Nähe zum Guru besonders hervorhebt, ist die kindliche stille Zufriedenheit des Jüngers.

Nichts zu sagen ist dein Lobpreis
Nichts zu tun deine Verehrung
Nichts zu sein heißt dir nahe zu sein.[42]

Analytiker sind natürlich vertraut mit der regressiven Entwicklung in der Psyche des Patienten, die von der zunehmenden Übertragung auf den Analytiker ausgelöst wird. Die Regression läßt den Patienten sich selbst und den Analytiker auf zweifache Weise sehen: Innerhalb der Übertragung «sieht» er den Analytiker als elterliches Selbstobjekt, in der realen Beziehung als hilfreichen Arzt. Die beiden sich im Lauf der Zeit verändernden Bilder beeinflussen einander gegenseitig. Da auch das erwachsene Selbst des Patienten zugegen ist, hält sich die den Analytiker betreffende Illusion, auch wenn sie einmal zu- und einmal abnimmt, mehr oder weniger in Grenzen.[43]

Der Illusion des Patienten im Hinblick auf den Analytiker entspricht eine andere in bezug auf das Selbst. Während einer Analyse berichten Patienten oft, daß sie sich – auch außerhalb des analytischen Settings – als kindlich, ja sogar kindisch empfinden. Sie kommen sich zuweilen kleiner und ungeschickter vor, als es ihrem Erwachsenen-Selbst eigentlich entspräche. Die infantile und die erwachsene Seite des Selbst formen einander gegenseitig und sind oft kaum voneinander zu trennen. In der Guru-Schüler-Beziehung überschneidet sich die Identität zwischen dem tatsächlichen und dem infantilen Selbst des Schülers einerseits und die zwischen den wirklichen und den elterlichen Repräsentanzen des Meisters andererseits in höherem Maße und über längere Zeit hinweg als in der Psychoanalyse. Die zweidimensionale Sicht im Hinblick auf Selbst- und Guru-Repräsentanzen wird oft zur eindimensionalen. Die Interaktion zwischen Guru und Schüler berührt mit anderen Worten tiefere und weiter zurückliegende psychische Schichten, die in der Regel von der Psychoanalyse nicht erreicht werden. Der Jünger ist, denke ich, in einer besseren (aber auch gefährlicheren) Ausgangsposition als der Analysand, um mit dem – dem menschlichen Leben zugrundeliegenden – depressiven Kern, aus dem sich das Selbst zunächst herausgebildet hat und der jenseits von Worten und Deutungen liegt, in Verbindung zu treten und ihn vor allem zu korrigieren.

Die therapeutischen Techniken des Gurus sind also darauf angelegt, tiefer reichende Regressionen zu bewirken als die des Analytikers. An anderer Stelle habe ich von der Bedeutung gesprochen, die das Schauen und Angeschautwerden hat, eine wesentliche Technik im Umgang von Meister und Schüler.[44] Ich erörterte dort die identitätsschaffende Kraft des erkennenden Blicks, d.h. seine das Selbst erweckenden und stützenden Funktionen. Der mit den Augen als gütiges Selbstobjekt wahrgenommene Guru eröffnet seinen Anhängern in ihrer geschlossenen Welt archaischer, destruktiver Beziehungen neue Möglichkeiten. Der bei Schilderungen von Initiationsprozessen in den Schriften verwendete Fachbegriff lautet *darshanat*, d.h. «durch den Blick des Gurus», durch den man, wie Muktananda feststellt, «in allen Einzelheiten wie in einem klaren Spiegel wahrgenommen wird.»[45] Zur vollkommenen *Klarheit* des Blicks hätte er doch die absolute Liebe und vollständige Vergebung, die in ihm liegt, hinzufügen können. In Abwandlung von Dostojewskis Aussage über die Art zu sehen, die der Liebende hat, wird beim *darshanat* der Jünger so gesehen und lernt sich selbst so sehen, wie Gott ihn sähe. Selbst Gurus mit Tausenden von Schülern, deren Anhänger sich begreiflicherweise fragen könnten, ob sie vom Guru wirklich in regelmäßigen Abständen einzeln erkannt werden, bemühen sich zu versichern, daß trotz der großen Zahl der Beteiligten das *darshanat* funktioniert. Um nochmals Muktananda zu zitieren: «Viele zürnen mir aus Liebe und sagen: ‹Baba hat mich nicht angeblickt› oder ‹Als Baba mich ansah, hat er nicht gelächelt!› Diejenigen, die so reden, verstehen nicht, daß ich von meinem Stuhl aus jeden einmal anschaue, schweigend und mit großer Freude... Wahre Liebe kennt keine Worte. Wenn ich jemanden ansehe und schweigend einen Strahl der Liebe aussende, so ist dies ein erhebender Augenblick. So ist es und so sollte es verstanden werden: Liebe ist ein heimlicher Strahl, der aus dem Auge kommt.»[46]

Wie steht es nun mit den Worten des Gurus, den Darlegungen, denen seine Anhänger mit gebannter Aufmerksamkeit lauschen? Jemandem, der so einen Vortrag liest oder ihn, ohne sich in einer Gruppe von Anhängern zu befinden, hört, mag er banal, voller Wiederholungen und altbekannter Predigtmuster erscheinen. Das Wort des Gurus bezieht seine Kraft jedoch nicht aus der vermittelten Erkenntnis, sondern aus anderer Quelle. «Ich habe eigentlich nichts verstanden, aber die Worte waren anschließend in mir lebendig» ist eine typische Reaktion.[47] Die psychologische Wirkung der Worte liegt nicht in ihrer wörtlichen Bedeutung, sondern in ihrer symbolischen Kraft, im Klang, durch den das Erlebnis der Gegenwart des Gurus an die Psyche übermittelt wird. Sie stellen eine Frühform menschlichen Kontakts dar, vergleichbar der Erfahrung des Kindes, das sich von der Stimme der Mutter beruhigen läßt, selbst wenn es körperlich getrennt von ihr ist und ihre Umarmung nicht spüren kann. In der Psychoanalyse kommt es vor, daß ein Patient sich über die Klangfarbe der Stimme des Analytikers äußert, wenn er sie als psychologische Brücke empfindet, die sie beide verbindet, oder wenn sie seinem Empfinden nach distanzierend ist und eine das Selbst fragmentierende Reaktion auslöst. Susan Bady vermutet, daß nicht nur die psychologische Reaktion auf die Stimme des Therapeuten Bedeutung hat, sondern daß der Patient sie sich tatsächlich ganz konkret einverleibt.[48] Überträgt sich die entspannte und selbstsichere Stimme des Therapeuten oder des Gurus auf seine Stimmbänder, sein Atemmuster und -tempo und auf die Bewegung seines Zwerchfells, so kann dies seinen inneren Aufruhr zur Ruhe bringen und seiner eigenen schüchternen und unsicheren Stimme Hoffnung und Mut einflößen.

Die konkreten physischen und psychischen Auswirkungen der Worte des Gurus und ihres Klangs werden durch den Rahmen der Gruppensituation, in der ihn der Schüler normalerweise sprechen hört, noch erheblich verstärkt. Ich habe dies selbst erlebt, während ich mitten in einer großen Menschenmenge einem Guru zuhörte, und gebe diese Erfahrung im folgenden wieder: «Zuerst empfindet man Unbehagen darüber, wie der Körper, der doch unsere Individualität in sich birgt und unsere räumlichen Grenzen nach außen kennzeichnet, aus der gewohnten Weise, andere Menschen zu erfahren, herausgerissen wird. Denn je erwachsener wir werden, desto ambivalenter stehen wir der Berührung durch andere gegenüber, die wir doch einst so zielstrebig gesucht und mit Freuden genossen haben. Von einem geliebten Menschen kommend, wird die Berührung freudig begrüßt; bei Fremden dagegen zuckt der Körper unwillkürlich zurück: Ihre Berührung hat den bedrohlichen Charakter eines Bedrängtwerdens durch das Andere (Nicht-Ich). Sobald aber die Angst vor der Berührung dem heftigen Druck der fremden Leiber weicht und das Individuum es zuläßt, zu einem Teil der dichtgefügten Masse zu werden, verwandelt sich die ursprüngliche Irritation allmählich zu einer Offenheit, die auch die anderen in sich einbezieht. Abstand und Unterschied zwischen den Menschen (in Status, Geschlecht und Alter) machen dem – gewiß nur vorübergehenden – erhebenden Gefühl Platz, daß die Grenzen des Individuums tatsächlich transzendiert werden können, und vielleicht von Anfang an nur Illusion waren. Natürlich ist Berührung nur einer der sinnlichen Reize, die an die Pforte der individuellen Identität pochen. Andere sinnliche Stimuli, durch Gesicht, Gehör und Geruch vermittelt, spielen ebenfalls mit. Dazu kommt der unterschwellige Austausch von Körperwärme, Muskelspannung und Körperrhythmen, der in einer Masse stattfindet und auf den Phyllis Greenacre aufmerksam gemacht hat. Mit einem Wort, der Angriff der Masse gegen das Gefühl der individuellen Identität scheint nahezu unwiderstehlich zu sein; die Einladung zu einer psychologischen Regression, bei der das Bild vom eigenen Körper zunehmend fließend und unscharf, die Kontrolle über Emotionen und Triebregungen geschwächt und kritisches Urteilen und rationales Denken aufgegeben wird, bekommt etwas Gewaltsames und zugleich Verführerisches.»[49]

Andere in der Interaktion zwischen Guru und Schüler angewandte Techniken erfüllen eine ähnliche Funktion: Sie bewirken ein psychisches Loslassen und leisten einer tiefreichenden Regression Vorschub – immer mehr überläßt man sich der Erfahrung des Verschmelzens mit dem Selbstobjekt. Das Zusichnehmen von *prasada*, Essensgaben, die der Guru berührt oder probiert hat, das Trinken des zum Waschen seiner Füße verwendeten Wassers tragen dazu bei, die individuellen körperlichen und psychischen Grenzen aufzulösen und so das eigene Erleben zu verändern: Den Guru erfährt man nicht mehr als von einem selber getrenntes Anderes, sondern man erlebt sich als eins mit einem Selbstobjekt. Gurus und deren Anhänger wissen von jeher, daß eine auf das Gesicht oder die Gestalt des Gurus gerichtete Meditation oder sein als Kontemplationsgegenstand verwendetes Photo (wie dies in bestimmten Kulten gefordert wird) die Erfahrung des Verschmelzens fördern und beschleunigen. «Wer stets in innerer Versenkung auf den Guru ausgerichtet ist, wird schließlich zum Guru», wie Muktananda feststellt. «Die Meditation über die Gestalt des Gurus versetzt den Meditierenden in den Zustand des Gurus.»[50]

Eigentlich ist es nicht richtig, wenn ich hier immer von der Interaktion zwischen Guru und Schüler gesprochen habe, denn nicht die innere Verfassung des Gurus, sondern die des Schülers stand im Zentrum. Aber vielleicht sollte es so sein, wo doch offensichtlich der Schüler derjenige ist, der Heilung sucht, und wo wir doch bei weitem mehr über die beim Schüler ablaufenden Prozesse wissen als über das, was sich beim Guru abspielt. Trotzdem muß sich ein Analytiker fragen, wie ein Guru mit den enormen idealisierenden Übertragungen so vieler Schüler zurechtkommt. Mit negativen Übertragungen und negativen Projektionen läßt sich natürlich leichter fertigwerden, da sie ernstes Unbehagen auslösen und uns zwingen, sie zurückzuweisen, indem wir innerlich unterscheiden zwischen dem, was Teil von uns ist und den fremden Attributen, die auf uns projiziert wurden. Dagegen besteht keine zwingende Veranlassung, den Übergriff anderer auf unser Selbst abzuwehren, wenn die Projektionen narzißtisch befriedigend sind, wie dies bei bewundernden Anhängern stets der Fall ist. Das Problem kompliziert sich außerdem dadurch, daß der Guru (und der Analytiker), um die das Selbst erhaltenden und heilenden Reaktionen bei seinem Anhänger (oder beim Patienten) auszulösen, es akzeptieren muß, ein Vater bzw. eine Mutter zu sein, nur weiser, größer und mächtiger. Diese elterliche Repräsentanz des Schülers anzunehmen und sich doch nicht damit zu identifizieren, verlangt vom Guru, daß er mit seinem eigenen kindlichen Selbst in Verbindung bleibt. Die besten unter den Gurus schaffen dies auch eindeutig, wie wir es im Fall von Ramakrishna gesehen haben; ihr eigenes Verhältnis zum Göttlichen läßt auch andere Selbst-Repräsentanzen intakt und nicht nur die des allwissenden Vaters. Aber bei vielen anderen, so vermute ich, ist die Versuchung, sich mit dem vom Schüler auf sie projizierten elterlichen Selbst zu identifizieren, übermächtig. Als Vater oder Mutter und damit überlegene Person in der Eltern-Kind-Beziehung hat man es leichter, die eigenen Konflikte und das depressive Selbst auf das Kind abzuladen. Im Falle der Gegenübertragung des Analytikers schafft ihm die Identifikation mit der Elternrolle, wie Michael Moeller aufzeigt, in zweifacher Hinsicht Entlastung: Erstens ist der Analytiker in der innerhalb der Übertragung sich wiederholenden Beziehung zum Patienten der stärkere und weniger belastete Elternteil, und zweitens ist er ja dieser Elternteil überhaupt nicht.[51] Der empirische Befund einer antidepressiven Wirkung, die die Analytikerrolle hat, trifft auch auf den Guru zu. Sein ruhiger, heiterer, liebevoller Gesichtsausdruck ist vielleicht eher eine Konsequenz als eine Ursache seiner Rolle als Heiler.

Die falschen Gurus …

Wie oben schon erwähnt, liegen die Gefahren der Guru-Rolle in den massiven elterlichen Projektionen, die der Guru innerlich verarbeiten muß. Zwar ist der Analytiker oder ganz allgemein jeder Heiler in derselben Gefahr, doch ist bei einem Guru die Intensität dieser Projektionen, ihre Dauer und allein die Anzahl der beteiligten Anhänger weitaus größer als im Falle seiner weltlichen Kollegen. Diese idealisierenden Projektionen unterminieren die Selbst-Repräsentanz des Gurus und stellen einen heimtückischen Angriff dar, dem einige Gurus – und ebenso einige Therapeuten – nicht erfolgreich widerstehen können. Eine Regression in Allmachtsphantasien ist eine der Folgen, während im sexuellen Bereich bekanntermaßen oft ein Rückzug in die sexuelle Perversion eine speziell mit der Guru-Rolle verbundene Gefahr darstellt. Es ist traurig, über siebzigjährige Gurus zu hören oder zu lesen, die es mit der ganzen Gerissenheit eines Voyeurs so einrichten, daß sie beobachten können, wie sich ihre Schülerinnen im Teenageralter (in der Regel aus dem Westen kommend) im Ashram vor dem Zu-Bett-Gehen ausziehen. Die Promiskuität einiger anderer Gurus, die mit peinlichen Anstrengungen verbunden ist, wenn ihr alternder Körper schon dahinwelkt, ist ebenfalls nur allzu bekannt, um hier nochmals ausgebreitet zu werden.

Die sexuellen Verirrungen betreffen jedoch nicht nur die pathologische Regression in wenigen Einzelfällen, sondern werden möglicherweise auch durch das spezielle Konzept gefördert, das der in der Begegnung zwischen dem Guru und seinem Anhänger stattfindenden Heilung zugrundeliegt. Zum Beispiel gibt es, angesichts der Bedeutung, die dort einer spezifischen Form intimer Nähe zukommt, keinen inhärenten Grund (außer dem der kulturellen Mißbilligung), warum die Intimität zwischen Guru und Jünger nicht bis zur intimsten Begegnung überhaupt gehen sollte – was dann als besonderer Gunsterweis des Gurus zu sehen wäre –, warum die Verschmelzung der Seelen nicht durch die Vereinigung ihrer Gefäße, der Körper, stattfinden sollte. Wenn Substanzen, die in intimem Kontakt mit dem Körper des Gurus standen, mächtige Mittel inneren Wandels sind, sobald sie vom Jünger zu sich genommen werden, dann liegt es doch in der Logik der Transformation, daß die wirkungsvollste Transformationssubstanz die «reinste» und innerste Essenz des Gurus wäre – nämlich sein Samen.

5. Kapitel: Pierre Janet, Madeleines Arzt

«Gehen wir ins Herbarium»

Zwischen den Schülern Ramakrishnas, die fortwährend damit beschäftigt waren, die Worte ihres Gurus festzuhalten, und Professor Pierre Janet, der Madeleines Fall auf Tausenden von Seiten beschrieb, bestehen offensichtlich keine Gemeinsamkeiten.[1]

Ramakrishna selbst wiederum wurde, abgesehen von einigen fruchtlosen medizinischen Behandlungsversuchen, denen er sich in seiner Jugend unterziehen mußte, niemals von einem Arzt behandelt, ja nicht einmal von jemandem in irgendeiner Form medizinisch versorgt. Sobald er Berühmtheit erlangt hatte, wirkte er selbst als Guru und Heiler. Was Madeleine betrifft, so pflegte sie zwei Frauen, eine «Gefährtin» und eine alte Frau, die beide unter Krebs litten. Aber diese barmherzigen und zweifellos schamanistisch gefärbten Hilfsleistungen fielen in jene Zeit, in der Madeleine noch nicht in der Salpêtrière lebte. Nachdem sie dort eingeliefert worden war, kümmerte sie sich in keiner Weise um die anderen Patienten; ihre Berufung zur universellen Aufopferung wich der Ausschließlichkeit des Wahns, und Janet bemerkte, daß sie keinen ansteckenden Bekehrungseifer an den Tag legte.

Hierzu hätte Madeleine auch von vornherein keine Chance gehabt, denn der damalige Krankenhausbetrieb erlaubte nur eine Art von Therapeut, und Pierre Janet erfüllte diese Funktion in jeder Hinsicht.

Gleichwohl spielte Janet für seine Patientin nicht die Rolle eines Gurus oder Heilers. Denn es genügte nicht, daß Madeleine versuchte, ihn in diese Rolle zu drängen, er hätte auch selbst dazu bereit sein müssen. Nun waren aber die theoretischen Überzeugungen von Professor Janet den indischen Traditionen diametral entgegengesetzt.

Zwei therapeutische Welten prallten hier aufeinander, und wenn Ramakrishna sich nicht von seinen Schülern trennen läßt, so auch nicht Madeleine von ihrem Psychiater. Er wollte sie unbedingt heilen, er beobachtete sie und weigerte sich, die Rollen zu spielen, die sie ihm suggerierte; andererseits konnte er nicht von ihrer Person lassen, und seine Neugier als Psychologe war absolut unersättlich.

Was für ein Mensch war er also, daß er sich so brennend für einen Fall von ekstatischem Mystizismus interessierte? Und warum verbrachte er so viel Zeit, so viele Jahre damit, Madeleine zu beschreiben, zu «messen» – Körpergröße, Gewicht, Urinabgabe, Atmungsgeschwindigkeit, Kraftentfaltung bei ausgestreckten Gliedmaßen, etc. – sie zu behandeln, zu umsorgen, ja im Grunde zärtlich zu lieben?

Wer war also Pierre Janet, daß er sich in dieses wandelnde Rätsel verbiß?

Biographie eines rechtschaffenen Mannes mit einer Prädisposition zur Ekstase

Auf den ersten Blick ist Pierre Janet (1859–1947) ein Psychiater ohne Auffälligkeiten, der im Frankreich des ausgehenden 19. Jahrhunderts ein friedliches und normales Leben führt. Er absolviert die École Normale Supérieure im Fach Philosophie, erlangt 1882 die Agrégation und unterrichtet zunächst Philosophie. Später wird er in der Salpêtrière Mitarbeiter von Professor Charcot. 1893 beendet er ein zusätzliches Studium als Arzt, wird dann Stellvertreter von Ribot, der den Lehrstuhl für Experimentelle und Vergleichende Psychologie am Collège de France innehat, und rückt 1902 selbst zum Inhaber dieses Lehrstuhls auf – eine Position, die er 40 Jahre lang bekleiden sollte. Er veröffentlicht rund zwanzig Bücher, in denen sich Psychiatrie und Philosophie überschneiden: *Les obsessions et la psychasthénie* (1903), *L'état mental des hystériques* (1911) (dt. «Der Geisteszustand der Hysterischen»), *Les croyances et les sentiments* (1926), *Les Stades de l'Évolution Psychologique* (1927), *L'Évolution de la Mémoire et de la notion du Temps* (1928), *La force et la faiblesse psychologiques* (1930), etc... Nichts Außergewöhnliches. Auf den ersten Blick.

Studiert man seine Biographie jedoch etwas eingehender und liest beispielsweise die Aufzeichnungen seiner Tochter Hélène Pichon-Janet oder, besser noch, die seines Bruders Jules, so entdeckt man einen anderen Pierre Janet. Hinter dem schüchternen und zerstreuten Ehrenmann, der ein geordnetes Leben führt, verbirgt sich eine andere Person.

Seine Tochter und sein Bruder bestätigen, daß Janet im Alter von fünfzehn Jahren einen heftigen «religiösen Anfall» mit schweren Depressionen durchlebte. Wie sich dieser Anfall manifestierte, läßt sich heute aus keinerlei Dokumenten mehr erschließen. Doch auch wenn er nicht sehr schwerwiegend gewesen sein mochte, so hat er doch mit Sicherheit genügend Spuren hinterlassen, um Pierre Janet für die Ekstase zu sensibilisieren. Und sensibel, ja verwundbar, zeigt sich Pierre Janet immer, wenn er über seine inniggeliebte Madeleine schreibt. Gewiß haben wir gesehen, daß die moralische Strenge des vor allem um die soziale Wiedereingliederung seiner Patientin besorgten Arztes über die Faszination des Wahns obsiegt. Aber wenn Janet Madeleine in eine jener gleichsam juristischen Diskussionen über die Definition des Begriffs «Wahrheit» verwickelt, ist er nicht mehr nur Therapeut, sondern er nimmt am Schicksal seiner Patientin teil.

Mit einer Aufmerksamkeit, der nichts entgeht, besessen vom psychologischen Positivismus, zutiefst laizistischen Werten verpflichtet bei gleichzeitigem Respekt vor religiösen Überzeugungen und Gefühlen (was so weit geht, daß er diese sogar mit leidenschaftlicher Neugier untersucht) – unter diesen Voraussetzungen stürzt sich Janet mit angehaltenem Atem in die Analyse von Madeleines Fall. *De l'Angoisse à l'Extase*, sein Hauptwerk, räumt in dieser Hinsicht den letzten Zweifel aus: Die Leidenschaft des Professors für seine ekstatischen Patientinnen reicht weit über ein rein wissenschaftliches Interesse hinaus, und das Verlangen, die Wahrheit zu finden, das ihn zu so minutiösen Studien treibt, durchdringt ihn gegen seinen Willen und beherrscht sein Handeln. Pierre Janet zeigt eine gewisse Anfälligkeit für den Mystizismus, seine Persönlichkeit weist eine Bresche auf, in die Madeleine eingedrungen ist und die nur durch die Anstaltspsychiatrie geschlossen werden konnte.

Woher aber rührt diese Anfälligkeit? Die Familiengeschichte liefert keine erklärenden Anhaltspunkte. In seiner kleinbürgerlichen Herkunftsfamilie scheint es keine gravierenden Zerreißproben gegeben zu haben, und der junge Pierre verlebte eine glückliche Kindheit in einem schönen Haus in Bourg-la-Reine, das von einem Garten umgeben war, in dem er sich wohlfühlte. Im Jahre 1870 erlebte er jedoch im Alter von nur elf Jahren während des Deutsch-Französischen Krieges die Belagerung von Paris. Diese Zeit scheint ihm in lebhafter Erinnerung geblieben zu sein. Er litt damals unter Skorbut. Zwar war diese böse Zeit bald vorüber, doch vier Jahre später erlebte der Heranwachsende einen religiösen Anfall. Der Boden, auf dem das Interesse für Madeleine keimen sollte, war bereitet.

Ab 1879 besucht Janet die École Normale Supérieure. Hier hat er einige illustre Mitstudenten, deren Namen an dieser Stelle nicht unterschlagen werden dürfen: Da sind Jean Jaurès, der einige Jahre älter ist als Janet, aber auch Henri Bergson und Émile Durkheim; Direktor des Instituts ist überdies kein anderer als Fustel de Coulanges. Jaurès, der sozialistische Idealist und Pazifist, der Gründer der Zeitung *L'Humanité*; Bergson, der Philosoph der Dauer, der *Die zwei Quellen der Moral und der Religion* verfaßt hatte, ein Werk, in dem die sich perpetuierende statische Tendenz der Gesellschaft der dynamischen Tendenz der Ekstase und der Mystik gegenübergestellt wird; und der Soziologe Durkheim, der über den Selbstmord forscht... Drei wichtige Weggenossen also, so daß die Atmosphäre an der École Normale den jungen Pierre Janet wohl nicht unbeeinflußt lassen konnte.

Auch die spirituellen Einflüsse dieses Klosters für Jungen sind kaum bekannt: Ein anderer Absolvent, der Schriftsteller Romain Rolland, hinterließ ein aufschlußreiches Tagebuch aus seiner Schulzeit, wo er die Phantasmagorien beschreibt, die er auf dem Rasen im Hof der Schule erlebte und an denen die Treibhausatmosphäre offenbar wird, der die Studenten dort ausgesetzt waren. Und liest man heute die Aussagen Jean Guittons über den Mystizismus Althussers, so ergibt sich ein ebensolches Bild.

Was die Salpêtrière und die alles vereinnahmende und eindrucksvolle Persönlichkeit von Professor Charcot anbetrifft, so muß man nur einmal Freuds Briefe an seine Verlobte Martha Bernays lesen, um die nachhaltige Wirkung jener Sitzungen zu verstehen, in denen Hysteriker hypnotisiert wurden. Dieser phantastische psychiatrische Zirkus, der den damals immer noch angewendeten Magnetbehandlungen folgte, trug eine Aura des Übernatürlichen und der Magie um sich. Pierre Janet und Sigmund Freud konnten beide als Zuschauer mitverfolgen, wie erstarrte Frauen von einem genialen Hypnotiseur von ihrer Paralyse befreit wurden, wobei dieser kaum verstand, was er tat, aber nichtsdestoweniger für die Dauer der Trance einen Heilungserfolg erzielte. Und in einer als Gemälde verewigten Szene sehen wir einen massigen Charcot, der ungerührt den entzückenden Ohnmachtsanfall einer Frau mit geöffneter Korsage und nach hinten sinkendem Kopf kommentiert, und ein Publikum, das begehrlich die Hälse reckt, um die außergewöhnliche Demonstration besser mitverfolgen zu können.

Alles was Charcot zu sagen weiß, ist, daß es hier um «die genitale Angelegenheit» gehe. Weder der junge Janet noch der junge Freud sollten das von Charcot inszenierte Rätsel vergessen. Ihre konträren Schlußfolgerungen sind Ausdruck einer Epoche in der Psychiatrie, die besessen war von den Krisen der weiblichen Psyche. Freud sollte wieder nach Wien zurückkehren, aufgeschreckt von dieser mysteriösen «Angelegenheit», die den weiblichen Körper sowohl lähmen als auch befreien konnte. Janet hingegen verließ den einmal eingeschlagenen Pfad nicht und beschäftigte sich noch einige Zeit mit diesen Zirkusvorführungen.

In Le Havre, wohin Janet zur gleichen Zeit, Ende der achtziger Jahre des 19. Jahrhunderts, als Universitätslehrer berufen wurde, schickt ihm ein gewisser Doktor Gibert eine Frau namens Léonie. Sie ist außergewöhnlich hellsichtig und verfügt über telepathische Fähigkeiten. Janet führt zunächst allein und später zusammen mit seinem Bruder Jules, der Urologe werden sollte («Gonokokkenjäger», wie er sich selbst zu bezeichnen pflegte), zahlreiche Experimente an Léonie durch. Léonie wird von dem zukünftigen Professor regelmäßig hypnotisiert, so daß Janet nach drei Wochen einen Artikel schreiben kann, der so viel Aufsehen erregt, daß sogar herausragende Spezialisten aus London und Paris nach Le Havre reisen, um den Fall zu begutachten. Dem jungen Philosophen – denn es sollte noch acht Jahre dauern, bevor Janet noch zusätzlich ein Medizinstudium absolviert hatte – wird daraufhin ein Laboratorium anvertraut, das er sogleich «Saint Charcot» nennt. Dann aber entdeckt Janet, daß Léonie, bevor sie zum Hypnoseversuchstier wurde, mit Magnetismus behandelt wurde, und er empört sich insgeheim gegen die Leichtgläubigkeit seiner älteren Kollegen. Er beschließt, von nun an peinlich genau, vorsichtig und mißtrauisch zu sein.

Künftig wird er seine Patienten allein, ohne Zuschauer, behandeln, um jegliches spektakuläre Moment auszuschalten. Er wird ihre Vorgeschichte gründlich erforschen. Und er wird systematisch alle ihre Äußerungen aufzeichnen, also jene «Füllfederhaltermethode» anwenden, der wir die Aufzeichnungen über Madeleine verdanken. Um schließlich das ekstatische Monster, das er mit Sicherheit in sich selbst wiederentdeckt, zu zähmen, wählt er für seine zweite Doktorarbeit, die in Latein verfaßt werden muß, ein Thema, das perfekt auf ihn zugeschnitten ist: «Francis Bacon und die Alchimisten». Bacon steht für die experimentelle Wissenschaft, die Alchimisten symbolisieren die okkultistische Versuchung.

Seine Haupt-Doktorarbeit sollte er über den *Psychologischen Automatismus* verfassen. Janet hat damit an jenen ideologischen Strömungen teil, die zur Geburt der Psychoanalyse beitrugen. Vom 8. bis 12. August 1889 fand zur gleichen Zeit wie die Weltausstellung in Paris ein «Internationaler Kongreß über experimentelle und therapeutische Hypnose» statt. Zu den Veranstaltern zählt Pierre Janet, und unter den Teilnehmern erscheinen Namen wie William James und Sigmund Freud.

Ist Pierre Janet nun aber tatsächlich exakt und rational? Die Antwort lautet ja. Aber die alten Versuchungen aus der Zeit der Adoleszenz sind nicht weit, und wie sollte es auch anders sein, da sie sich in unmittelbarer räumlicher Nähe befinden? Das kleine Laboratorium «Claude Bernard», in dem Madeleine behandelt wird, liegt direkt neben jenem, in dem Charcot seine Sitzungen abhielt. Und zumindest ist Professor Janet ein Gefangener der Geschichte der Salpêtrière. Ob er vielleicht wirklich vom Geist des Ortes beeinflußt wurde? So äußert Janet zuweilen merkwürdige Gedanken, wie zum Beispiel: «Der Tag wird kommen, an dem der Mensch ebenso in der Vergangenheit umherwandeln kann wie in den Lüften», oder auch «Alles, was existiert, existiert und währt in einem Raum, den wir nicht verstehen und wo wir nicht hingelangen können.» Er träumt von einem «Paläoskop», einem Instrument, mit dem man die Vergangenheit betrachten kann, und wenn es auch noch nicht erfunden worden sei, so werde dies eines Tages mit Sicherheit geschehen. Diese Neigung zu den Reminiszenzen der Vergangenheit führte Janet an die Schwelle der Türen, die Freud geöffnet hatte. Doch anders als der Wiener Neurologe verharrte der Pariser Psychiater, von Neugier gelähmt und von Meßapparaturen umgeben, vor dem weiblichen Rätsel und fand doch letztlich keine Antwort auf seine Fragen.

Janet contra Freud

Im Alter von 83 Jahren folgte Professor Janet einer Einladung seines jungen Kollegen Jean Delay und besuchte die Veranstaltungen in Sainte-Anne, wo er die Narkoanalyse und die Entwicklung der modernen Psychiatrie kennenlernte. Besser als jeder andere analysierte Jean Delay am Beispiel einer Patientin Janets, was den Professor von Freud unterschied.[2]

Die Patientin, die Janet Irène nannte, war die Heldin jenes melodramatischen Boulevardstückes, in dem der trunksüchtige Vater vor sich hin schnarcht, während seine Frau ihr Leben aushaucht. Irène zeigte halluzinatorische Symptome; sie durchlebte noch einmal heftig den Todeskampf ihrer Mutter, den sie völlig vergessen hatte. Nach sechs Monaten erlangte sie die Erinnerung an diese Szene wieder, und daraufhin verschwanden natürlich die Halluzinationen. Janet stellt dazu fest, daß «seit dem Augenblick, in dem Irène fähig war, willentlich an ihre Mutter zu denken, sie nicht mehr unfreiwillig an sie dachte. Da keine Amnesie mehr vorlag, gab es auch keine Hyperamnesie mehr.»

Indem er den Zusammenhang zwischen dem «Willentlichen» der bewußten Erinnerung und dem «Unfreiwilligen» der unbewußten Amnesie herstellt, erfaßt Janet also den Kern von Freuds Entdeckung – mit einer Ausnahme allerdings: Er entscheidet nicht, was Ursache ist und was Wirkung. Und ebensowenig erkennt er den Zusammenhang zwischen dem Unbewußten und dem Bewußten und wie beide in der Therapie möglicherweise zusammenwirken könnten. Was dem Professor fehlt und deshalb seine fortwährende Blindheit bedingt, ist das Wissen um die Ursachen und die Anwendung der Übertragung.

Um das Phänomen der Übertragung zwischen Arzt und Patient zu verstehen, unterzieht Freud seine Intuitionen einer Selbstanalyse, wobei er selbst oft der Abreaktion verfällt und bei seinen ersten Patienten recht und schlecht versucht zu erproben, mit welchen Techniken sich ein neutrales therapeutisches Verhältnis zwischen Arzt und Patient herstellen läßt. Ohne diese Anstrengungen in beiden Bereichen ist keine Distanz und damit keine analytische Therapie möglich. Janet, der von Haus aus Philosoph ist, ausschließlich in psychologischen und moralischen Kategorien denkt und vielleicht auch zu sehr «anständiger Bürger» ist, zog diese Problematik in keiner Weise in Erwägung, so sicher war er sich der Existenz einer *Vernunft*.

Paradoxerweise entbrannte er genau deshalb leidenschaftlich – und in gewisser Weise blind – für jene echte Mystikerin, die seine Patientin Madeleine war. Sie sollte für ihn während der Dauer ihres Aufenthalts in der Salpêtrière an Stelle der nicht stattfindenden Psychoanalyse die Rolle eines absoluten Anderen spielen, dem Janet sein Gesetz aufzuzwingen versuchte, das der Heilung.

Janet spricht oft von Freuds Werk, das er jedoch selten zitiert, sondern eher vom Hörensagen oder in Anekdoten erwähnt. Manchmal schlachtet er Freuds Schriften mit Frohlocken, ja sogar Schadenfreude für seine eigenen Zwecke aus.

So hatte Freud beispielsweise 1910 einen Artikel über wilde Psychoanalyse veröffentlicht.[3] Darin beschreibt er den Fall einer vierzigjährigen Frau, die verzweifelt bei ihm Rat gesucht hatte. Ihr junger Arzt hatte ihr, damit sie über den Verlust ihres Gatten, von dem sie gerade geschieden worden war, hinwegkäme, drei Mittel empfohlen: Sie könne zu ihrem Mann zurückkehren oder sich einen Liebhaber nehmen oder «ihr Vergnügen aus sich selbst beziehen», worunter man wohl die Masturbation zu verstehen hat. Freud stellte nun vorsichtig, da er an Verzerrungen gewohnt war, die Aussagen der jungen Frau über ihren Arzt in Frage. Dann analysierte der den *wissenschaftlichen* Irrtum – ein falsches Verständnis der Sexualität, die hier auf den bloßen Koitus reduziert wurde, den die junge Frau entbehren mußte. Schließlich kritisiert er noch den *technischen* Irrtum, der jeder wilden Psychoanalyse unterläuft und der darin besteht, daß die Abwehrmechanismen des Patienten nicht berücksichtigt werden und es an «medizinischen Takt» fehlt, weil die einzelnen Etappen der Übertragung übersprungen werden.

In einem Artikel über die «Psycho-Analyse», der 1914 im *Journal de Psychologie* veröffentlicht wurde, resümiert Janet Freuds Artikel. Es ist erstaunlich, was er dabei aus dem Text macht...

Unter der Feder Janets wird der junge Arzt auf einmal zum Schüler Freuds, ja sogar zum «guten Schüler», er «verschreibt ein Rezept», so als ob die Tatsache der bloßen Äußerung nicht an sich schon recht «wild» wäre. Und schließlich unterschlägt Janet sogar den dritten Rat Freuds und läßt sich über die Masturbation aus. «Ich muß zu meiner großen Schande eingestehen», so fügt er scheinheilig hinzu, «daß der junge Kollege mir gar nicht so sehr im Irrtum gewesen scheint und daß er die Lehre, die man ihm vermittelt hat, sehr exakt angewendet hat».

In dem inkriminierten Artikel hatte sich Freud jedoch erstaunt gezeigt, daß der junge Wiener Arzt ignorieren konnte, daß die Psychoanalyse sich dem Vorwurf gegenübersah, den Begriff der Sexualität über die gängige Definition hinaus ausgedehnt zu haben. Es ist also offensichtlich, daß dieser Arzt nicht Freuds Schüler war.

Anschließend erzählt Janet amüsiert, wie Freud «seinen allzu gelehrigen und kompromittierenden Schüler tadelte». Er wolle hier aber nicht näher auf die Praktiken eingehen, mit denen Ketzer exkommuniziert würden. Zu bemerken ist hierbei, daß Janet sehr wohl den deutschen Artikel Freuds zitiert, aber auch einen Artikel aus dem *American Journal of Psychology*, der wahrscheinlich die Quelle dieser dürftigen Information ist.

Es ist – gelinde gesagt – nicht sicher, daß Professor Janet Freuds Artikel tatsächlich gelesen hat. Mit Gewißheit hat er jedoch die durch eine indirekte Darstellung bewirkte Verzerrung in extremster Weise für seine negative Interpretation genutzt. Besser ließe sich das schlechte Verhältnis Janets zur Psychoanalyse, der er so nahestand und die er doch so wenig verstand, nicht illustrieren.

Janet räumt nur in einem Punkt Übereinstimmung mit Freud ein: Ebenso wie er selbst – jedoch zu einem späteren Zeitpunkt – beweist Freud, daß man das ganze Leben eines Patienten kennen muß, um seine Probleme zu verstehen. Daran sei im übrigen nichts originell, meint Janet, «unsere alten Meister» hätten dies schon immer geraten. Hingegen mokiert sich Janet gnadenlos über Freuds Behandlungsmethode. Zwar empfiehlt Freud genauso wie er, alle Worte des Patienten zu notieren, vor allem dann, wenn er sich einmal gehen läßt. Warum aber sollte man das einfache und praktische Gegenüber von Arzt und Patient aufgeben? «Um ein solches Geschwätz aufzuschreiben», so vermerkt Janet, «raten die Schüler von Herrn Freud, den Patienten einfach auf einem Sessel zu plazieren, während der Arzt hinter ihm Platz nimmt und ihm rät (sic), sich gehen zu lassen und alle Gedanken, die ihm spontan in den Sinn kommen, laut auszusprechen. Dies erscheint mir als ein unzulängliches und ein wenig naives Verfahren, denn der Kranke fühlt sich dennoch beobachtet und versucht mehr als man glaubt, seine Äußerungen in bestimmter Weise zu arrangieren, um damit eine bestimmte Wirkung zu erzielen».[4]

Betrachten wir diese Bemerkungen ein wenig näher. Der Begriff «Geschwätz», der auch ohne weiteres in ironisierender Weise von manchen Psychoanalytikern unserer Tage verwendet werden könnte – auch Lacan spricht häufig vom Geschwätz der Analysierenden –, hatte damals nicht denselben Wert wie heute. Nach einem Jahrhundert Psychoanalyse sprechen die Therapeuten um so leichter von «Geschwätz», als dieses das Hauptmaterial für die Therapie darstellt und sie damit ihren Lebensunterhalt verdienen. Im Jahre 1914 handelt es sich jedoch um einen äußerst abwertenden Begriff, der Verachtung sowohl für den Patienten als auch für den Psychoanalytiker ausdrückt.

Im Grunde schenkt Janet den Aussagen eines Patienten überhaupt keinen Glauben. Ein Kranker, das ist jemand, der die Wahrheit verfälscht, der zum Fabulieren neigt, der seine Worte «arrangiert», wie ein Schlagerkomponist ein klassisches Musikthema «arrangiert». Die Vorstellung des Falschen oder Gefälschten wird bei Janet zu einer allzeit spürbaren Zwangsvorstellung. Fortwährend entdeckt er das, was Michel Foucault sogar in der Sprache der Psychologie des 19. Jahrhunderts «die geschwätzige Regung der Entfremdung» nennt. Wenn Janet Madeleine genauestens ausforscht, wenn er unermüdlich ihr mystisches «Geschwätz» anhört, dann deshalb, weil er möglichen Lügen auf der Spur ist. Und wenn er sehr wohl die physiologische Realität der körperlichen Veränderungen während Madeleines Ekstasen einräumen muß, so mißtraut er ihren Tricks ebenso wie ihren Phantasien. Diese Phantasien zu interpretieren, ohne sie an der Realität zu messen, das erscheint ihm wissenschaftlich unzureichend und vor allem naiv.

Sehr viel später, im Jahre 1953, sollte sich Jacques Lacan über Janet lustig machen: «Einstweilen jedoch sind wir zu Denkern geworden und richten die angemessene Distanz wieder auf, die es den Kranken gegenüber zu wahren gilt und deren Tradition man ein wenig zu schnell aufgegeben hat. Überaus vornehm wurde diese Tradition ausgedrückt von Pierre Janet in seinen Zeilen über die (im Vergleich mit unserer erhabenen Position) geringen Fähigkeiten einer Hysterikerin: ‹Die arme Kleine›, so läßt er uns wissen, ‹versteht nichts von der Wissenschaft und stellt sich nicht einmal vor, daß man Interesse an ihr haben könnte ...› Stellt man die Unkontrolliertheit in Rechnung, die für das Denken der Hysteriker charakteristisch ist, so wird man, statt sich über ihre Lügen aufzuregen, die übrigens recht naiv sind, sich eher darüber wundern, daß es unter ihnen noch so viele ehrliche Leute gibt und so weiter».[5]

Janet nun war keineswegs naiv und bekannte sich zur experimentell nachgewiesenen Wahrheit. Und wie wir gesehen haben, versucht er unaufhörlich, Madeleine mit ihren logischen Widersprüchen zu konfrontieren. Hierzu sucht er den direkten Dialog von Angesicht zu Angesicht mit seiner Patientin, wodurch er gezwungen ist, sich mit den durch diese Situation hervorgerufenen Affekten auseinanderzusetzen und sie innerlich anzunehmen. Dabei unterliegt er unvermeidlich einer massiven Gegenübertragung, von der er sich nicht zu befreien vermag. Die therapeutische Vorsicht eines Freud, der jeden Blickkontakt vermeidet und während des therapeutischen Gesprächs hinter dem Patienten Platz nimmt, jene Methodik also, die eine Interpretation ermöglicht, die nicht auf die Appelle des Patienten eingeht, sondern sein Unbewußtes anspricht – all das ist Janet fremd, der Wert auf einen Dialog legt, der auf dem gesunden Menschenverstand, auf Logik und Moral beruht. Was hieraus resultiert, wenn er Madeleine gegenübersitzt, ist bekannt.

Sicherlich bezieht sich Pierre Janets theoretische Kritik an der Psychoanalyse vor allem auf die seiner Meinung nach übermäßige Bedeutung, die dem Begriff der Sexualität beigemessen wird. Die Psychoanalyse sei, so schreibt Janet, unter Berufung auf Bleuler und Ladame, «das Dogma der Pansexualität» – eine für die Epoche typische, banale Kritik. Wichtiger erscheinen mir die Mißverständnisse bezüglich der therapeutischen Methodik, die am besten durch die Anekdote mit der untröstlichen Dame und den ihr erteilten drei Ratschlägen illustriert wurde.

Von den Gefahren einer humanistischen Psychologie

Noch mehr als Freud schärfte Jacques Lacan den Psychoanalytikern seine Warnungen ein: Wer einem Patienten helfen wolle, der sei einem Irrtum verfallen.

Lacans Warnung richtet sich nicht nur an die Psychoanalytiker, sondern reicht sehr viel weiter und betrifft die Ideologie der Menschenrechte und sogar den Humanismus insgesamt. Hinter dem Bekenntnis zur Philanthropie, zum Humanitarismus, zum Reformwillen sieht Lacan immer einen verborgenen Sadismus. Und schon lange vor dem Zusammenbruch des Sowjetreiches äußerte er sein Mißtrauen gegenüber allen Vorhaben, die zum Ziel hatten, den Menschen zu ändern. Dafür brauchte man zwar kein großes Kirchenlicht zu sein, doch nichtsdestoweniger sah sich Lacan 1949 veranlaßt zu schreiben: «Für ein solches Werk erweist sich nach unserer Meinung das altruistische Gefühl als eitel; wir setzen die Aggressivität ins Licht, welche unter den Aktionen des Philanthropen, des Idealisten, des Pädagogen, sogar des Reformators liegt».[6]

Lacan dachte hierbei nicht an Janet, der 1947 verstorben und bereits überholt war, sondern an die Entwicklung der amerikanischen Psychoanalyse, die in seinen Augen beträchtlich unter der Überalterung der Wiener psychoanalytischen Gemeinde litt, die in die USA ausgewandert und dort gezwungen war, dem Gastland eine Theorie zu liefern, welche den Bedürfnissen eines aggressiv nach Selbstverwirklichung strebenden Volkes entgegenkam. Es habe sich um eine «geistige Kapitulation»[7] gehandelt, schrieb Lacan. Doch kann seine heftige Kritik an den amerikanischen Psychoanalytikern ebenso für einen französischen Psychiatrieprofessor gelten, der den republikanischen und laizistischen Forderungen in seinem Land entgegenkommen will.

Betrachten wir Lacans Kritik einmal näher. Sie bezieht sich auf die Entstehung eines neuen Konzepts, das in Freuds Werk nirgends erscheint: das *autonome Ich*. Von der Vorstellung eines «autonomen Ich», das die psychoanalytische Therapie schaffen solle, würden zwei ebenso strittige Konzepte abgeleitet, das «starke» Ich und das «schwache» Ich. *Auto-*

nom wäre ein Ich, das von seinen neurotischen Behinderungen befreit wäre, *«stark»* wäre es, wenn es eine solide Verteidigung gegen die Angriffe der Außenwelt aufgebaut hätte, und *«schwach»*, wenn es über keine solche Verteidigung verfügte. All diese Zusätze zur Freudschen Theorie postulieren aber, daß ein Subjekt sich vom Unbewußten befreien kann, was offensichtlich widersprüchlich ist. *Autonom, stark* und *schwach*, als dies seien Begriffe, so meint Lacan, die zur Ideologie des freien Unternehmertums in den USA gehörten: «Es erscheint jedenfalls unbezweifelbar, daß die Auffassungen der Psychoanalyse in den Vereinigten Staaten uminterpretiert werden zu einer Anpassung des Individuums an seine soziale Umgebung, zur Untersuchung von *patterns* des Verhaltens und zu der ganzen Objektivierung, die der Begriff der *human relations* impliziert. Besonders im Begriff des *human engineering*, der dort entstanden ist, drückt sich jene privilegierte Haltung aus, die den Menschen als Objekt ansieht.»[8] Dieser Text aus dem Jahre 1953 hat nichts von seiner Aktualität verloren, denn seither ist die dem offensiven Liberalismus eigene Aggressivität nicht verschwunden, sondern hat sogar noch zugenommen.

In Frankreich bedienen sich manche Unternehmen heute, zu Beginn der neunziger Jahre, bei der Personaleinstellung psychologischer Tests, wobei auch Graphologie, Numerologie und Astrologie zu Hilfe genommen werden. Wer kein «starkes» und «normales» Persönlichkeitsprofil zeigt, erhält den gewünschten Arbeitsplatz nicht. Die abgegriffensten Plattheiten einer billigen Psychoanalyse spielen also gegenwärtig eine Rolle bei der Stellenvergabe. Und es war wieder Jacques Lacan, der 1950 schrieb: «Die Ideale des Humanismus lösen sich im Utilitarismus der Gruppe auf».[9]

An dieser Stelle können wir eine nicht stichhaltige Analogie zwischen der amerikanischen Psychoanalyse und den therapeutischen Verfahrensweisen von Professor Janet ausschließen: In Frankreich gab es Ende des 19. und zu Beginn des 20. Jahrhunderts keinen wirtschaftlichen Liberalismus und kein *human engineering*. Die junge Republik sicherte ihre soziale Einheit mittels der Einführung eines laizistischen Bildungswesens und einer allgemeinen Schulpflicht, und bereitete sich auf die Durchführung der schwierigen Trennung zwischen Kirche und Staat vor (1905). Und dennoch gründet Janet seine ganze psychologische Methodik auf die «Schwäche»: *Psychasthenie* nennt er dieses Leiden, eine Zusammensetzung aus «Psyche» (Seele) und «Asthenie» (Schwäche).

Es gelte, so Janet, das Kriterium der «Quantität in das Studium dieser Verhaltensweisen einzuführen, indem man die Kraft und die Effizienz dieser Handlungen untersucht. Die Handlungen sind die Reaktionen des Lebewesens auf die verschiedenen Eigenschaften der Außenwelt, und diese Reaktionen bewirken in der Welt mehr oder weniger umfassende Veränderungen, die sich räumlich und zeitlich mehr oder weniger weit erstrecken. Die Effizienz dieser Verhaltensweisen bestimmt ihren Wert und infolgedessen auch die Charakteristika, die Kriterien für ihre Normalität oder ihre Krankhaftigkeit sind».[10]

Auf dieser qualitativen Ebene sind nun die Begriffe Kraft – materielle Kraft – und Spannung von Bedeutung. Janet vergleicht die Kraft, die erforderlich ist, um ein kleines Geschäft auf dem Lande zu führen, mit der, die notwendig ist, um ein Kaufhaus in Paris zu leiten; jene, die für das Kommando eines Trupps benötigt wird, mit der, die zur Führung einer Armee erforderlich ist; jene, die für elementare Buchführung aufgewendet wird, mit jener, die für eine algebraische Rechnung benötigt wird. Das gleiche Prinzip gelte für geistige Operationen: Ein experimentelles Vorgehen, das vergangene Erfahrungen berücksichtige und vorausschauende Überlegungen anstelle, unterscheide sich von einem Reflex. Es bestünden also graduelle Unterschiede in der psychischen Kraft der Individuen, aus denen eine Gesellschaft besteht.

Der «psychasthenische» Wahn bestünde in einer Abnahme der psychischen Kraft. Beweis dafür seien die Zweifel und Zwangsvorstellungen, welche unvollendete Manifestationen darstellten, die das Individuum nicht zur Entscheidung befähigten. Der Wahn bewege sich zwischen dieser reduzierten Kraft und einer rasch erhöhten, heftigen Kraft während Phasen völligen Realitätsverlusts: «Einerseits langsame, unsichere Handlungen, die von einem Gefühl der Unzufriedenheit begleitet sind, das bis zu dem Gefühl, einen Frevel zu begehen, reichen kann, wobei diese Handlungen allerdings den Umständen einigermaßen angemessen sind und mit Überlegungen und Diskussionen einhergehen, die zwar zu langsam, aber relativ vernünftig sind. Andererseits gibt es sehr schnelle, heftige, über längere Zeit andauernde Handlungen, die von einem Gefühl höchster Befriedigung begleitet sind, doch sind diese Handlungen in keiner Weise angemessen, ihnen voraus geht eine Idee, und infolgedessen stellen sie keine völlig elementaren Impulse dar, sondern sie werden von einer einzigen Idee begleitet, ohne daß versucht würde, Vergleiche oder Überlegungen anzustellen».[11]

So verhielten sich «wilde Völker», Schwachsinnige und Kinder unter sechs Jahren: Sie schwankten zwischen zögerlichem Verhalten und heftigen Manifestationen, die auf einem Monoideismus ohne Fähigkeit zum rationalen Denken beruhten. Und doch finden sich große Geister, die sich fragen, ob diese Schwachen nicht doch eine Rolle zu spielen haben.

Wie könne man, empört sich Janet, diese «offenen Fenster, die auf eine weitere Welt blicken» bewundern? Er hält dies für verwerflich, und wenn die Philosophen es auch nur zu gern täten – Janet zitiert Schestow, Baruzi und Plotin – so befänden sie sich doch im Irrtum.

Sowohl Janets Metaphern als auch die von Lacan kritisierten amerikanischen Kategorien stammen aus dem Bereich von Handel, Verwaltung und Führung: Kaufhaus, Armee, algebraisches Rechnen, Buchführung. Madeleine in ihrem ärmlichen Kramladen hat in dieser Welt nichts zu verkaufen, doch liegt dies daran, daß sie an Pierre Janet geraten ist, der sich selbst zwingt, wie ein Krämergeist zu denken.

Seine Patienten wieder auf ein scheinbar effizientes soziales Handeln hinzuführen, das ist sein einziges therapeutisches Ziel. Bei Madeleine gelingt ihm dies schließlich, weil er geschickt die Aufopferungsbereitschaft der ehemals von Wahnzuständen geplagten Frau, die sich nach den Wechseljahren beruhigt zu haben scheint, zu nutzen versteht. Professor Janet hat Madeleine also «geheilt» – obwohl diese auf dem Sterbebett nicht mehr fähig ist, auch nur ein Wort mit ihm zu sprechen.

Vom gesellschaftlichen Nutzen des Wahns

Die grundsätzliche Frage der Heilung bleibt also weiterhin akut. Denn wenn der Psychoanalytiker nicht von dem Willen zu heilen und damit dem Wunsch, seinem Patienten ein besseres Leben zu ermöglichen, geleitet wird, wozu ist er dann nutze? Paradoxerweise haben sich Freud und seine europäischen Schüler alle erdenkliche Mühe gegeben, diese Frage radikal beiseite zu schieben. Und so kommen sie zu dem Schluß, daß «der Wunsch zu heilen», sofern er anfangs mit seinem unterschwelligen aggressiven Eingreifwillen durchaus vorhanden ist, gezügelt werden muß, ebenso gezügelt werden muß wie die Übertragung, die nicht über den Rahmen der Analyse hinausreichen darf, weil dies regelrechte Katastrophen auslösen könne, für die es in der Geschichte der Psychoanalyse zahllose Beispiele gibt.

Was aber wurde statt dessen vorgeschlagen? Freud neigt zu einem grundsätzlichen, vorsichtigen Pessimismus und äußert die Auffassung, daß die Psychoanalyse ein ebenso unmögliches Unterfangen sei wie erziehen oder regieren. Lacan wagt sich etwas weiter vor und schlägt entweder «eine unaufdringliche Brüderlichkeit» oder «vorbeugende Maßnahmen gegen die Entwicklung von Abhängigkeit» vor. In jedem Falle hat der Behandelnde nur eine Aufgabe: Ebenso wie hohe Staatsbeamte ist er verpflichtet, Zurückhaltung zu üben. Der Psychoanalytiker muß «während des Dialogs als Person auftreten, die soweit wie möglich alle individuellen Eigenschaften abgelegt hat; wir nehmen uns zurück, wir verlassen jenes Feld, wo das Interesse, die Sympathie und die Reaktionen erkennbar sind, die derjenige, der spricht, im Gesicht des Gesprächspartners sucht, wir vermeiden es, unsere persönlichen Vorlieben zu äußern, wir verbergen das, was sie verraten könnte, wir entpersönlichen uns und streben das Ziel an, für den anderen ein Ideal an Unbewegtheit darzustellen».[12]

Die Psychoanalytiker dürfen also nicht als Individuen, die Träger von Meinungen, Normen, moralischen Regeln und gesellschaftlichen Maßstäben sind, *in Erscheinung treten.* Genau dies aber tut Professor Janet mit bemerkenswerter Konstanz.

Die Psychoanalytiker der fünfziger Jahre hatten bereits die Konsequenzen einer Behandlungssituation erkannt, die äußerlich zu sehr einem normalen Dialog ähnelt. Der Patient fordert in diesem Fall, daß an seinem Leid Anteil genommen wird, und auch Madeleine macht hier keine Ausnahme. Als nächste Regung jedoch entwickelt der Patient eine Aggressivität, die durch die vorher empfundene Liebe bedingt ist, und auch dies trifft für Madeleine zu. Sie verlangt von Pierre Janet, daß er ihre Glaubensüberzeugungen übernimmt und bringt ihm eine Liebe entgegen, die in eifersüchtigen Haß umschlägt, da er schließlich für sie zu einem ebenso begehrenswerten Objekt wie ihr göttlicher Gatte geworden ist. Janet kann dieser Falle, die er selbst konstruiert hat, nicht entkommen: So entzieht er sich Madeleine, kritisiert sie und geht wieder auf sie zu, wenn sie betrübt ist. Es liegt also eine perfekte gegenseitige Übertragung vor, die jede Analyse unmöglich macht. Wir werden daher niemals erfahren, welche verdrängten Wahrheiten sich hinter Madeleines Wahn verbargen.

Aber wie könnte es auch anders sein? Für Janet sind Gesundheit und Krankheit durch den Grad ihrer Effizienz in der Wirklichkeit definiert; das Ineffiziente steht auf der Seite des Schlechten; das Effiziente auf der Seite des Guten. Die Welt, die nur aus gesellschaftlichen Phänomenen besteht, kennt nur Normale, die über mentale Kraft verfügen, und Anormale, deren Geist schwach ist. Indem er seinen Patienten das normative Joch des Handelns aufzwingt, stuft Janet all jene herab, die einer Gesellschaft die für das Gleichgewicht der Gruppe erforderliche symbolische Effizienz liefern, welche gerade aufgrund ihrer Anormalität die Definition der Norm erlaubt.

Wenden wir uns noch einmal Lévi-Strauss zu. In seiner Einführung zum Werk von Marcel Mauss – dem Onkel von Émile Durkheim – stellt er fest, daß Mauss der erste war, der die krassen Mängel der intellektualistischen Psychologie seiner Zeit anprangerte, und beschreibt eindringlich das Verhältnis zwischen den symbolischen Systemen, der Gesellschaft und dem «Geisteskranken». «Keine Gesellschaft [ist] jemals ganz und vollständig symbolisch. Genauer gesagt, bietet sie ihren Mitgliedern niemals insgesamt und im selben Grade das Mittel, sich gänzlich zur Errichtung einer symbolischen Struktur zu verwenden, die für das normale Denken einzig auf der Ebene des sozialen Lebens realisierbar ist. Denn genau genommen ist der, den wir geistig gesund nennen, gerade derjenige, der sich entfremdet, weil er bereit ist, in einer Welt zu leben, die allein durch das Verhältnis von Ich und Anderem definiert werden kann. Die Gesundheit des individuellen Geistes impliziert die Teilhabe am sozialen Leben, und die Weigerung, sich auf das soziale Leben einzulassen (die freilich noch den von ihm auferlegten Modalitäten folgt), korrespondiert dem Auftreten geistiger Störungen».[13]

Es gibt also in jeder Gesellschaft einen variablen Prozentsatz von Individuen, die «außerhalb des Systems stehen», von Auserwählten, denen die Gruppe auferlegt, «bestimmte auf der kollektiven Ebene unrealisierbare Formen des Kompromisses auszubilden, imaginäre Übergänge zu fingieren und miteinander unverträgliche Synthesen zu verkörpern».[14]

Ohne diese Individuen existiert die Gruppe nicht, hat keine Normen und erlebt vor allem keine Entwicklung. Denn diese Persönlichkeiten, die außerhalb der Gesellschaft stehen, sind Träger vollständiger symbolischer Potentialitäten. Sie sind Dichter, Zauberer, Wahrsager und Propheten oder Maler, Schauspieler, Visionäre, Mystiker, Kriminelle und Geisteskranke. Sie allein haben die Fähigkeit, jenen Teil der Sprache zu sprechen, der noch nicht existiert, einen leeren Signifikanten, der einen zukünftigen Sinn in sich trägt, dessen Signifikat noch nicht offenbar geworden ist. In Mauss' Theorie wird dieses Phänomen als «Mana» dargestellt, dieser in Melanesien gebräuchliche «Null»-Signifikant, dieses Allerweltswort, dessen französisches Äquivalent Worte wie «truc» oder «machin»[15] sind. Solche Wörter existieren in allen Sprachen und bezeichnen alles und jedes.

Immer wenn ein «Null»-Signifikant erscheint, ist dies ein Hinweis auf die Entstehung von Symbolen, die in einem einzelnen Individuum wie eine potentielle Währung in einem geheimen Versteck deponiert wird. Eines Tages wird dieses Potential in Umlauf kommen. Das «Mantra» von Janets Patientin Sophie, das rätselhafte «RINEVED», ist ein «Null»-Signifikant und macht diese Frau zu einem dieser Träger der Inkarnation des Unmöglichen.

Was würde demnach Madeleine verkörpern?

Einen nicht realisierbaren Kompromiß: Sie gleicht der Gestalt einer Pythia, die Kriege und Massaker ebenso voraussieht wie die in ferner Zukunft liegende Verkündung des Dogmas der Himmelfahrt einer jungfräulichen Mutter, die zu einer zentralen Figur der Christenheit im 20. Jahrhundert werden und auf die sich ein polnischer Papst, Johannes Paul II., mit Nachdruck berufen sollte. Die wissenschaftliche Gemeinde im Frankreich des beginnenden 20. Jahrhunderts war nicht fähig, diesen Kompromiß mit der Realität einer lange im voraus prophezeiten nationalen Katastrophe zu schließen.

Eine imaginäre Verbindung zwischen Körper und Geist, die später als *Psychosomatik* bezeichnet werden sollte und heute Allgemeingut geworden ist. Janet führt als seiner Auffassung nach bestes Beispiel für die Absurdität einer solchen These die ihm verrückt erscheinende Vorstellung an, daß Tuberkulose und Krebs psychisch bedingt sein könnten. Bekanntlich ist die Existenz eines solchen Zusammenhangs heute weithin anerkannt.

Eine unmögliche Synthese: Eine Gesellschaft braucht Verrückte, was den wohlwollenden therapeutischen Anspruch des Psychologen zunichte macht und ihn zum Wächter der geistigen Gesundheit werden läßt. Erst in den siebziger Jahren zeigte die Entwicklung der Antipsychiatrie in Italien, Großbritannien, Frankreich und den USA, daß eine Synthese zwischen geistiger Gesundheit und Wahnsinn möglich ist.

Zu Pierre Janets Zeiten ist sie jedoch völlig unvorstellbar. So schreibt Michel Foucault eindrucksvoll in seiner Einführung zu «Wahnsinn und Gesellschaft»: «Mitten in der heiteren Welt der Geisteskrankheit kommuniziert der moderne

Mensch nicht mehr mit dem Irren. Auf der einen Seite gibt es den Vernunftmenschen, der den Arzt zum Wahnsinn delegiert und dadurch nur eine Beziehung vermittels der abstrakten Universalität der Krankheit zuläßt. Auf der anderen Seite gibt es den wahnsinnigen Menschen, der mit dem anderen nur durch die Vermittlung einer ebenso abstrakten Vernunft kommuniziert, die Ordnung, physischer und moralischer Zwang, anonymer Druck der Gruppe, Konformitätsforderung ist. Es gibt keine gemeinsame Sprache; vielmehr, es gibt sie nicht mehr...»[16]

Und dennoch ist Janet von Denkern umgeben, die den psychischen und gesellschaftlichen Nutzen der Wahnsinnigen und Erleuchteten zu entdecken beginnen: Bergson, selbst Durkheim, Romain Rolland, Freud... Und immerhin sollte später Michel Foucault nach der Veröffentlichung von «Wahnsinn und Gesellschaft» Interesse an einem Patienten namens Martial zeigen, wodurch dem Schriftsteller Raymond Roussel jener Ruhm zuteil werden sollte, den er auf der Station Pierre Janets in einer Erleuchtung vorausgesehen hatte... Und immerhin war schließlich Pierre Janet selbst dieses «Außerhalb-des-Systems-Stehen» nicht fremd, denn er hatte es selber innerlich gestreift, bevor er ihm später sein ganzes Leben widmete. Nur wehrt er es nun einfach ab, indem er im Zentrum des Systems bleibt, dort, wo das Normale definiert wird, das er selbst verkörpert.

«Man kann also sagen» folgert Lévi-Strauss, «daß für jede Gesellschaft ein komplementäres Verhältnis zwischen normalen und speziellen Verhaltensweisen besteht.»[17]

Wenn also Janet perfekt die psychische Norm seiner Zeit verkörpert, so verkörpert Madeleine ebenso perfekt ihre Ergänzung.

Aus diesem Kampf – ein ungleicher Kampf, da Madeleine völlig von ihm abhängig ist – geht Janet dennoch nicht als eindeutiger Sieger hervor.

Glücklicherweise ist dies so. Die Lektüre seiner Aufzeichnungen über Madeleine wäre unerträglich, wenn nicht ständig ein gewisses geistiges Zögern spürbar würde, eine ebenso besessene Hartnäckigkeit wie bei seinen Patientinnen, und schließlich hin und wieder einige Zweifel an der wissenschaftlichen Richtigkeit des Kriteriums des effizienten Handelns. Die zusätzliche Begegnung mit diesen «lieben Spinnerinnen», wie er sie nannte, hat ihm wohl ein Gefühl der Menschlichkeit vermittelt, daß ihm sonst schmerzlichst gefehlt hätte.

Das Frauenherbarium oder die Begeisterung für die Passionsblume

Eine der Besonderheiten, die die Biographen Pierre Janets überraschen, zeugt von seiner geheimen Suche nach einer unsichtbaren und unerreichbaren Überrationalität.

Pierre Janet liebte die Botanik; er verbrachte viele Stunden damit, ein Herbarium anzulegen. In Le Havre hatte er das Aufblühen einer weiblichen Palme beobachtet und daraufhin in der ganzen Stadt die Samen einer männlichen Palme gesucht, um den Baum zu befruchten.

Doch er begnügte sich nicht damit, Pflanzen zu trocknen, sondern er schrieb ihnen auch eine Psyche zu. Die Kapuzinerkresse sei eine «sehr intelligente Person», die Akelei «ein sehr vornehmes Fräulein», die Staubbeutel des Salbei erschienen ihm «sehr vergeistigt».

Und er klassifizierte auch seine Patienten mittels Karteikarten in «Kartotheken», die er als sein Herbarium bezeichnete. Jean Delay stattete nach seiner Rückkehr aus den USA im Februar 1947 dem alten Gelehrten einen Besuch ab. Dieser begann von einer Hysterikerin zu träumen, die er in den USA auf einer seiner Reisen kennengelernt hatte, als sie sich bei Morton Prince in Behandlung befand ... Der alte Mann erhob sich. «Gehen wir ins Herbarium», sagte er zu Jean Delay, und führte ihn ins Nebenzimmer. Dort bewahrte der Professor Daten über dreitausend Pflanzen und mindestens ebenso vielen Patienten auf, die zu einer Naturgeschichte des Mentalen beitrugen. Janet fand die erwähnte Hysterikerin, und ließ sie vor seinem geistigen Auge wiedererstehen, indem er seine Aufzeichnungen las.

Pflanzen, Blüten und Patienten – Pierre Janet beobachtete sie mit der gleichen Leidenschaft, beschrieb sie mit der gleichen minutiösen Genauigkeit (und demselben Füllfederhalter) und ordnete sie in zwei Herbarien, einem pflanzlichen und einem menschlichen. Er bewahrte sie für eine Zukunft auf, in der man, wie wir wissen, eines Tages diese Vergangenheit wiederentdecken sollte. Es wäre sehr anstößig, wenn unser Psychiater nicht insgeheim seine eigene Psychologie der Pflanzen erarbeitet hätte, denen er typisch menschliche Eigenschaften verlieh. Diese Brücke zwischen Natur und Mensch, zwischen dem Pflanzlichen und dem Menschlichen, stellt gewiß die ganz eigene Welt Janets dar, sein Geheimnis, und liefert einen der Schlüssel zur Erklärung der Neugier, die er gegenüber Madeleine an den Tag legte: Er war nicht nur ihr Psychiater, er erkannte sich in ihr auch selbst wieder.

Madeleine ist für Janet eine Partnerin. Wenn sie zögert, zu behaupten, sie sei Gott (– *«Nein, so etwas darf man nicht sagen, aber warum fühle ich so?»* –), dann antwortet ihr Janet (zumindest in seinem Buch): «Aber nein, Madeleine, genieren Sie sich nicht, sagen Sie es nur, es ist interessant für mich.»[18] Und auf den darauffolgenden Seiten versucht er zu erkunden, was er selbst für Madeleine darstellt.

Während der Ekstasen ist Madeleines wahrer Beichtvater zweifellos Gott. Janet wohnt nur als Zeuge bei: «Ich bin noch am Ort des Dramas präsent, weil ich zu Madeleine sprechen kann und Reaktionen erhalte. Doch kommt mir nur eine bescheidene zweitrangige Rolle zu, wie dem armen Heiligen Joseph selbst, dessen Rolle ich übernommen habe.» Dann klingt die Ekstase ab, und Gott verschwindet, «gibt die Führung ab».[19]

Wer bleibt, ist Janet.

«Obwohl ich, und ich sage das in aller Demut, niemals den Grad der Vertrautheit, der zwischen Gott und Madeleine herrschte, erreicht habe, so hat sie sich doch mir gegenüber einen Teil der vorherigen optimistischen Gefühle bewahrt. Ich bin für sie nicht nur Meister und Beichtvater, sondern ein perfekter Meister und ein idealer Beichtvater, dem nichts vorzuwerfen ist und dem man blind gehorchen kann.» Und was sagt Madeleine zu Pierre Janet? *«Gott segnet den Verzicht auf meinen Willen, den ich geleistet habe, indem er mir die Gnade gewährt, daß ich mich fortwährend in den Händen des guten Vaters befinde, der mich nicht mehr verlassen wird… Wie ich gestern abend mein Glück genoß, und feststellte, daß ich tatsächlich Ihr Gut, Ihr Eigentum bin, daß Sie eine von Gott verliehene Macht über mich haben, es wurde mir gesagt, daß ich nicht stürbe, sondern weiterleben würde, um Ihnen zu gehorchen».*[20] Damit ist Janet zum Guru geworden, nur daß er es nicht weiß und Madeleine auch nicht. Doch er akzeptiert diese Rolle nicht, woraufhin sie erzürnt ist und in Ekstase gerät, um wieder einen besseren Liebhaber zu finden.

Im Grunde seines Herzens weiß Janet hingegen genau, daß er hier mit einer echten Mystikerin konfrontiert ist. Und es ist Janet, dem die traurige Rolle des skeptischen Wissenschaftlers zukommt. Von Zeit zu Zeit gerät sein starres theoretisches Gerüst ins Wanken, und Janet beklagt sich, daß es sich hier um ein unmögliches Unterfangen handele.

So schreibt er über Madeleine, wenn sie sich im Zustand der Glückseligkeit befindet: «Angesichts einer Person, die über ein solches Gefühl der intellektuellen Erkenntnis verfügt, die so sicher ist, alles zu verstehen, und so bewundernswert Freude empfindet, ist es sehr schwierig, sich der davon ausgehenden suggestiven Wirkung zu entziehen, nicht mit dieser Freude zu sympathisieren, um sie ein wenig zu spüren, und nicht dieses Denken zu bewundern, das wir beneiden. Wir haben in einem solchen Augenblick mehr Mühe, das Prinzip zu befolgen, dessen Beachtung uns Charcot beim Studium von Neuropathen empfahl: ‹*Nihil admirari*›. Wir müssen uns große Mühe geben, um zu begreifen, daß die Freude nicht immer vernünftig und richtig ist, daß es falsche Freuden und pathologische Freuden gibt…»[21]

Welch ein rührendes Eingeständnis der Mühe und Anstrengung…

«Nichts bewundern», meinte Charcot. Man spürt bei Janet tatsächlich die Lust, die gedankliche Kraftübung, die moralischen Skrupel des aufrechten, engagierten Laizisten, der so gern «ein wenig» an diesen pathologischen Freuden teilhaben, so gern ein Quentchen von diesen bewundernswerten

Genüssen erhaschen würde, die man aber nicht bewundern darf, weil sie weder vernünftig noch richtig sind...

Das einsame und wilde Kind, der Blumenliebhaber, der Romantiker, der von einem «Paläoskop» träumte, sie fanden in Madeleine ein *consolamentum* besonderer Art. Gewiß, um aus zweiter Hand diese wissenschaftlich verbotenen Ekstasen zu genießen, mußte er sich auf die Rolle des Arztes beschränken, mußte beobachten, abwägen, messen, überprüfen. Aber wieviele Stunden verbrachte Janet dafür als Lazarus beim Festmahl der Liebe, wieviele Momente gab es, in denen der Füllfederhalter zum Alibi für diese mittelbar erlebten Genüsse wurde?

Es bedurfte wohl unbedingt eines Herbariums, um Pierre Janet zum Prinzip der Realität und des Handelns zurückzuführen, das für ihn den Maßstab der Normalität darstellte. Ja, er mußte Madeleine mit seinem Füllfederhalter auf Distanz halten, denn wer weiß, ob Madeleine sonst nicht die Meisterin des Meisters, der Guru Pierre Janets, geworden wäre?

Und da mit Hilfe des Füllfederhalters schließlich die Erinnerung an Madeleine bewahrt wurde, erhielt sie im Herbarium des Professors jenen Pflanzennamen, der ihrer einzig würdig war: den der *Passionsblume*.

6. Kapitel: Psychoanalyse und Religion – ihr Verhältnis aus heutiger Sicht

Wenn ich nun zum Schluß die umfassendere Problematik der Beziehung zwischen Psychoanalyse und Religion aufgreife, möchte ich nicht allzu lange auf Freuds allgemein bekannte, im wesentlichen feindselige Haltung gegenüber der Religion eingehen. Freud war der Meinung, daß die verschiedenen Aspekte von Religion (wie Glaube, Wissen, Ritual, religiöse Erfahrung und religiöses Empfinden, daraus resultierende ethische Werte und ethisches Verhalten) eines gemeinsam hätten: Das Infantile im Seelenleben komme hier zum Ausdruck. Religion sei die Art und Weise, wie der Mensch sich gegen Angst und Heimsuchung durch ein unverständliches Schicksal zur Wehr setze. Aufgrund von Freuds Format und seiner Autorität auf diesem Gebiet sollten seine Ansichten entscheidenden Einfluß darauf haben, welches Verhältnis die Psychoanalyse, besonders als sie noch in den Kinderschuhen steckte, zur Religion entwikkelte. Gelegentlich hat Freud wohl auch versucht, seinen Standpunkt zu relativieren, wie in seinem Brief an Oskar Pfister über *Die Zukunft einer Illusion*: «Halten wir fest, daß die Ansichten meiner Schrift keinen Bestandteil des analytischen Lehrgebäudes bilden. Es ist meine persönliche Einstellung, die mit der vieler Nicht- und Voranalytiker zusammentrifft und gewiß von vielen braven Analytikern nicht geteilt wird. Wenn ich gewisse Argumente, eigentlich nur ein Argument, aus der Analyse gezogen haben, so braucht dies niemanden abzuhalten, die unparteiische Methodik der Analyse auch für die gegenteilige Ansicht zu verwerten.»[1]

An anderer Stelle räumte Freud ein, daß seine Studie des religiösen Glaubens sich auf den des einfachen Mannes beschränke und daß er es bedaure, «die seltenere und tiefere Art religiösen Gefühls, wie es Mystiker und Heilige erfahren», außer acht gelassen zu haben.[2] Dem Aspekt von Religion Beachtung zu schenken, der noch nicht im Mittelpunkt der psychoanalytischen Diskussion stand, war nicht zuletzt Anliegen dieses Buches. Indem ich mich auf die «tiefere Art religiösen Empfindens», wie sie der Mystiker erlebt, konzentriert habe, wollte ich Freuds Analyse der Bedeutung von Religion für den «einfachen Mann» um die Bedeutung ergänzen, die sie für den Heiligen hat.

Die seltenen Widerrufe Freuds, mit denen er vielleicht auch versuchte, den Empfindlichkeiten seiner spiritueller eingestellten Freunde und Bewunderer Rechnung zu tragen, konnten nicht verhindern, daß sich in der Psychoanalyse eine dominierende Auffassung von Religion herausbildete. Wenn die frühen Analytiker in ihrer Meinung einmal von der des Meisters abwichen, dann betraf dies Details und nicht das Wesentliche an Freuds theoretischem Ansatz. Grundlage dieses Ansatzes war die Analogie zwischen religiösen und psychopathologischen Phänomenen.

Religiöse *Vorstellungen*, wie die jüdisch-christlichen Kosmogonien, wurden als illusionäre Wunschwelt abgetan. Nach dieser Anschauung bezogen sie ihren Einfluß auf die Phantasie des Menschen einerseits aus der Hilflosigkeit des Kindes angesichts einer bedrohlichen Außenwelt und andererseits aus seinen ambivalenten Gefühlen einem Vater gegenüber, der ihm Schutz bot, aber auch Furcht auslöste.[3]

Religiöse *Rituale* wurden, nachdem sie einmal psychiatrisch diagnostiziert waren, vernichtend abqualifiziert, ein Prozeß, den Freud eingeleitet hatte, als er die Praktiken von Gläubigen mit den selbstauferlegten Einschränkungen des Zwangsneurotikers verglich.[4]

Religiöse *Erfahrung*, wofür das mystische «ozeanische» Gefühl weithin als Bannerträger gilt, wie wir dies im ersten Kapitel schon sahen, war eine Regression in den grenzenlosen primären Narzißmus des an der Brust mit der Mutter vereinten Säuglings. Oder aber mystische Erfahrung wurde – wenn man sie unter dem Vorzeichen der Libido sah – als Fehlinterpretation sexueller Empfindungen gedeutet, wie Wilhelm Reich dies tat. Die mystische Reaktion war nach ihm eine deformierte Sexualität, die sexuelle Erregung nicht wahrhaben wollte und ihr Freiwerden im Orgasmus ausschloß.[5] (Nebenbei bemerkt, ein hinduistischer Tantrik würde, wenn er einen entscheidenden Teil seiner eigenen Praxis beschreibt, der Formulierung Reichs im wesentlichen zustimmen.) Ebensowenig blieb die innere Welt des religiösen *Glaubens* verschont von einer psychopathologischen Analogie und wurde mit einer Amentia, einem Zustand glückseliger, halluzinatorischer Verwirrtheit verglichen.[6]

Auch nachdem die Psychoanalyse als Fachgebiet schon in die Jahre gekommen war, folgten viele Analytiker weiterhin Freuds Führung. Um nur ein berühmt-berüchtigtes Beispiel zu nennen: Franz Alexander erkannte, als er die Meditationsstadien im Buddhismus psychologisch zu verstehen suchte, in ihnen der Reihe nach das klinische Bild von Melancholie, katatoner Ekstase, Apathie und schizophrener Demenz.[7] Was in seinen Augen den Buddhisten zur Meditation motiviert, ist, sich damit wieder in einen Zustand intrauteriner Existenz zurückzuversetzen. Selbst heute, mehr als achtzig Jahre nach Freuds erstem Vorstoß in die Religion in seinem 1907 erschienenen Artikel «Zwangshandlungen und Religionsübungen», haben Psychoanalytiker ihre Anstrengungen nicht aufgegeben, die Welt der Religion mit der psychopathologischen Brechstange zu knacken. In Jeffrey Massons 1980 erschienener Studie über die religiösen Traditionen Indiens z.B. wurde der Buddhismus zum Großteil als massive Abwehr gegen Depressionen gesehen und der Wunsch des hinduistischen Tantriks nach innerer Ruhe – in Anlehnung an Reich – auf frühe Ängste vor sexueller Erregung zurückgeführt.[8]

Es gibt noch zahlreiche andere Stellen in der psychoanalytischen Literatur, wo die Analogie zwischen religiösen und psychopathologischen Phänomenen in ihrer Signifikanz nicht in Frage gestellt wird. Die Autoren teilen Freuds ursprüngliche Annahme, daß die Ähnlichkeit zwischen beidem eindeutig ist. Doch wie der französische Philosoph Paul Ricoeur feststellt, wirft «die Psychoanalyse zwar tatsächlich ein Licht auf die Entstehung von Idolen; aber es liegt nicht an ihr zu entscheiden, ob sich darin der Glaube schon erschöpft; ob Rituale ihrer ursprünglichen Funktion nach

Zwangshandlungen waren; ob Glaube lediglich entsprechend dem Kindheitsmuster Trost spendet. Die Psychoanalyse kann dem religiösen Menschen eine Karikatur seiner selbst vor Augen führen, aber es ist an ihm, darüber nachzudenken, ob es nicht auch *möglich* wäre, daß er diesem Zerrbild seiner selbst nicht gleicht.»[9] In ähnlicher Richtung äußert sich aus den Reihen der Analytiker Erik Erikson, als er, bezogen auf religiöses Streben, die rhetorische Frage stellt: «Aber müssen wir es Regression nennen, wenn der Mensch so in seinem Streben nach einer erhofften, ewigen Zukunft die vertrauensvollen Begegnungen seiner frühesten Vergangenheit wiedersucht?»[10]

Schon in den frühen Jahren gab es neben Renegaten wie Jung die sogenannten Revisionisten, Neo-Freudianer wie Erich Fromm und Karen Horney, die die Kluft zwischen Psychoanalyse und Religion zu überbrücken suchten. Für sie trafen sich Psychoanalyse und Religion darin, daß sich ihr Interesse auf dasselbe richtete: auf das Heilwerden der menschlichen Seele. Schließlich ist in Freuds Schriften, wie Bruno Bettelheim gezeigt hat, häufig von der Seele die Rede, von ihrem Wesen und ihrer Struktur, ihrer Entwicklung, ihren Eigenschaften und davon, wie sie sich in allem, was wir tun und träumen, offenbart, allerdings nur im deutschen Original und nicht in der englischen Übersetzung, wo diese vielen Verweise auf die Seele und die Dinge, die sie betreffen, weitgehend eliminiert sind.[11] Freuds eigener Text enthält eine Fülle von Vieldeutigkeiten, seine Wortwahl läßt häufig vieles offen und ist anspielungsreich, sein Ton persönlich und unterhaltsam. In der Übersetzung werden solche Eigenschaften abgeschwächt und weichen einer abstrakten, medizinischeren «Wissenschaftssprache» mit Begriffen aus dem Lateinischen und Griechischen. Als *Seelenarzt*, der er ist, und nicht Geistes- oder Nervenarzt, geht es dem Analytiker eindeutig um Seel-Sorge. Der freudianische Analytiker, in allererster Linie ein Psychologe der Liebe, stellt sich freilich die Seele auf eine besondere, erotische Weise vor: Sie ähnelt der Psyche aus dem griechischen Mythos, einem Schmetterling, der auf ewig von einem unermüdlichen Amor verfolgt wird.

Für Fromm, der einer eigenwilligen nichtmedizinischen Tradition innerhalb der Psychoanalyse angehörte, die sich – in den Vereinigten Staaten vielleicht weniger als anderswo – bis heute gehalten hat, bestand die entscheidende Leistung einer erfolgreichen und effektiven Analyse darin, im Patienten den Sinn für das Staunen und Fragen wachzurufen. Im Idealfall bewirke die Analyse ein echtes Staunen-Können und ein Sich-Befassen mit dem, «was uns» – wie es der Theologe Paul Tillich ausdrückt – «unbedingt angeht». Der Neurotiker, der nach Ansicht von Karen Horney und von Fromm leidenschaftlich mit der Erfüllung seiner eigenen Wünsche befaßt ist, strebt immer nach dem Absoluten, dem Unbegrenzten und dem Unendlichen. Darin steht er im Gegensatz zum wahrhaft Religiösen, für den nur bei Gott alles möglich ist. «Der Neurotiker ist», wie Karen Horney es ausdrückt, «wie Faust, der sich nicht damit begnügt, sehr vieles zu wissen, sondern der alles wissen muß.»[12] Es ist der Gegenpol zu dem – in religiöser oder psychoanalytischer Hinsicht – gut funktionierenden Menschen, der Möglichkeiten vor sich sieht, aber gleichzeitig erkennt, daß diese im Notwendigen und Konkreten ihre Grenzen finden.

Sollen nun der psychoanalytische und der religiöse Mensch zusammenfinden, so verlangt dies eine besondere Vorstellung von Religion (und von Psychoanalyse), die Fromm «humanistische Religion» nannte.[13] Wie er erklärte, sei sie im frühen Buddhismus, im Taoismus, in der jüdischen und christlichen Mystik zu finden. Im Gegensatz zu der von ihm als «autoritär» bezeichneten Religion sei es Ziel der humanistischen Religion, zu völliger Selbstverwirklichung und größter innerer Stärke zu führen. Die autoritäre Religion dagegen verlange vom Menschen, sich einer transzendenten Macht zu unterwerfen. Sie preise Gehorsam, Ehrfurcht und Anbetung eines höheren Wesens. Die Ideale, die Freud propagiert – Erkenntnis, Menschenliebe, Verringerung des Leidens, Unabhängigkeit und Verantwortungsgefühl –, machen den ethischen Kern der humanistischen Religion aus. Jung dagegen stehe zwar offenbar der Religion freundlicher gegenüber, betone aber – so Fromm – die Hilflosigkeit des Menschen und sein Ausgeliefertsein an höhere Mächte und mache sich so allenfalls zum Sprecher der autoritären Religion.

Die Unterscheidung zwischen zwei Arten von Religion, dem reifen Glauben auf der einen Seite, gegen den die Psychoanalyse nichts einzuwenden hat und dessen Ziele sie sogar teilt, und einem System infantilen Glaubens und neurotischen Rituals auf der anderen Seite, wird von einigen, die über die Psychologie von Religion schreiben, bis hin zur Begrifflichkeit beibehalten. Beispiele dafür sind Abraham Kaplans Gegenüberstellung von infantiler Religion und ihrer reifen Version, in der der Nachdruck auf Verantwortlichkeit statt auf Abhängigkeit, Angst und Schuld liegt, Harry Guntrips Darstellung reifer Religiosität, die auf der Erfahrung sinnvoller menschlicher Beziehungen beruht, und Peter Homans' Gegensatz zwischen einem «Übertragungs-Gott» und einer nichtpathologischen Religion der Transzendenz.[14] In derselben Art kontrastiert Ricoeur einen infantilen und götzendienerischen Trost mit einem Trost «dem Geiste nach», der – andeutungsweise an Horney erinnernd – frei von jeglichem Narzißmus und jeglicher Selbstsucht ist.[15] Zwar biete der Trost «dem Geiste nach» keineswegs Zuflucht vor der Härte des Daseins, sondern man finde ihn, indem man der Realität – dem psychoanalytischen Gott – absolut Folge leiste, und nur aus der Asche des ersten Trostes könne er erstehen.

Seit den späten fünfziger Jahren waren auch aus dem Hauptlager freudianischer Psychoanalyse Stimmen zu vernehmen, die sich dafür aussprachen, auf neue Art an Religion heranzugehen. Statt auf der Ähnlichkeit zwischen unbewußten Es-Trieben und Elementen religiöser Mythen und Rituale herumzureiten, suchten diese Analytiker, sich ausführlicher damit zu befassen, wie Religion das Ich stärkt und stützt und so im menschlichen Reifeprozeß dem Zweck der Anpassung dient und nicht der Abwehr. Sie gehörten der amerikanischen Schule der Ich-Psychologie an (oder standen ihr nahe), einer Schule, die die Anpassung mehr als den Konflikt betonte. Doch rückte ihr Ansatz sie eher in die Nähe der Anthropologie: Trotz einiger weniger Berichte über Rituale, die teilweise Angst auslösen oder bei denen, die daran teilnehmen, zu dysphorischer Verstimmung führen, zieht sich nämlich durch die Anthropologie leitmotivisch die persönlichkeitsintegrierende Funktion von Religion. Die an religiösen Phänomenen interessierten Ich-Psychologen, allen voran wohl Jacob Arlow und Erik Erikson, haben erkannt, daß das in Mythen enthaltene religiöse Wissen dem Ich immer wieder Gelegenheit gibt, über die heilende Identifikation mit den Zentralfiguren des Mythos Situationen zu meistern und die Oberhand zu gewinnen.[16] Rituale wurden als Gemeinschaftserlebnis von besonderer Tragweite gesehen, als «rituelle Träume von großer Erneuerungskraft», wie Erikson sie bezeichnete,[17] die das Ich in seiner Auseinandersetzung mit Es-Trieben unterstützen.

Der Einfluß der Ich-Psychologen blieb jedoch auf die Vereinigten Staaten beschränkt und ist auch hier eher in wissenschaftlichen Disziplinen außerhalb der Psychoanalyse zum Tragen gekommen. Das Vermächtnis Freuds, wonach Götter, sei es in der Innenwelt des Individuums oder in den Kulturräumen der Völker, auf tönernen Füßen stehen und wonach die Psychoanalyse, so sie dies bleiben soll, gegenüber der Religion notwendigerweise bilderstürmerisch auftreten muß, hat immer noch viel zu großes Gewicht, als daß es in wesentlichen Punkten modifiziert werden könnte.

Auch wenn man Bilderstürmerei als den spezifischen Beitrag der Psychoanalyse zur Erforschung kultureller Phänomene anerkennt, verwundert es doch, wie inkonsequent davon Gebrauch gemacht wird. Zum Beispiel wird in der psychoanalytischen Literatur – wiederum in der Nachfolge Freuds – der Kunst Respekt gezollt, und der Künstler erfährt, auch wenn seine tieferen Motive genau unter die Lupe genommen werden, eine Mischung aus wohlwollender und bewundernder Betrachtung; und es fällt auf, daß genau das in Untersuchungen über Religion und den *homo religiosus* fehlt. Dem Schriftsteller und dem Maler wird Kreativität zugebilligt, dem Mystiker aber jegliche psychoanalytische Tugend abgesprochen.

Daß so hart mit der Religion verfahren wurde, besonders in den frühen Jahren, als die Psychoanalyse dabei war, sich als klinische Methode und als intellektuelle Disziplin zu etablieren, läßt sich auf zwei Ursachen zurückführen: erstens auf die Person des Begründers der Psychoanalyse und zweitens auf die intellektuellen Zwänge und die herrschenden Ideologien der Epoche, in der Psychoanalyse entstand und darum kämpfte, sich als Beruf durchzusetzen. Freud hat uns gelehrt, daß die vom Individuum vehement vertretenen Vorstellungen und Überzeugungen in Abhängigkeit zu seinen unbewußten Bedürfnissen und Konflikten stehen, und Analytiker waren schnell bei der Hand, diese Lektion auf Freuds eigene Ansichten und sein kompliziertes Verhältnis zur Religion anzuwenden. Gregory Zilboorg etwa kommt zu dem Schluß, daß Freud sich mit einem ungelösten religiösen Konflikt herumschlug und hinter seiner heftigen Absage an die Religion unterdrückte, tiefreligiöse Überzeugungen stecken würden.[18] Auch andere haben bei Freud eine höchst ambivalente Einstellung gegenüber Religion ausgemacht, so daß so mancher den Schluß ziehen dürfte, Freud sei nicht der gottlose Jude, sondern eher ein Jude im stillen Kämmerlein gewesen.

Freud selbst war zu sehr Analytiker, um nicht die Möglichkeit in Betracht zu ziehen, daß es zwischen seinem Konzept von Religion und seiner tieferen Motivation eine Beziehung geben könnte, obwohl er über die möglichen Verbindungen lieber hinwegging, ohne eine gründliche, öffentliche Überprüfung durchzuführen. So schreibt er in einem Brief an Pfister: «Natürlich ist es leicht möglich, daß ich in allen drei Punkten in die Irre gehe, in der Unabhängigkeit meiner Theorie von meiner Disposition, in der Schätzung meiner Argumente für diese Theorien und im Inhalt dieser selbst. Sie wissen, je großartiger die Prospekte, desto geringer die Sicherheit, desto leidenschaftlicher auch – wobei wir nicht mittun wollen – die Parteinahme der Menschen.»[19]

Der im Brennpunkt stehende unbewußte Konflikt, den einige Schüler Freuds identifiziert haben wollen, ist die Ambivalenz gegenüber der Mutter während seiner ersten Lebensjahre und weiter bestehende präödipale Einflüsse und Rückstände in seiner Psyche.[20] Diese spiegeln sich auch in seinem Werk und der Richtung, die er dort einschlägt. Bis über die Mitte der dreißiger Jahre hinaus berücksichtigte Freud in seinen Schriften die frühe Muttererfahrung des Säuglings nicht sonderlich, obwohl er später den Einfluß der Mutter auf das Seelenleben zunehmend erkannte und bewußter gelten ließ. Die Ambivalenz gegenüber dem Mütterlich-Weiblichen begann nachzulassen, als ihn das Ewig-Weibliche unerbittlich an sich zog und umschlungen hielt. Für Irving Harrison hängt Freuds zentraler Konflikt mit seinen drei ersten Lebensjahren zusammen, in denen er mit seinen Eltern in einem Zimmer lebte.[21] Hier in diesen beengten Wohnverhältnissen wurden nach Sigmund noch zwei weitere Geschwister gezeugt und geboren, wovon eines starb. Daß Freud in den ersten drei Jahren starken Reizen ausgesetzt war – nicht nur weil er wiederholt Zeuge der Urszene war, was für ihn mit Erregung verbunden war, sondern auch weil die von seinen Eltern erlebten intensiven Eindrücke, darunter die Trauer über den Tod eines Kindes, sich in ihm niederschlugen –, wirkte prägend auf seine seelische Verletzlichkeit in einem speziellen Bereich.

Einerseits ist dieser seelische Raum angefüllt mit der diffusen, doch ständigen und anziehenden Gegenwart der ihn innig liebenden Mutter, die ihrem Lieblingssohn das hinterläßt, was Nabokov in seinen Memoiren «die immateriellen Güter» nannte, nämlich die besonderen Freuden der Kindheit, die bis ins kleinste Detail erlebten, höchst präzisen Empfindungen, die so besonders reizvoll und intensiv sind, weil sie sich noch nicht einordnen und Begriffen zuordnen lassen, wodurch sich der Reiz des Neuen dann zum Vorhersagbaren herabmindert. «Kindliche Gefühlsregungen», sollte Freud später schreiben, «sind in ganz anderem Ausmaß als die Erwachsener intensiv und unausschöpfbar tief, nur die religiöse Ekstase kann das wiederbringen.»[22] Doch vielleicht bedeuten für Freud die wieder ins Bewußtsein gebrachten, mit der präödipalen Mutter assoziierten Gefühle auch das Wiederauftauchen der «panischen Angst vor dem Verlassenwerden, der Erkenntnis, daß die seine Mutter in Anspruch nehmenden Geschwister zu diesem Verlassensein beitragen, und schließlich des brennenden Wunsches, daß die Quelle all solcher Ängste aufhören möge zu existieren.»[23]

In einigen seiner Schriften über Religion, z.B. in *Der Mann Moses und die monotheistische Religion*, spiegelt sich, so wird spekuliert, der zentrale Konflikt Freuds in seinem hartnäkkig vertretenen Konzept von einem unser archaisches Erbe ausmachenden uranfänglichen Vatermord wider, wodurch die mütterlichen Aspekte der monotheistischen Religionen verdeckt und übergangen werden.[24] Und wenn es so ist, daß religiöses Empfinden im Wunder, der Magie und der ehrfürchtigen Scheu vor der Mutter in den frühen Kinderjahren seinen Anfang nimmt, um dann zum reifen Glauben des Erwachsenen zu werden, der sich mit dem befaßt, «was uns unbedingt angeht», dann ist Freuds private Religion auf einem archaischen Niveau stehengeblieben. Das Okkulte und geheimnisvolle übersinnliche Phänomene faszinierten Freud beinahe sein Leben lang, auch neigte er zum Aberglauben. Ernest Jones erwähnt in Freuds Biographie, daß dieser folgendes schrieb, was er dann aber wieder vergaß und später abstritt: «Wenn ich mein Leben neu beginnen müßte, würde ich mich lieber der Parapsychologie als der Psychoanalyse widmen.»[25] Wir wissen auch, daß Freud zwar die Mystik kurzerhand abtat, sich aber stark zu Menschen mit einem Hang zur Mystik hingezogen fühlte – zu Jung, Rolland und sogar zu Fließ mit seinen Zahlentheorien – und für sie den Respekt aufbrachte, den er normalerweise nur für Künstler übrig hatte. Harrison sieht sogar einen noch engeren Zusammenhang zwischen Freuds persönlichem Konflikt, seiner Darstellung der Religion und der Entstehung der Psychoanalyse, wenn er bemerkt: «Welch eine Versuchung muß für jemanden mit einem derartigen Potential an latent vorhandener Angst und Wut die mystische Vision von der wiedererlangten absoluten Glückseligkeit sein – die Vision vom Ozean als Mutterschoß! Und die Psychoanalyse ist vielleicht, trotz ihrer weitgehenden Mißachtung dieses Themas, gerade aus der festen Entschlossenheit Freuds, dieser Versuchung nicht nachzugeben, geboren worden.»[26]

Der zweite Grund für die antagonistische Haltung der Psychoanalyse gegenüber der Religion liegt meines Erachtens in ihren historischen Ursprüngen. Ihre Pioniere waren durchdrungen von einer europäischen Kultur, in der der Sinn für das Heilige rapide im Schwinden begriffen war und sich *Entzauberung*, wie Max Weber diesen Verlust nannte, als Folge des Kapitalismus und der industriellen Revolution allenthalben breitgemacht hatte. Peter Homans hat die Ursprünge der Psychoanalyse sogar in der direkten kreativen Reaktion Freuds und anderer früher Analytiker auf diesen Verlust sehen wollen, in ihrer Fähigkeit, dem Dahinschwinden traditioneller Formen des Zusammenlebens und langgehegter Werte nachzutrauern, darunter auch – nach dem Gemetzel des Ersten Weltkrieges – die Werte des deutschen Liberalismus.[27]

Jedenfalls stand die Geburt der Psychoanalyse unter einem besonderen Stern (wie ein astrologiebewußter Hindu sagen würde): Der Rationalismus bestimmte das intellektuelle Klima, und in der Wissenschaft herrschte unangefochten der Positivismus. Zwar hatten Religion und Psychoanalyse das gleiche Universum im Blick, doch war die Weltsicht der Religion mythologisch, während die psychoanalytische Weltanschauung modern und wissenschaftlich war. Freud hoffte, religiöses Wissen durch die psychologische Wissenschaft, der er gerade ihre Form verlieh, zu ersetzen: «Ich glaube in der Tat, daß ein großes Stück der mythologischen Weltauffassung, die weit bis in die modernsten Religionen hinein reicht, nichts anderes ist als *in die Außenwelt projizierte Psychologie*. Die dunkle Erkenntnis (sozusagen endopsychische Wahrnehmung) psychischer Faktoren und Verhältnisse des Unbewußten spiegelt sich (...) in der Konstruktion einer *übersinnlichen Realität*, welche von der Wissenschaft in *Psychologie des Unbewußten* zurückverwandelt werden soll. Man könnte sich getrauen, die Mythen vom Paradies und Sündenfall, von Gott, vom Guten und Bösen, von der Unsterblichkeit u.dgl. in solcher Weise aufzulösen, die *Metaphysik* in *Metapsychologie* umzusetzen.»[28]

Das Ansehen und die Anerkennung als positivistische Wissenschaft, die die Psychoanalyse für sich beanspruchte, waren nicht so leicht zu erlangen, obgleich die Schriften Freuds gespickt waren mit Analogien und Metaphern aus den Naturwissenschaften. Ihre Praxis, die Heilung von *See-*

lenstörungen, stand dem Wirken der zahlreichen am Rande der etablierten Kirchen operierenden Okkultisten und Gesundbeter allzu nahe. In den Augen von Intellektuellen, Gelehrten und Wissenschaftlern war die Psychoanalyse nicht sehr weit entfernt von dem animalischen Magnetismus eines anderen Wiener Heilers mit internationalem Ruf, Franz Anton Mesmer, oder von den Bestrebungen verschiedener Spiritisten – Phrenologen, Anhängern der Christian Science u.a. –, die ihre religiösen Anliegen unter dem Deckmantel der Wissenschaftlichkeit zu verbergen suchten. Noch 1932 schrieb Stefan Zweig, ein großer Bewunderer von Freud, in der Einleitung zu seinem Buch *Die Heilung durch den Geist*, daß er hoffe, «nicht beschuldigt zu werden, dem Mesmerismus, der Christian Science oder der Psychoanalyse anzuhängen.»[29]

Es gab noch andere, konkrete Erscheinungen in der psychoanalytischen Praxis, die sich scheinbar direkt aus religiösen Praktiken herleiteten: z.B. glich das psychoanalytische Setting, bei dem der Analytiker außerhalb des Gesichtsfeldes des Patienten sitzt, in fataler Weise der Situation im Beichtstuhl. Daß es wesentlich ist, ein gutes Verhältnis zwischen Arzt und Patient aufzubauen, ist ein Gedanke, der sich bereits bei Ignatius von Loyola, dem Begründer des Jesuitenordens, findet, der ein solches Verhältnis als entscheidend für die wirksame Arbeit eines geistlichen Ratgebers herausstellt.

Ein traditionsbewußter Hindu oder Buddhist könnte andererseits noch weitere Parallelen aufzeigen. In der Praxis der Psychoanalyse fände er eine moderne Form der Meister-Schüler-Beziehung wieder, die die persönliche Wandlung des Schülers zum Ziel hat. Ihre Methode der freien Assoziation würde er als eine rationale Form der Meditation sehen, die sich von ihrem religiösen Pendant nur insofern auffallend unterscheidet, als diese Meditation gemeinsam und nicht alleine vollzogen wird. Es könnte sogar sein, daß er so weit ginge, die Psychoanalyse als «weltliches westliches Gegenstück zum Tantra» zu charakterisieren. Auch würde er der Psychoanalyse vielleicht zugestehen, daß sie eine ganz spezifische und ausgefeilte *karma*-Theorie entwickelt hat, eine Theorie über den Einfluß der Vergangenheit auf die Gegenwart, die in seinem eigenen traditionellen Kanon an Subtilität und Differenziertheit ihresgleichen sucht.

Aber zurück zur jüdisch-christlichen Tradition: Die Methode der Psychoanalyse, ein introspektives freies Assoziieren, war den älteren Techniken, die sich aus der Religion speisten und im Schwinden begriffen waren, nur allzu ähnlich. Viele Wissenschaftler und Gebildete wären einer Meinung mit George Steiner gewesen, der zur Psychoanalyse folgendermaßen Stellung nimmt: «Sie schafft weltlichen, doch mythologisch befrachteten Ersatz für eine ganze Reihe von introspektiven und Klärung bewirkenden Disziplinen, angefangen von der privaten Meditation bis hin zur Metaprivatheit des Beichtstuhls.»[30] Von daher wird verständlich, daß sich die Psychoanalyse von vergleichbaren religiösen Techniken, die in der Geschichte des menschlichen Bewußtseins schon weit vor ihr in Erscheinung traten, scharf abzugrenzen und in ihren Methoden zu unterscheiden sucht. Es ist auch begreiflich, daß sich noch lange die Angst hielt, die Psychoanalyse könnte von der Religion vereinnahmt werden. Über seine Schrift *Die Zukunft einer Illusion* schrieb Freud, daß er hierin die Psychoanalyse vor den Priestern schützen und einem Berufsstand übergeben wolle, «der noch nicht existiert, ein Stand von weltlichen Seelsorgern, die Ärzte nicht zu sein brauchen und Priester nicht sein dürfen.»[31]

Heute, im letzten Jahrzehnt des zwanzigsten Jahrhunderts, existieren die beschriebenen Zwänge, die das Verhältnis der Psychoanalyse zur Religion geprägt haben, größtenteils nicht mehr. Erstens besteht nicht mehr dasselbe Bedürfnis, die Psychoanalyse als Wissenschaft im positivistischen Sinne zu etablieren. Es herrscht Übereinstimmung unter Analytikern aller Richtungen, daß die psychoanalytische Theorie sich nicht experimentell beweisen läßt und Untersuchungsmethoden, die die Psychoanalyse aus ihrem natürlichen Zusammenhang reißen, ihr Wesen nur entstellen können. Es besteht zunehmend Konsens darüber, daß sich über vielfältig determiniertes menschliches Verhalten keine exakten Voraussagen machen lassen. Wie das Universum der

Quantentheorie und anders als das ihm vorausgegangene Newtonsche besteht das psychoanalytische Universum aus zueinander in Beziehung stehender Subjektivität, der des Analytikers und der des Analysanden, und genau diese Mitwirkung des Analytikers macht es unmöglich, von der absoluten Subjektivität der Disziplin oder von ihrer absoluten Objektivität zu sprechen. Während sich Freud aufgrund der vorherrschenden Sicht der Wissenschaft, die Subjekt und Objekt scharf voneinander abgrenzte, gezwungen sah, zwischen Phantasie und Realität, zwischen *Dichtung* und *Wahrheit* zu unterscheiden, müssen wir diese Grenze nicht mehr so scharf ziehen, und eigentlich stellt sich uns das Problem auch nicht mehr in derselben Weise, wie wir noch sehen werden.

Wenn die Psychoanalyse heute Wissenschaftlichkeit anstrebt, dann nur insofern, als sie sich eine fragende und forschende Haltung bewahrt, der im Idealfall jeden Tag eine in Mißkredit geratene Theorie zum Opfer fällt. Sie ist wissenschaftlich in ihrem zwar nicht immer erfolgreichen, aber beständigen Kampf gegen Dogmen, den sie ohne Rücksicht auf die Autorität und das Charisma derer, die sie vertreten, führt. Nachdem sie sich nun nicht mehr scheut, als hermeneutisches Unternehmen, als eine Geisteswissenschaft, die Bedeutung untersucht, und nicht mehr so sehr als Naturwissenschaft, die Kausalitäten erforscht, zu gelten, kann sie zufrieden im Grenzbereich zwischen Wissenschaft und Kunst und Religion existieren, ohne einer davon angehören zu müssen. Heutzutage ist es, wie Bion festgestellt hat, «genauso abwegig, an einem psychoanalytischen Werk Kritik zu üben mit dem Argument, daß es ‹nicht wissenschaftlich› sei, wie mit dem Argument, daß es ‹nicht religiös› oder ‹nicht künstlerisch› sei.»[32]

Das Ignorieren der präödipalen Mutter, das den Freudschen Schriften über Religion ihre spezielle Tendenz gibt, ist seitdem weitgehend korrigiert worden. Im Werk vieler Post-Freudianer – wie Klein, Winnicott, Mahler, Kohut, Erikson – spielt die Große Mutter eine derart wichtige Rolle, daß sie Freuds furchteinflößenden Vater nicht nur ergänzt, sondern beinahe ein Parallelregime errichtet. In den «Beziehungsmodellen» der Post-Freudianer sind nicht die Derivate von Trieben, sondern die psychischen Repräsentanzen von Beziehungen zu anderen die grundlegenden Bausteine des Seelenlebens.[33] Bruchstücke von Erfahrungen mit Eltern und anderen Erwachsenen, Bilder und Phantasievorstellungen vom eigenen Selbst in Beziehung zu anderen und innere Stimmen, die ihren Ursprung in diesen wirklichen und imaginierten Erfahrungen haben, werden zum Stoff, aus dem das Selbst ist.

Die Beziehung, um die in den zahlreichen Beziehungstheorien alles kreist, der Grundbaustein des Selbst, ist die Dyade von Säugling und Mutter am Anfang des Lebens. Religion steht so in Verbindung mit den Ursprüngen empfindungsfähigen Lebens und präödipaler Erfahrung. Winnicott z.B. stellt Religion in Zusammenhang mit dem, was er als Übergangsphänomene im seelischen Leben bezeichnet.[34] Diese setzen ein, wenn das Verschmolzensein des Säuglings mit der Mutter in eine Beziehung übergeht, in der die Mutter als etwas außerhalb und getrennt von ihm Existierendes empfunden wird. Sie sind in einem «intermediären Raum» zwischen innen und außen angesiedelt, zwischen dem Subjektiven und dem objektiv Wahrgenommenen, zwischen dem Unvermögen des Babys und seiner wachsenden Fähigkeit, die Wirklichkeit zu erkennen und zu akzeptieren. Winnicott sieht den Übergangsraum «als Sphäre..., in der das Individuum ausruhen darf von der lebenslänglichen menschlichen Aufgabe, innere und äußere Realität voneinander getrennt und doch in wechselseitiger Verbindung zu halten.»[35]

Beziehungstheoretiker, die das Unsagbare unserer frühesten, noch vor dem Vorhandensein von Sprache liegenden Erfahrung zu beschreiben suchen, greifen dabei oft zu einer poetischen Ausdrucksweise – auch Melanie Klein mit ihren grellen surrealistischen Bildern von Brüsten, die einen verfolgen oder voller Urin und Kot sind. Winnicott nennt Übergangsphänomene «den wesentlichen Bestandteil der Illusion», das Reich, das dem Kind zugestanden wird und für den Erwachsenen in Kunst und Religion liegt. «Dieser intermediäre Erfahrungsbereich», so schreibt Winnicott, «der nicht im Hinblick auf seine Zugehörigkeit zur inneren oder äußeren Realität in Frage gestellt wird, begründet den größeren Teil der Erfahrungen des Kindes und bleibt das Leben lang für außergewöhnliche Erfahrungen im Bereich der Kunst, der Religion, der Imagination und der schöpferischen wissenschaftlichen Arbeit erhalten.»[36] Wenn Winnicott davon spricht, daß «nicht in Frage gestellt wird», daß dieser Erfahrungsbereich weder der inneren noch der äußeren Realität zugehörig ist, so meint er damit, ein wesentlicher Teil seiner Ausführungen zu den Übergangsphänomenen sei für ihn, «daß wir übereinkommen, ein Kleinkind niemals vor die Frage zu stellen: Hast du den Gegenstand erschaffen, oder hast du ihn zufällig irgendwo gefunden? Ein wesentliches Merkmal von Übergangsphänomenen und -objekten ergibt sich also erst aus unserer Haltung den Objekten gegenüber.»[37]

Daß sich diese besonders geartete «Haltung» bei der Mehrzahl der Beziehungstheoretiker findet, wenn sie religiöse Phänomene untersuchen, unterscheidet sie von ihren klassischeren Vorgängern und Zeitgenossen. Erikson ist nicht reduktionistisch, wenn er eine Seite von Religion mit einer vagen Sehnsucht nach einem halluzinatorischen Gefühl des Einsseins mit einem mütterlichen Urgrund und nach einem Versorgtwerden mit wohltuend wirkenden Substanzen in Verbindung bringt.[38] Wo er den Wunsch des Menschen nach Transzendenz konstatiert, reduziert er nicht die Transzendenz, sondern erhebt den Wunsch auf eine höhere Stufe. Genausowenig verschreibt sich Kohut einer deterministischen Wissenschaftlichkeit, wenn er Religion als kulturelles Selbstobjekt sieht, das lebenswichtige Nahrung für die Reifung und Erhaltung des Selbst bereitstellt.[39]

Ebenso würden andere Bereiche von Religion, wie etwa Methoden religiösen Heilens, mit Hilfe der Beziehungstheorien ganz anders interpretiert werden als mit dem klassischen Triebmodell. Nehmen wir ein Beispiel aus dem Hinduismus, und zwar das schweigende «Schauen» des *darshan*, das ich im vorausgegangenen Kapitel als die wohl wichtigste Form der Interaktion zwischen Guru und Schüler dargestellt habe.[40] Das klassische analytische Verständnis für das Selbst und dafür, wie es funktioniert, entsteht in der analytischen Situation über das Sprechen. Worte übermitteln das Wissen, das heilt. Schweigen und Stillsein werden meist als Widerstand gedeutet, als Abwehrhemmung oder als Ich-Störung von kürzerer oder längerer Dauer.

In den Beziehungsmodellen, wo das Vermeiden eines Entfremdungs- und Verlassenheitsgefühls für die vorrangige Triebfeder des Individuums gehalten wird, hat die identitätsschaffende Kraft des *erkennenden* Blicks mindestens so entscheidende Bedeutung wie erklärende Worte, die diffuse Erfahrungen einordnen. In der schweigenden Bestätigung eines jeden *darshans* erlebt der einzelne im Guru jemanden, der Sorge trägt für seine «Vorzeit», und er erfährt zugleich die kurze, aber regelmäßige Erfüllung eines tiefen menschlichen Bedürfnisses nach gegenseitigem Erkennen. Der Guru, den man über die Augen in sich aufnimmt, wird allmählich verinnerlicht, und zwar als gütige Gestalt, die sich von den im Schüler vorhandenen unguten Objekten unterscheidet und seiner geschlossenen Welt archaischer und destruktiver Objekt-Beziehungen neue Möglichkeiten eröffnet.

Daß der schweigende *darshan* in Indien besser funktioniert als im Westen, mag damit zu tun haben, wie in dieser Kultur Kinderbetreuung im allgemeinen abläuft. In den meisten westlichen Gesellschaften sorgt die Mutter größtenteils durch Worte dafür, daß die Trennungsängste des Kindes sich legen, z.B. beim Zu-Bett-Gehen. Schlaf selbst ist gleichbedeutend mit Dunkelheit, Stille und – in den meisten Mittelklassefamilien – mit Trennung von der Mutter, mit der Folge, daß sich Stille mit der Angst vor ihrem Fortsein verbindet. In Indien dagegen wird das Kind fast ständig von der Mutter am Körper getragen, und nachts schläft es mit ihr in einem Bett. So kann es gut sein, daß Schweigen und Stille mit der Anwesenheit der Mutter und dem Verbundensein mit dem inneren Rhythmus ihres Körpers assoziiert werden. Der Analytiker, der sich auf Beziehungsmodelle beruft, wird daher eine gewisse geistige Verwandtschaft mit dem Guru nicht leugnen, lassen sich doch deutliche Merkmale einer gemeinsamen Herkunft erkennen. Sie leitet sich aus dem her, was Evolution geschaffen hat: menschliche Entwicklung, die in ein Beziehungsgeflecht eingebunden ist, mit dem Selbst als Ort, wo Beziehungen zusammenlaufen.

Aufgrund des gewachsenen Bewußtseins für die Bedeutung und Funktion ihrer eigenen Rituale kann die Psychoanalyse jetzt religiöses Ritual auf differenziertere Weise beurteilen, als dies Freud in seinen frühen Aussagen hierzu möglich war. Jeder Analytiker weiß genau um die Bedeutung einer gleichbleibenden Atmosphäre und eines unveränderten Settings. Er ist sich bewußt, daß der Patient ein Gefühl von Fragmentierung empfindet, und sei es auch nur leicht und vorübergehend, wenn die Begrüßungs- und Abschiedsrituale variieren oder die Regelmäßigkeit der Sitzungen unterbrochen ist. Das analytische Ritual festigt, wenn es gut ist, immer wieder die persönlichen Bande zwischen Patient und Analytiker. Dies erlaubt es dem Patienten, sich innerhalb des vertrauten Milieus einer immer wieder unterstrichenen gegenseitigen Abhängigkeit auf Konflikt und Widerspruch einzulassen. So wie Thomas Mann dem phantasiebegabten Schriftsteller rät, sich wie ein Bankangestellter zu kleiden, ist in der Analysesitzung die äußere Formalisierung der inneren Spontaneität nur förderlich. Natürlich aber gewinnt dann, wenn das Ritual – das religiöse oder das analytische – «schlecht» ist, d.h. wenn es in seiner Wiederholung gezwungen, starr und aller Spontaneität beraubt ist, Freuds Analyse des Rituals wieder eine gewisse Gültigkeit.

Neben den sich aufdrängenden Parallelen und interessanten Überschneidungen zwischen religiösem Ritual, spirituellen Techniken der Selbstbefragung und der Psychoanalyse ist es vor allem ihr mythischer Kern, der die Psychoanalyse veranlassen könnte, ihren derzeitigen Standort im Grenzbereich zwischen Wissenschaft, Kunst und Religion aufzugeben und sich zum Bündnispartner der Religion zu erklären. Damit meine ich nicht, daß Mythen wie der des Ödipus – der ja inzwischen für die meisten eher ein Freudscher als ein griechischer Mythos ist – den Kern der psychoanalytischen Theorie bilden. Und ich möchte damit auch nicht das Interesse an den Ursprüngen, den Wandlungen, den wechselnden Realitäten – im Grunde das Interesse am Sinn – herausheben, das Psychoanalyse und Religion gemeinsam ist. Mit mythisch meine ich natürlich nicht fiktiv, die Bedeutung, die das Wort Mythos seit Platon in allen europäischen Sprachen hat. Mythisch bezieht sich vielmehr auf bestimmte Denk- und Reflexionsstrukturen, mit deren Hilfe innere und äußere Erfahrung in eine Ordnung gebracht wird. Diese besondere Struktur, die das Wesentliche an der Mythologie wie an der Psychoanalyse ist, gründet sich auf die Phantasie. Phantasie wiederum ist hier nicht im üblichen Sinn des Wortes verwendet, wo sie mit den gängigen Konnotationen – Spleenigkeit, Exzentrik, etwas Nichternstzunehmendes – behaftet ist, sondern als andere Bezeichnung für jene Welt der Imagination, die dem Erleben Bedeutung verleiht. Phantasie, «der Stoff, aus dem die Träume sind», ist in unterschiedlichem Ausmaß und in unterschiedlicher Form auch der Stoff, aus dem Kunstwerke, gelehrte Abhandlungen und wissenschaftliche Theorien gestaltet sind.

Daraus, daß sie Phantasie in komplexe Symbolik, in Metaphern und Analogien fassen, aus der mythischen Denkstruktur also, beziehen psychoanalytische Theorien ihre Kraft, ebenso auch die Praxis, wo sich so das vom Patienten Zutagegeförderte mit den Reaktionen des Analytikers, seinen Deutungen, verknüpft. Ava Siegler meint, daß Freud nicht umsonst so häufig Metaphern und Analogien verwende, wenn er seine Vorstellungen entwickelt und formuliert, sondern daß dies unabdingbar für die erklärende Kraft seiner Theorien sei.[41] «Metapher und Analogie ermöglichen ein komplexes Strukturieren von Wissen. Sie können dazu beitragen, Wahrnehmungen zu erklären, die anders schwierig zu erklären wären... Zudem zeichnen sich Metapher und Analogie beide durch Vieldeutigkeit aus. Es liegt in ihrer Natur, ein Übermaß an Bedeutung auf sich zu vereinen, so daß sich der Bedeutungsüberschuß von einer Wahrnehmung auf die andere überträgt und sich damit unser Verständnis für subtile und komplexe menschliche Erfahrung erweitert.»[42]

Metapher und Analogie sind nicht nur feste Bestandteile der psychoanalytischen Theorie, sondern ebenso der Praxis. Auch die in den Deutungen übermittelten analytischen Einsichten müssen nicht glasklar sein, sondern können bis zu einem gewissen Grade ineinandergreifen oder zu umfassend sein. Wie Mythen gehen die wirklich verändernden analytischen Einsichten über die zu ihrer Übermittlung verwendeten Worte hinaus und erzeugen Resonanz in immer tieferen Schichten, die so ans Licht kommen. Entgegen Freuds Erwartungen ist es nicht die wissenschaftliche Weltsicht mit ihrer auf die denotative Bedeutung beschränkten Sprache, sondern die mythologische Weltanschauung mit ihrer an Konnotationen reichen Sprache, die weiter vorstößt in den Bereich von Emotion und Imagination – das Thema der Psychoanalyse. Da das Mythische eine ähnliche Struktur aufweist wie unser Gehirn, wenn es das in endgültiger Form abgespeicherte Erleben und Handeln, wie Oliver Sacks meint, ikonisch und «künstlerisch» anordnet, wird es der melodischen und malerischen Eigenart des Innenlebens, der Proustschen Eigenart von Gedächtnis und Geist eher gerecht.[43]

Mein eigener Standpunkt läßt sich darin zusammenfassen, daß ich die signifikanten Ähnlichkeiten zwischen Psychoanalyse und religiösem Heilen anerkenne und erreichen möchte, daß sich bei der Betrachtung religiöser Phänomene eine andersgeartete Haltung durchsetzt. Ich gehe allerdings nicht so weit wie Wilfred Bion, der für viele Analytiker, speziell in Lateinamerika, eine Kultfigur darstellt und für den die Ziele der Psychoanalyse mystische Ziele sind. Er greift daher auch bewußt zu religiöser Terminologie, wenn er beschreibt, was in der Psychoanalyse geschieht. Bion gäbe sich nicht damit zufrieden, daß der Analysand über die Phänomene seines wahren Selbst Bescheid weiß, sondern für ihn wäre der Idealfall, daß er dieses wahre Selbst nicht nur *kennt*, sondern schließlich *ist*.[44] Diese Kluft kann, wie Bion sagen würde, nur überbrückt werden, indem «der Gott» des Analysanden dazu bereit ist, sich in ihm zu inkarnieren. Bion möchte am liebsten Erinnerungsvermögen und Begehren außer Kraft setzen, um die Seiten der Psyche vorrangig zu trainieren, hinter denen keine sinnliche Erfahrung steht.

Obwohl mich dies durchaus reizt und fasziniert, halte ich mich doch lieber an die sinnliche Erfahrung und den Körper, dieses einzige Gefäß unserer Seele. Ich stimme zu, daß es Ziel der Analyse ist, die Fähigkeit zu «erlebendem Erleben» freizusetzen und wachsen zu lassen, doch möchte ich das Sinnliche am Erleben nicht missen, wenn Bewußtsein den Körper in allen Teilen durchströmt. In Abwandlung einer von Bions eigenen Metaphern wäre ich es zufrieden, Kartoffeln anzubauen, auszubuddeln und zu essen, und dies intensiv und sinnlich, während ich aus der Ferne den Mystiker bewundere, der Kartoffeln zu singen vermag, und ihm diese Fähigkeit auch nicht abspreche.

Anmerkungen

1. Kapitel: Madeleine Le Bouc. Porträt einer Verrückten, die eigentlich eine Heilige hätte sein sollen

1 Frz. «bouc» (dt. der Ziegenbock) in Anspielung auf «bouc émissaire» (dt. Sündenbock) (Anm. d. Übersetzerin).
2 *De l'Angoisse à l'Extase*, Bd. I, S. 1, Paris, 1926, (Bd. II, 1928). Die Zitate aus diesem Werk Janets können sich auf Band I oder Band II beziehen.
3 Ibid., Band II, S. 508.
4 Ibid., S. 10.
5 Ibid., S. 12.
6 Ibid., S. 419.
7 Ibid., S. 13.
8 Ibid.
9 Ibid., S. 14.
10 Ibid., S. 16.
11 Ibid., S. 17.
12 Ibid., S. 411.
13 Ibid.
14 Ibid.
15 Ibid., S. 415.
16 Ibid., S. 23f.
17 Ibid.
18 Ibid., S. 20.
19 Ibid., S. 21.
20 Ibid., S. 25.
21 Es sind uns keine weiteren Einzelheiten über die Identität von Frau X bekannt.
22 Diesen Satz verwendet Madeleine häufig in Bezug auf familiäre und freundschaftliche Bindungen oder in Ekstase: so zum Beispiel «ich bin wie eine Tote und für das stoffliche Leben nicht begabt», S. 68.
23 Ibid., S. 480.
24 Ibid., S. 47.
25 Ibid., S. 51.
26 Ibid.
27 Ibid., S. 61.
28 Ibid., S. 62.
29 Ibid.
30 Ibid., S. 63.
31 Ibid., S. 64.

32 Ibid., S. 106.
33 Ibid., S. 68.
34 Ibid., S. 69.
35 Ibid.
36 Ibid., S. 73.
37 Ibid., S. 75.
38 Ibid.
39 Ibid., S. 92.
40 Ibid., S. 76.
41 Veranschaulichung der Liebe in einer topographischen Darstellung in dem zur preziösen Literatur des 17. Jahrhunderts zählenden Roman «Clelia, eine römische Geschichte» von Madeleine de Scudéry (Anm. d. Übersetzerin).
42 Ibid., S. 106.
43 Ibid., S. 77.
44 Ibid., S. 79.
45 Ibid.
46 Ibid., S. 109f.
47 Ibid., S. 85.
48 Ibid., S. 87.
49 «Der Hexenhammer», von Jakob Sprenger und Heinrich Institoris, Teil 2, S. 41f., Darmstadt 1974.
50 *De l'Angoisse à l'Extase,* Bd. 1, S. 408.
51 Ibid., S. 118.
52 Ibid., S. 121.
53 Ibid., S. 123.
54 Ibid., S. 133.
55 Ibid., S. 139.
56 Ibid., S. 140.
57 Ibid., S. 141.
58 Ibid., S. 142.
59 Ibid., S. 144.
60 Ibid., S. 145.
61 Ibid., S. 146f.
62 Ibid., S. 147.
63 Ibid.
64 Ibid., S. 146f.
65 Ibid.
66 Ibid., S. 149.
67 Ibid., S. 150.
68 Ibid.
69 Ibid.
70 Ibid., S. 154.
71 Ibid., S. 155.
72 Ibid.
73 Ibid., S. 447.
74 Ibid., S. 156.
75 Ibid., S. 157f.

76 Ibid., S. 158.
77 Ibid., S. 157.
78 Ibid., S. 408.
79 Ibid.
80 Ibid.
81 Ibid., S. 158.
82 Ibid.
83 Ibid., S. 505.
84 Ibid., S. 157.
85 Ibid., S. 158.
86 Ibid., S. 159.
87 Ibid., S. 160.
88 Ibid.
89 Ibid., S. 161.
90 Ibid.
91 Ibid.
92 Ibid., S. 162.
93 Ibid.
94 Ibid., S. 163.
95 Ibid., S. 164.
96 Ibid., S. 168.
97 Ibid., S. 169.
98 Ibid., S. 170.
99 Ibid., S. 169f.
100 Ibid., S. 172.
101 Ibid.
102 Ibid., S. 173.
103 Ibid., S. 172.
104 Ibid.
105 Ibid., S. 168.
106 Ibid., S. 171.
107 Ibid., S. 194.
108 Ibid., S. 425.
109 Ibid., S. 426.
110 Bd. II, S. 526.
111 Bd. I, S. 198.
112 Ibid., S. 178.
113 *Schriften*, «Die logische Zeit und die Assertion der antizipierten Gewißheit» (Aus dem Frz. von Hans-Joachim Metzger), Bd. III, S. 121, Weinheim – Berlin 1986.
114 *De l'Angoisse à l'Extase*, Bd. 1, S. 239.
115 Ibid., S. 432.
116 Ibid., S. 432
117 Bd. I, S. 432.
118 Ibid., ebenso wie der folgende Absatz.
119 Ibid., S. 453.
120 Ibid., S. 452.
121 Ibid., S. 453.

122 *Das Ende des Totemismus* (Aus dem Frz. von Hans Naumann), Frankfurt/M. 1962, S. 135.
123 Bd. I, S. 456.
124 Ibid.
125 Ibid., S. 457.
126 Ibid.
127 Ibid., S. 449.
128 Ibid.
129 Ibid.
130 Ibid.
131 Ibid.
132 Strukturale Anthropologie I. (Aus dem Französischen von Hans Naumann) Frankfurt/M. 1967, S. 199.
133 Ibid., S. 199f.
134 *De l'Angoisse à l'Extase,* Bd. 1, S. 453.
135 Strukturale Anthropologie I, S. 200.
136 Die Fälle der anderen Patientinnen Pierre Janets sind zumeist im zweiten Band von «*De l'Angoisse à l'Extase*» zu finden, eingestreut zwischen seiner Theorie über die Gefühle, die Emotionen und den psychasthenischen Wahn. Sie werden an dieser Stelle ohne Zitate zusammengefaßt.
137 Frz. *devenir* – dt. «werden».
138 *De l'Angoisse à l'Extase,* Bd. II, S. 409.
140 Die Autorin spielt mit den Begriffen «zwingen» (frz. «forcer») und «Zwangsjacke» (frz. «camisole de force») auf den Begriff der «Kraft» (frz. «force») an.
141 *Studien über Hysterie,* in: Gesammelte Schriften von Sigmund Freud, Erster Band, Leipzig-Wien-Zürich 1922, S. 238.

2. *Kapitel: Ramakrishna und die mystische Erfahrung*

1 N. Söderblom, *Till mystikens belysning*, Lund 1985, zitiert nach H. Akerberg, «The Unio Mystica of Teresa of Avila», in: N. G. Holm, Hrsg., *Religious Ecstacy*, Stockholm 1981, S. 275–79.
2 William James, *The Varieties of Religious Experience*, New York 1902.
3 Andrew M. Greeley, *The Sociology of the Paranormal: A Reconnaissance*, Beverly Hills 1975, S. 62.
4 Zur psychologischen Beschreibung der Struktur mystischer Erfahrung vgl. Committee on Psychiatry and Religion, *Mysticism: Spiritual Quest or Psychic Disorder?*, New York 1976.
Vgl. auch H. Hof «Ecstacy and Mysticism», in: Holm, *Religious Ecstacy*, S. 243–49.
5 R. C. Zaehner, *Hindu and Muslim Mysticism*, London 1960. Das maßgebliche Werk über die Hindu-Mystik ist nach wie vor S. N. Dasgupta (1927), *Hindu Mysticism*, Delhi 1987.
6 Vgl. Committee on Psychiatry and Religion, *Mysticism*, vor allem S. 782–86. In bezug auf psychoanalytische Beiträge, die

insbesondere die Ich-adaptiven Aspekte der mystischen Erfahrung hervorheben, vgl. Paul C. Horton, «The Mystical Experience: Substance of an Illusion», *Journal of the American Psychoanalytic Association* 22 (1974), S. 364–80; David Aberbach, «Grief and Mysticism», *International Review of Psychoanalysis* 14 (1987), S. 509–26.

7 Anton Ehrenzweig, *Ordnung im Chaos – Das Unbewußte in der Kunst*, München 1974.

8 Romain Rolland, *Das Leben des Ramakrishna*, Zürich, Leipzig 1929, S. 45.

9 Zu den Argumenten gegen eine psychoanalytische, «wissenschaftliche» Untersuchung der Mystik vgl. Roger N. Walsh et al., «Paradigms in Collision», in: *Beyond Ego: Transpersonal Dimensions in Psychology*, hrsg. R. N. Walsh and F. Vaughan, Los Angeles 1980, S. 36–52.

10 Vgl. Peter Buckley und Marc Galanter, «Mystical Experience, Spiritual Knowledge and a Contemporary Ecstatic Experience», *British Journal of Medical Psychology* 52 (1979), S. 281–89.

11 Vgl. zu den Fallstudien P. C. Horton, «Mystical Experience», und Committee on Psychiatry and Religion, *Mysticism*, S. 199–807.

12 Zu einem umfassenden Vergleich der drei – siehe Manfred Eigen, «The Area of Faith in Winnicott, Lacan and Bion», *International Journal of Psychoanalysis* 62 (1981), S. 413–34.

13 Zitiert bei Irving B. Harrison, «On Freud's View of the Infant-Mother Relationship and of the Oceanic Feeling – Some Subjective Influences», *Journal of the American Psychoanalytic Association* 27 (1979), S. 409.

14 Ibid.

15 Nach J. M. Massons Meinung ist die Quelle für den Begriff «ozeanisches Gefühl» in einer anderen Passage der Schriften Ramakrishnas zu finden; vgl. hierzu *The Oceanic Feeling: The Origins of Religious Sentiment in Ancient India*, Dordrecht 1980, S. 36.

16 Dushan Pajin, «The Oceanic Feeling: A Reevaluation», Belgrad 1989, Manuskript.

17 Brief an Romain Rolland vom 19. Januar 1930, in: Sigmund Freud, *Briefe 1873–1939*, ed. Ernst L. Freud, Frankfurt am Main 1960, S. 389–90.

18 Mahendranath Gupta, *Sri Ramakrishna Vachanamrita*, ins Hindi übersetzt von Suryakant Tripathi «Nirala», 3 Bände, Nagpur 1988.

19 Swami Saradananda, *Sri Ramakrishna, The great Master*, 2 Bände, Mylapore 1983, Bd. 1, S. 276–77.

20 Rolland, *Das Leben des Ramakrishna*, S. 31.

21 Saradananda, *Sri Ramakrishna*, Bd. 1, S. 276–77.

22 Ibid., S. 156.

23 Ibid., S. 162–63.

24 Rolland, S. 45.

25 Saradananda, *Sri Ramakrishna*, Bd. 1, S. 424.
26 Gupta, *Vachanamrita*, Bd. 1, S. 71.
27 Ibid., S. 301.
28 Ibid., S. 320.
29 Ibid., S. 135–36.
30 Ibid., S. 41.
31 Ibid., Bd. 2, S. 241.
32 Bhavabhuti, *Uttara Rama Charita*, in: *Six Sanskrit Plays*, Bombay 1964, S. 368.
33 Gupta, *Vachanamrita*, Bd. 1, S. 90.
34 Sigmund Freud, *Neue Folge der Vorlesungen zur Einführung in die Psychoanalyse*, *Gesammelte Werke*, Frankfurt 1944 ff., Band XV, S. 86.
35 Nathaniel Ross, «Affect as Cognition: With Observation on the Meaning of Mystical States», *International Review of Psychoanalysis* 2 (1975), S. 79–93.
36 Gupta, *Vachanamrita*, Bd. 3, S. 238–89.
37 Ernst Hartmann, *The Nightmare: The Psychology and Biology of Terrifying Dreams*, New York 1984.
38 Gupta, *Vachanamrita*, Bd. 3, S. 289.
39 J. M. R. Damas Mora et al., «On Heutroscopy or the Phenomenon of the Double», *British Journal of Medical Psychology* 53 (1980), S. 75–83.
40 Gupta, *Vachanamrita*, Bd. 1, S. 388.
41 Ibid., Bd. 3, S. 109.
42 Ibid., Bd. 1, S. 431.
43 Saradananda, *Sri Ramakrishna*, Bd. 1, S. 417.
44 Octavio Paz, *The Monkey Grammarian*, New York 1981, S. 133.
45 Stellvertretend für die klassische Freudsche Sehweise siehe L. Salzman, «The Psychology of Religious and Ideological Conversion», *Psychiatry* 16 (1953), S. 177–87. Zur Auffassung von Melanie Klein vgl. Irving B. Harrison, «On the Maternal Origins of Awe», *The Psychoanalytic Study of the Child* 30 (1975), S. 181–95.
46 P. C. Horton, «Mystical Experience».
47 Zu einer eingehenden Erörterung über die Zusammenhänge und Parallelen zwischen Trauerarbeit und Mystik siehe David Aberbach, «Grief and Mysticism», S. 509–26.
48 S. Kakar, *Schamanen, Heilige und Ärzte*, München 1984, 5. Kapitel. Vgl. auch Buckley und Galanter, «Mystical Experience», S. 285; P. C. Horton, «The Mystical Experience as a Suicide Preventive», *American Journal of Psychiatry* 130 (1973), S. 294–96.
49 Zitiert nach Aberbach, «Grief and Mysticism», S. 509.
50 I. Barande und R. Barande, «Antinomies du concept de perversion et épigénèse de l'appétit de excitation», zitiert nach S. A. Leavy, «Male Homosexuality Reconsidered», *International Journal of Psychoanalytic Psychotherapy* 11 (1985–86), S. 163.

51 Gupta, *Vachanamrita*, Bd. 1, S. 388.
52 Eigen, «Area of Faith»; «Ideal Images, Creativity and the Freudian Drama», *Psychocultural Review* 3 (1979), S. 287–98; «Creativity, Instinctual Fantasy and Ideal Images», *Psychoanalytic Review* 68 (1981).
53 Eigen, «Area of Faith», S. 431.
54 E. Underhill, *Mysticism* (1911), New York 1961; J. H. Leuba, *The Psychology of Religious Mysticism*, New York 1925.
55 A. Einstein, *Ideas and Opinions*, New York 1954, S. 75.
56 Herbert Moller, «Affective Mysticism in Western Civilization», *Psychoanalytic Review* 52 (1965), S. 259–67; vgl. auch E. W. McDonnel, *The Beguines and Beghards in Medieval Culture*, New Brunswick 1954, S. 320–32.
57 Gupta, *Vachanamrita*, Bd. 3, S. 535–36.
58 Ibid., S. 107.
59 Robert Stoller, «The Gender Disorders», in: I. Rosen (Hrsg.), *Sexual Deviation*, Oxford 1979, S. 109–38.
60 J. O. Wisdom, «Male and Female», *International Journal of Psychoanalysis* 64 (1983), S. 159–68.
61 D. W. Winnicott, «Kreativität und ihre Wurzeln», in: *Vom Spiel zur Kreativität*, Stuttgart 1973, S. 78–100.
62 Ibid., S. 95 und S. 99.

4. Kapitel: Der Guru als Heiler

1 Pupul Jayakar, *J. Krishnamurti: A Biography*, Delhi 1987, S. 9. Ich muß noch die Warnung anfügen, die Brent in nachfolgender Feststellung zum Ausdruck bringt: «In einem Land, wo es vielleicht zehn Millionen Heilige gibt, darunter viele mit ihrer eigenen Gefolgschaft, ihren Helfern und Jüngern, manche davon Gurus mit Hunderttausenden von Anhängern, alle Erben einer tausendjährigen Tradition, läßt sich nicht *eine* generelle Aussage über sie treffen, die nicht durch irgendeinen speziellen Fall widerlegt werden könnte.» Vgl. P. Brent, *Godmen of India*, Harmondsworth 1973, S. 22.
2 Zu einer umfassenden historischen Diskussion über die Entwicklung der Institution des Guru, auf die sich dieser einführende Teil stützt, vgl. R. M. Steinmann, *Guru-Sisya Sambandha: Das Meister-Schüler-Verhältnis im traditionellen und modernen Hinduismus*, Wiesbaden 1986. Vgl. außerdem W. Cenker, *A Tradition of Teachers: Sankara and the Jagadgurus Today*, Delhi 1983.
3 Cenker, *A Tradition of Teachers*, S. 41.
4 Zitiert nach D. Gold, *The Lord as Guru*, Delhi 1987, S. 104.
5 Zitiert nach Steinmann, *Guru-Sisya Sambandha*, S. 87.
6 Ibid., S. 103.
7 L. Babb, *Redemptive Encounters*, Delhi 1987, S. 218.
8 *Kulanirvana Tantra*, zitiert nach Steinmann, S. 103.

9 S. Abhayananda, *Jnaneshvar*, Naples, FL 1989, S. 122–23.
10 Vgl. z.B. Chaturvedi Badrinath, «Sense and Nonsense about the ‹Guru› Concept», *Times of India*, 13. Februar 1990.
11 Steinmann, *Guru-Sisya Sambandha*, S. 188–89.
12 Swami Saradananda, *Sri Ramakrishna, The Great Master*, 2 Bände, Mylapore 1983, Bd. 1, S. 521.
13 Jayakar, *Krishnamurti*, S. 4.
14 Ibid., S. 5.
15 Ibid., S. 211.
16 Vgl. S. Kakar, *Schamanen, Heilige und Ärzte*, 5. Kapitel.
17 Vgl. S. Kakar, *Schamanen, Heilige und Ärzte*, S. 146–47.
18 Vgl. S. Kakar, *Schamanen, Heilige und Ärzte*, S. 146.
19 Vgl. S. Kakar, *Kindheit und Gesellschaft in Indien*, Frankfurt am Main 1988, 4. Kapitel.
20 Vgl. H. Kohut, *Narzißmus*, Frankfurt am Main 1973; *Die Heilung des Selbst*, Frankfurt am Main 1979.
21 Ernest Wolf, *Treatment of the Self*, New York 1989, S. 52.
22 Vgl. A. Deutsch, «Tenacity of Attachment to a Cult Leader: A Psychiatric Perspective», *American Journal of Psychiatry* 137 (1982), S. 1569–73. Vgl. auch S. Lorand, «Psychoanalytic Therapy of Religious Devotees», *International Journal of Psychoanalysis* 43 (1962), S. 50–55.
23 Wolf, *Treatment of the Self*, S. 100.
24 S. Nacht, «Curative Factors in Psychoanalysis», *International Journal of Psychoanalysis* 43 (1962), S. 208. Vgl. auch S. M. Abend, «Unconscious Fantasy and Theories of Cure», *Journal of the American Psychoanalytic Association* 27 (1979), S. 579–96.
25 Vgl. S. Kakar, *Schamanen, Heilige und Ärzte*, S. 223/24.
26 Zitiert nach Steinmann, *Guru-Sisya Sambandha*, S. 36.
27 Swami Satyanand Saraswati, *Light on the Guru and Disciple Relationship*, Munger 1983, S. 92.
28 Ibid., S. 77.
29 William James, *The Varieties of Religious Experience*, New York 1902, S. 107 und 195.
30 Zitiert nach D. Nurbaksh, «Sufism and Psychoanalysis», *International Journal of Social Psychiatry* 24 (1978), S. 208.
31 Swami Muktananda, *The Perfect Relationship*, Ganesh-puri 1983, S. ix.
32 Saradananda, *Sri Ramakrishna*. S. 454.
33 Muktananda, *Perfect Relationship*, S. 35.
34 Ibid., S. viii.
35 Christopher Bollas, «The Transformational Object», *International Journal of Psychoanalysis* 60 (1978), S. 97–107.
36 Muktananda, *Perfect Relationship*, S. 4.
37 Steinmann, *Guru-Sisya Sambandha*, S. 290.
38 Muktananda, *Perfect Relationship*, S. 85.
39 Babb, *Redemptive Encounters*, S. 173.
40 Jayakar, *Krishnamurti*, S. 3.

41 Zitiert nach Steinmann, *Guru-Sisya Sambandha*, S. 235.
42 Ibid., S. 234.
43 M. L. Moeller, «Self and Object in Countertransference», *International Journal of Psychoanalysis* 58 (1977), S. 356–76.
44 S. Kakar, «Psychoanalysis and Religious Healing: Siblings or Strangers?», *Journal of the American Academy of Religion* 53, Nr. 3 (1985).
45 Muktananda, *Perfect Relationship*, S. 37.
46 Ibid., S. 109.
47 Jayakar, *Krishnamurti*, S. 8.
48 S. L. Bady, «The Voice as a Curative Factor in Psychotherapy», *Psychoanalytic Review* 72 (1989), S. 677–90.
49 S. Kakar, *Schamanen, Heilige und Ärzte*, S. 133–34.
50 Muktananda, *Perfect Relationship*, S. 3.
51 Moeller, «Self and Object», S. 373.

5. Kapitel: Pierre Janet, Madeleines Arzt

1 *De l'Angoisse á l'Extase*, Band I, 1926, 527 Seiten; Band II, 1928, 694 Seiten, Librairie Felix Alcan.
2 In Aufzeichnungen aus dem Jahre 1947.
3 «Über wilde Psychoanalyse», 1910.
4 *Journal de Psychologie*, 1914, op. cit.
5 *Schriften*, Bd. I, S. 151, «Funktion und Feld des Sprechens und der Sprache in der Psychoanalyse» (Aus dem Frz. von K. Laermann), Weinheim – Berlin 1986.
6 *Schriften*, Bd. I, S. 70, «Das Spiegelstadium als Bildner der Ich-Funktion» (Aus dem Frz. von P. Stehlin), Weinheim – Berlin 1986.
7 *Schriften*, Bd. II, S. 183, «Subversion des Subjekts und Dialektik des Begehrens im Freudschen Unbewußten» (Aus dem Französischen von C. Creusot und N. Haas). Weinheim – Berlin 1986.
8 *Schriften*, Bd. I, S. 82, «Funktion und Feld des Sprechens» (Aus dem Frz. von K. Laermann), Weinheim – Berlin 1986.
7 *Écrits*, S. 137, «Fonctions de la Psychoanalyse en criminologie», Paris 1966.
10 *De l'Angoisse à l'Extase*, Bd. II, Seite 205.
11 Ibid., Bd. I, S. 368.
12 *Écrits*, S. 106, «L'Agressivité en Psychoanalyse», Paris 1966.
13 «Einleitung in das Werk von Marcel Mauss», in: Marcel Mauss, *«Soziologie und Anthropologie»*, Bd. I, S. 15f., München 1974.
14 Ibid., S. 16.
15 Dt. «Dings», «Dingsda» (Anm. d. Übersetzerin).
16 Wahnsinn und Gesellschaft (Aus dem Französischen von U. Koeppen), Frankfurt/M. 1969. S. 8.
17 «Einleitung in das Werk von Marcel Mauss», in: Marcel Mauss, *«Soziologie und Anthropologie»*, Bd. I, S. 16, München 1974.
18 *De l'Angoisse à l'Extase*, Bd. 1, S. 127.

19 Ibid., S. 129.
20 Ibid., S. 131.
21 Ibid., S. 468.

6. Kapitel: Psychoanalyse und Religion – ihr Verhältnis aus heutiger Sicht

1 Ernst L. Freud und Heinrich Meng (Hrsg.), *Sigmund Freud – Oskar Pfister, Briefe 1909–1939*, Frankfurt am Main 1963, S. 126.
2 Ernest Jones, *Das Leben und Werk von Sigmund Freud*, Bern 1962, Bd. III, S. 420.
3 Sigmund Freud, *Die Zukunft einer Illusion* (1927), *Gesammelte Werke*, Frankfurt am Main 1961, Bd. XIV, S. 325–80.
Vgl. auch *Das Unbehagen in der Kultur, Gesammelte Werke*, Bd. XIV, S. 421–506.
4 Sigmund Freud, *Zwangshandlungen und Religionsübungen* (1907), *Gesammelte Werke*, Bd. VII, S. 129–139.
5 Wilhelm Reich, *The Function of the Orgasm* New York 1942.
6 Sigmund Freud, *Zwangshandlungen und Religionsübungen.*
7 Franz Alexander, «Buddhist Training as an Artificial Catatonia», *Psychoanalysis* 19 (1931), S. 129–45.
8 J. M. Masson, *The Oceanic Feeling: The Origins of Religious Sentiment in Ancient India*, Dordrecht 1980.
9 Paul Ricoeur, *Freud and Philosophy*, New Haven 1970, S. 533.
10 Erik H. Erikson, *Der junge Mann Luther*, München 1964, S. 292.
11 Bruno Bettelheim, *Freud und die Seele des Menschen*, Düsseldorf 1984.
12 Karen Horney, *Neurosis and Human Growth*, New York 1950, S. 35.
13 Erich Fromm, *Psychoanalyse und Religion*, Stuttgart 1983.
14 A. Kaplan, «Maturity in Religion», *Bulletin of the Philadelphia Association for Psychoanalysis* 13 (1963), S. 101–19; H. Guntrip, «Religion in Relation to Personal Interaction», *British Journal of Medical Psychology* 42 (1969), S. 323–33; Peter Homans, *Theology after Freud*, Indianapolis 1970.
15 Ricoeur, *Freud and Philosophy*, S. 548–49.
16 Jacob Arlow, «Ego Psychology and the Study of Mythology», *Journal of the American Psychoanalytic Association* 9 (1961), S. 371–93.
17 Erikson, *Der junge Mann Luther*, S. 293.
18 Gregory Zilboorg, *Freud and Religion: A Restatement*, London 1958.
19 E. L. Freud und H. Meng, *Freud-Pfister, Briefe*, S. 144.
20 Vgl. H. P. Jung, «The Prototype of Pre-oedipal Reconstruction», *Journal of the American Psychoanalytic Association* 25 (1977), S. 757–85; Irving B. Harrison, «On Freud's View of the Infant-Mother Relationship and of the Oceanic Feeling – Some Subjective Influences», *Journal of the American Psychoanalytic Association* 27 (1979), S. 399–421.

21 Harrison, «Some Subjective Influences».
22 Sigmund Freud, *Der Mann Moses und die monotheistische Religion* (1939), *Gesammelte Werke*, Bd. XVI, S. 242.
23 Harrison, «Some Subjective Influences», S. 420.
24 Ibid., S. 402.
25 Ernest Jones, *Das Leben und Werk von Sigmund Freud*, Bd. III, S. 456.
26 Harrison, «Some Subjective Influences», S. 418–19.
27 Peter Homans, *The Ability to Mourn*, Chicago 1989.
28 Sigmund Freud, *Zur Psychopathologie des Alltagslebens, Gesammelte Werke*, Bd. IV, S. 287–88.
29 Zitiert nach David S. Berman, «Stefan Zweig and His Relationship with Freud and Rolland», *International Review of Psychoanalysis* 6 (1979), S. 85.
30 George Steiner, «A Note on Language and Psychoanalysis», *International Review of Psychoanalysis* 3 (1976), S. 257.
31 Zitiert nach Bruno Bettelheim, *Freud und die Seele des Menschen*, S. 47.
32 W. R. Bion, *Attention and Interpretation*, London 1970, S. 62.
33 Zu einem Überblick über die verschiedenen Beziehungstheorien in der Psychoanalyse vgl. J. R. Greenberg and S. A. Mitchell, *Object Relations in Psychoanalytic Theory*, Cambridge, MA 1983. Wesentlich für die Untersuchung von Religion und religiöser Erfahrung unter dem Gesichtspunkt der Beziehungstheorien ist vor allem das Werk von Winnicott; vgl. hierzu auch W. W. Meissner, *Psychoanalysis and Religious Experience*, New Haven 1984.
34 D.W. Winnicott, *Vom Spiel zur Kreativität*, Stuttgart 1973, S. 7–26.
35 Ibid., S. 11.
36 Ibid., S. 25.
37 Ibid., S. 112.
38 Erikson, *Der junge Mann Luther*, S. 291–93.
39 H. Kohut, *Self Psychology and the Humanities*, New York 1985.
40 Vgl. auch S. Kakar, «Psychoanalysis and Religious Healing: Siblings or Strangers?», *Journal of the American Academy of Religion* 53, Nr. 3 (1985).
41 Ava L. Siegler, «The Oedipus Myths and the Oedipus Complex: Intersecting Realm, Shared Structures», *International Review of Psychoanalysis* 10 (1983), S. 205–14.
42 Ibid., S. 206.
43 Oliver Sacks, *Der Mann, der seine Frau mit seinem Hut verwechselte*, Reinbek 1987.
44 Bion, *Attention and Interpretation.* Siehe auch M. Milner, «Some Notes on Psychoanalytic Ideas about Mysticism», in: *The Suppressed Madness of Sane Men*, London 1989, S. 257–71.

Glossar

erstellt von Catherine Clément

Adharma: Mangel an Tugend, das Gegenteil von Dharma (siehe auch dieses Wort); Zustand, der durch Trägheit, Gier und Unwissenheit hervorgerufen wird.

Amrta: Nektar der Unsterblichkeit, der bei der Quirlung des Milchmeers gewonnen wird; Streitgegenstand in einer Schlacht zwischen den Devas – den Göttern – und den Asuras – den Feinden der Götter.

Arjuna: Der Hauptheld des *Mahabharata*, ein Prinz, der mit allen Tugenden des Mutes ausgestattet ist, ein vortrefflicher Bogenschütze, der fähig ist, einen Papagei ins Auge zu treffen; Gemahl, den seine Gattin Draupadi, die viele Männer hat, seinen vier Brüdern vorzieht; und Kriegsherr, der so human ist, daß er aus Mitleid mit dem Feind vor der großen Schlacht zurückschreckt. In der Bhagavadgita wendet sich Krishna an Arjuna, um ihn zu überzeugen, daß er das Zeichen zur Schlacht geben solle. Angesichts der göttlichen Macht und der Weltordnung beugt sich der Krieger Arjuna seiner Pflicht und entschließt sich, in den Kampf zu ziehen. In einer früheren Episode wird er zusammen mit seinen Brüdern dazu verurteilt, ein Jahr lang in Verkleidung einem König zu dienen, woraufhin Arjuna sich in einen Eunuchen verwandelt, der einer jungen Prinzessin dient.

Arja-Samaj: Gemeinschaft der Arja, Reformbewegung, die 1875 in Bombay von Dayananda Sarasvati ins Leben gerufen wurde, der die Kasten und insbesondere das Prinzip der Unberührbarkeit verwarf und eine gesellschaftliche Hierarchie, die auf persönlichem Verdienst beruhte, einführen wollte. Diese modernistische Sekte, die ausschließlich hinduistisch und nationalistisch ausgerichtet war und in den dreißiger Jahren großen Zulauf erhielt, nahm eine bewußte Gegenposition zu Christentum und Islam ein.

Asana: Bezeichnung für die verschiedenen Stellungen des Yoga, dessen vorbereitende Übung darin besteht, längere Zeit in einer Position zu verharren, um auf die Atemübungen und die Meditation hinzuarbeiten. Ursprünglich bedeutete Asana «Sitz der Gottheit».

Ashram: abgelegene Einsiedelei im «Wald» (das heißt, alles, was nicht im Dorf ist), wobei es sich um Dschungel, Gebirge oder Wüste handeln kann. Im weiteren Sinne Wohnort der Sekten, die von den Gurus, die sie begründet haben, geleitet werden. Schließlich werden auch die verschiedenen Stadien im Leben eines Brahmanen als Ashram bezeichnet.

Ayurveda: traditionelle Medizin, auf der Grundlage von Edelmetallen und Heilkräutern, die auch heute noch sehr häufig praktiziert wird.

Basava (1125–1167): Brahmane, Minister am Hofe eines Erobererkönigs, den er der Legende nach hätte verschwinden lassen, um seine Nachfolge anzutreten, bevor er Selbstmord beging. Gründer einer shivaitischen Sekte, die auch Frauen offenstand, die Virashaiva oder Lingayat.

Bauls: bedeutet im Bengalischen «verrückt»; bezeichnet Gruppen von Dichtern, die, begleitet von besonderen Instrumenten wie Ektara (eine Violine mit einer Saite), Becken und Tamburin, singen und tanzen und in orangefarbenen Gewändern auf den Straßen Bengalens umherziehen. Die Bauls sind Hindus, aber stark durch den Einfluß der bengalischen Sufis geprägt; sie verkünden eine synkretistische Lehre, die Elemente von Islam und Hinduismus in sich vereinigt.

Bhagavata-Purana: fünfte Purana, die vom Leben Krishnas erzählt und über die Liebe zu ihm, der Bhakti.

Bhakti: überschwengliche Liebeshingabe an einen Gott. Abgeleitet von dem Wort «bhaj» – teilen. Die Liebeshingabe schafft eine enge Verbindung zwischen dem Gläubigen und seiner Gottheit durch eine innige Verschmelzung, die sich in Gesang, Tanz, Weinen und Lachen ausdrückt und dem entspricht, was im Okzident als Amour fou bezeichnet wird. Diese Form der Hingabe wird vor allem dem Gott Krishna entgegengebracht; es existiert jedoch eine vishnuitische Bhakti (die Vishnu gilt) und eine shivaitische Bhakti (die Shiva gilt). Aufgrund ihrer Einfachheit und ihrer immensen affektiven Möglichkeiten ist diese Lehre auch heute noch sehr lebendig.

Bhava: Gefühl, Ekstase; Empfindung, die die fünf Einstellungen zusammenfaßt, die ein Gläubiger zur Verehrung seines Ideals annehmen kann.

Buddhismus: von Buddha gestiftete philosophische Religion, deren Entstehung auf das Jahr 543 v. Chr. datiert wird. Buddha war ein indischer Prinz, der als Siddharta Gautama in dem heutigen indischen Bundesstaat Uttar Pradesh, im Nordosten Indiens, nahe der Grenze zu Nepal, geboren wurde. Zu jener Zeit begehrten in der gesamten Gangesebene die Yogis gegen die starren Regeln des traditionellen hinduistischen Brahmanismus auf. Obwohl Buddhas Vater Bollwerke errichtet hatte, um seinem Sohn den Anblick von Leid zu ersparen, begegnete der junge Prinz auf seinem Weg einem Greis, einem Kranken und einem Toten. Daraufhin wurde er zum Entsagenden und begründete eine neue Religion, die auf dem Streben nach der Neutralisierung aller Begierden beruhte, um auf diese Weise den Schmerz zu vermeiden. Der ursprüngliche Buddhismus wurde als «Kleines Fahrzeug» (mit dem der Weg erreicht werden sollte, der dem schmerzhaften Kreislauf der Reinkarnation ein Ende setzt) bezeichnet und fand später in weiterentwickelter Form, als theistische Religion, die als «Großes Fahrzeug» bezeichnet wurde, in Asien Verbreitung. Es ist die einzige heute noch lebendige Form des buddhistischen Erbes.

Brahma: vor Vishnu und Shiva der erste Gott der hinduistischen Dreiheit (die als Trimurti bezeichnet wird), der Gott der Schöpfung, Herr über den Raum; sein dreigeteilter Körper ist der Ursprung der höheren «Varna» (aus der Sicht der Portugiesen, auf lateinisch «casta», was rein bedeutet, daher der Begriff «Kaste»). Brahma wird mit vier Köpfen dargestellt, weil es heißt, daß er seinem heftigen Verlangen nach seiner eigenen Tochter nicht widerstehen konnte; die vier Köpfe symbolisieren die Blicke des Gottes, der dem Mädchen fortwährend mit den Augen folgt. Dieser sehr alte Gott genießt in Indien keine besonders große Verehrung, und ihm ist nur eine einzige heilige Stätte geweiht, Pushkar in Rajasthan.

Brahman: das oberste und universale Selbst, das neutrale Prinzip, das unmöglich zu erkennen ist, das Absolute.

Brahmani: Name der Tantrikerin, die zum wichtigsten Guru Ramakrishnas wurde.

Brindavan (oder Vrindavan): eine der Städte, die dem Kult um den Gott Krishna geweiht sind, in der Nähe von Mathura, einhundert Kilometer entfernt von Delhi gelegen. In Brindavan wurde Krishna von Kuhhirten aufgezogen.

Chakra: im Sanskrit Bezeichnung für Rad, wird als Symbol für die Sonne verwendet. Das Chakra ist auch die Wurfscheibe, mit der der Gott Vishnu – und seine Inkarnation Krishna – auf weite Entfernung töten können. Im Yoga wird der Begriff Chakra zur Bezeichnung der sechs Nervenzentren verwendet, die die Schlange Kundalini passiert, wenn sie sich durch die Wirbelsäule emporwindet. Das Heilige Rad schließlich ist in der Mitte der indischen Nationalflagge abgebildet, anstelle des Spinnrads Mahatma Gandhis, dessen Symbolik umstritten war.

Charan Singh: Name eines kürzlich verstorbenen Gurus der Radhaswama-Satsanga-Sekte (siehe unten).

Cudala: legendäre Gestalt einer mystischen Prinzessin im *Yogavasishtha*, einem Werk, das zwischen dem 9. und dem 12. Jahrhundert in Kaschmir (im Nordosten Indiens) verfaßt wurde.

Dadu Dayal (1544–1604): Heiliger Dichter, in Gujarat geboren, Sohn eines Baumwollkardierers aus Ahmadabad; er predigte eine Synthese zwischen Brahmanismus und Koran und lehnte alle Unterscheidungen zwischen Sekten, Religionen und Idolen ab. Er schrieb kurze Verse, die Harde Sani.

Darshan: wörtlich «Zeigen», und davon abgeleitet, «der Anblick». Dieser Begriff bezieht sich sowohl auf die hinduistische Philosophie als auch auf den weit verbreiteten hinduistischen Ritus, sich am Anblick seines Gurus zu ergötzen, was auf dem Glauben beruht, daß man sich auf diese Weise aller Tugenden und Kräfte des Betrachteten bemächtigen könne. Darüber hinaus bezeichnet Darshan heute auch die für die Allgemeinheit zugänglichen Gespräche, die die indischen Politiker täglich in ihrem Garten führen.

Darshanat: wörtlich übersetzt «durch den Blick des Gurus».

Dasa: Diener, ursprünglich Sklave; diesen Namen gaben die Indoeuropäer den Ureinwohnern der Gangesebene. Später auch Dämon.

Dasya: Knecht, eine der fünf Einstellungen der Gottesverehrung (Bhava). Der Gott ist der Herr und der Gläubige sein Knecht oder sein Kind.

Dattatreya: ein Weiser, der in der *Uddhavagita*, einer der heiligen Schriften über Krishna, erscheint.

Devi: die Glänzende, die Göttin, eine der Emanationen der Shakti, der weiblichen Energie. In Bengalen wird der Name Devi der Durga verliehen, Göttin der Siegeskraft und Inkarnation von Shiva, oder der Göttin Kali, eine andere Inkarnation der Shakti, die sicherlich das furchtbarste Erscheinungsbild einer Gottheit darstellt.

Dhana: Gesundheit.

Dharma: Gesetz, Aufgabe, von vornherein festgelegte göttliche Ordnung, der sich niemand entziehen kann. Die Respektierung des Dharma ist das oberste moralische Gebot.

Diksha: aufopfernde Widmung, und im allgemeineren Sinne Einweihung in das spirituelle Leben.

Fakir: Der Fakir ist, entgegen der fälschlichen Verwendung des Wortes in den westlichen Ländern, kein zaubernder und akrobatische Kunststücke vollführender Yogi, sondern ein moslemischer Entsagender, der Armut gelobt hat. Die Fakire ziehen häufig in Pilgerorden umher, um die zahlreichen islamischen und insbesondere die sufistischen Heiligtümer zu besuchen.

Fana: bedeutet bei Djalal od-Din Rumi, dem Begründer des Sufismus in der Türkei, die Auflösung des Geistes während der Ekstase.

Ganesha oder *Ganesh:* elephantenköpfiger Gott, Kind von Parvati, der Gattin des Gottes Shiva. Sie formte Ganesha aus Schlamm und stellte ihn als Wächter an der Tür ihres Gemachs auf. Doch Shiva schlug dem Kind erzürnt den Kopf ab. Angesichts von Parvatis Klagen willigte er aber schließlich ein, das Kind wieder zum Leben zu erwecken, indem er ihm den Kopf des ersten vorbeikommenden Lebewesens aufsetzte; dieses Lebewesen war jedoch ein Elephant. Ganesha ist Gott des Heims, der Händler, der Reisenden, der Schriftsteller. Er hat nur einen Stoßzahn; mit dem anderen soll das *Mahabharata* geschrieben worden sein. Dieser sehr beliebte Gott ist auch der Gott der Kinder und der Süßigkeiten.

Gita: Lied, Gesang, Vokalmusik; jedoch auch allgemein gebräuchliche Abkürzung für die heilige Schrift der *Bhagavadgita.*

Gopala: einer der vielfältigen Namen für Krishna, abgeleitet von «Gopi» – Kuhhirtin; Krishna hatte als Jüngling alle Kuhhirtinnen Brandavans als Geliebte, und die Darstellungen des jungen Gottes, der mit seinen Hirtinnen tanzt, gehört zu den bekanntesten religiösen Bildszenen Indiens.

Govinda: einer der vielzähligen Namen des Gottes Krishna.

Guru: «der Verehrte».

Hamsa: mythischer Schwan, Vogel des Gottes Brahma; aber auch Name für die großen Heiligen Bengalens.

Hanuman: Affengott, vorbildliche Verkörperung des ergebenen Dieners. Im Ramayana ist Hanuman ein treuer Diener des Gottes Ram und überbringt dessen Botschaften an seine Frau Sita, die von dem Dämonen Ramana entführt wurde. Hanuman ist unsterblich, verfügt über übermenschliche Kräfte und kann fliegen; er ist Gott der Heilkunde und der Grammatik. Häufig wird er an der Seite des Paares Ram und Sita dargestellt, seinen Herren.

Hinduismus: eine der sieben Religionen Indiens mit der größten Zahl von Gläubigen: Auf 850 Millionen Inder kommen 700 Millionen Hindus. Die anderen Religionen Indiens sind, nach der jeweiligen Zahl der Gläubigen geordnet, die folgenden: Islam (110 Millionen), Christentum (16 Millionen), Sikhismus (16 Millionen), Jainismus (3 Millionen), Buddhismus (300000), der Zoroastrismus, die Religion der Parsen (91000 im Jahre 1990), der Judaismus (etwa 10000). Die Bevölkerungszahl von 850 Millionen wurde bei der Zählung im Jahre 1991 ermittelt, bei der die jeweilige Religionszugehörigkeit leider nicht festgestellt wurde; die betreffenden Zahlen bleiben daher Schätzungen. Zu diesen etablierten und klar abgrenzbaren Religionen kommen noch animistische Religionen der Ureinwohner, die nicht durch offizielle Statistiken erfaßt sind.

Iradah: Aus dem Sufismus entlehnter Begriff, der die besonders enge Beziehung zwischen dem Meister (Maulana) und dem Schüler bezeichnet.

Jayakar Pupul: spielte als Mitarbeiterin von Ministerpräsidentin Indira Gandhi eine wichtige Rolle bei der Wiederbelebung des traditionellen indischen Handwerks; wurde später kulturpolitische Beraterin Rajiv Gandhis. Schrieb nach ihrem Rückzug aus dem politischen Leben eine Biographie Krishnamurtis, ihres geistigen Vorbilds, und verfaßt in den neunziger Jahren die erste echte Biographie Indira Gandhis, deren enge Vertraute sie war.

Jnana: von der Maya (der Illusion) befreite Erkenntnis, die durch Meditation erlangt werden kann.

Jnaneshwar oder Jnandvev (1271–1296): im heutigen indischen Bundesstaat Maharashtra sehr berühmter hinduistischer Heiliger und Dichter; schrieb einen Kommentar zur Bhagavadgita, *Jnaneshvari* genannt, der zu einer der wichtigsten Schriften der Bhakti wurde. Er gründete die Sekte der Natha und war einer der ersten, die Gott und den persönlichen Guru als ein und dieselbe, der Verehrung würdigen Person betrachteten. Jnaneshwar bedeutet «Ozean der Erkenntnis».

Kabir (1440–1518): Dichter und Mystiker aus Benares. Der Sohn eines Webers, der im islamischen Glauben aufwuchs, verehrte Vishnu und Allah gleichermaßen und lehnte sowohl die Veden als auch den Koran ab. Er erlangte eine ungeheure Popularität, verließ schließlich seinen Guru, um seine eigene Philosophie zu lehren, die sehr egalitär war und keine Unterschiede zwischen den verschiedenen Kasten und Religionen machte. Zahlreiche Legenden ranken sich um die große Gestalt Kabirs, unter anderem auch jene, daß er der Sohn eines Brahmanen gewesen sei, der von einer armen moslemischen Familie aufgenommen wurde. Seine Mystik ist sowohl vom Sufismus als auch von der Bhakti beeinflußt.

Kamini-Kanchani: «die Frau und das Gold», die nach Ramakrishnas Regeln beide verboten sind.

Karma: Übereinstimmung des Handelns mit der Pflicht, dem Dharma, so daß jede Handlung auf die Gesamtheit des Kosmos einwirkt.

Kirtan: gemeinsames Singen zu Ehren Gottes.

Kremationgfeld: Ort, an dem der hinduistische Beerdigungsritus der Einäscherung der Toten im Freien und öffentlich durchgeführt wird. Die Kremationgfelder gehören zu den Orten, an denen die tantrischen Übungen des Linke-Hand-Wegs praktiziert werden.

Krishna: Der «Schwarze», achte Inkarnation von Vishnu, genießt in Indien große Verehrung, besonders bei den Frauen. Der mythische Held wurde in Mathura als Kind einer königlichen Familie geboren, die von einem bösen Onkel verfolgt wurde, weil diesem weisgesagt worden war, daß die Geburt dieses Kindes seinen Untergang bedeuten würde; es wird daher heimlich auf dem Land von der Hirtin Yashoda aufgezogen. Im *Mahabharata* ergreift Krishna für eines der an der Schlacht beteiligten Familiengeschlechter Partei und erscheint in seiner göttlichen Gestalt dem Krieger Arjuna, um ihn zum Kampf anzuhalten, als dieser sich weigert, gegen seine eigenen Vettern in den Krieg zu ziehen; Krishna, dieser bezaubernde, verführerische, gerissene und nicht sehr wahrheitsliebende göttliche Held, fordert die Menschen jedoch nur auf göttliche Anweisung zum Krieg auf. In seiner menschlichen Gestalt stirbt Krishna durch einen Pfeil, der ihn in die Ferse trifft, der einzigen verwundbaren Stelle an seinem Körper. Krishna ist der Gott der Liebeshingabe.

Krishnamurti Jiddu: indischer Philosoph (1895–1986), in der Nähe von Madras geboren und von der in Indien lebenden englischen Theosophin Annie Besant als Verkünder der neuen Religion aufgezogen. Im Jahre 1929 löste er die Sekte, die Annie Besant für ihn gegründet hatte, auf und lehnte es ab, weiterhin Schüler aufzunehmen. An der Echtheit seiner ekstatischen Erfahrungen, die von Pupul Jayakar beschrieben werden, besteht kein Zweifel;

Krishnamurti selbst äußerte sich jedoch hierzu nie. Er starb in Los Angeles, wo er immer wieder über längere Zeit gelebt hatte.

Kundalini: Nach den physiologischen Vorstellungen des Yoga eine am Steißbein zusammengerollte Schlange, die sich während der Ekstase blitzartig durch den zentralen Energiekanal (Sushumna) im Rückenmark bis zum Schädel hin aufrichtet. Die Schlange ist das heilige Tier Shivas, des Gottes der Yogis. Die Kundalini ist eine weibliche Energiequelle; im Rahmen der tantrischen Übungen soll durch die geschlechtliche Vereinigung die Schlange geweckt werden, wobei sie allerdings nicht durch eine Ejakulation von ihrem Weg zum Gehirn abgelenkt werden darf.

Lila: im Hinduismus das Spiel der Gottheiten, und hier insbesondere Krishnas nächtlicher Tanz im Mondlicht mit seinen Hirtinnen.

Lingam (oder Linga): phallisches Symbol des Gottes Shiva, das mit Yoni, dem weiblichen Geschlechtssymbol verbunden ist.

Lota: meist abgerundete Schale aus Kupfer, Messing oder Aluminium, die Inder aller Glaubensrichtungen für ihre Waschungen und ihre morgendliche Toilette benutzen. Nicht selten begegnet man auf der Straße Indern, die ihre eigene Lota mit sich herumtragen.

Madhurya: Einstellung einer Ehefrau oder Verlobten gegenüber ihrem Ehemann oder Verlobten.

Mahabhava: Ekstatische Liebe zu Gott, so wie sie die bevorzugte Geliebte des Gottes Krishna, die Kuhhirtin Radha, verkörpert.

Mahabharata: eine der beiden wichtigsten indischen Epen (die zweite ist das Ramayana), das dem Sannyasin Vyasa, dem indischen Homer, zugeschrieben wird, und an dem vom 2. bis zum 7. Jahrhundert immer weitere Ergänzungen und Änderungen vorgenommen wurden. Diese 200000 Verse umfassende Dichtung erzählt die Geschichte einer Königsfamilie, deren Kinder in einen mörderischen Kampf gegeneinander verstrickt waren. Dieser war von den Göttern ausgelöst worden, um der Erde Erleichterung zu verschaffen, für die der Mensch eine zu große Last war und die sich über diese Bürde beklagte. Die Helden des Epos sind Arjuna, der Prinz und Bogenschütze von unbezwingbarem Mut, der jedoch in dem Augenblick zurückschreckt, als er das Zeichen zum Angriff gegen seine Vettern, seinen Onkel und seinen Erzieher geben soll, und der von dem Gott Krishna erst überzeugt werden muß, daß es seine Aufgabe sei zu töten. Dieser Dialog auf dem Schlachtfeld bildet die *Bhagavadgita*, die wichtigste religiöse Schrift des Hinduismus. Weiterhin erscheinen die wilde und blutrünstige Gestalt der Draupadi, der Gemahlin der fünf Pandavas-Brüder – das Familiengeschlecht der «guten» Helden, das den «bösen» Vettern gegenübersteht; Bhisma, der vollkommene Sohn, der ein Keuschheitsgelübde ablegt, um die Wiederverheiratung seines Vaters zu erleichtern und dafür das Recht erhält, den Moment seines Todes selbst zu bestimmen;

Karna, der Sohn der Sonne und einer Sterblichen, ein erniedrigter Held, der von Hirten aufgezogen wird und in dem Epos die Verkörperung der Tugend darstellt, denjenigen, der das große Opfer ist; Drona, der Erzieher der Prinzen; Abhimanyu, der junge heldenhafte Prinz, sowie verschiedene Dämonen, Schlangen, Sirenen und Flüsse, darunter die Göttin Ganga, der größte Fluß Indiens.

Mahesvara: einer der Namen des Gottes Shiva, bedeutet «Große Gottheit».

Manas: Maß, Proportion; Geist.

Mantra: Magische Formel zur Anrufung der Gottheit, in Form eines Wortes, einer Silbe oder eines Satzes, die der Schüler von seinem Guru zugewiesen bekommt. Das Mantra wird vom Schüler durch ständig wiederholendes Hersagen (Japa) beschworen.

Marathen: Die Einwohner Maharashtras, einem Bundesstaat in Südwestindien mit der Hauptstadt Bombay.

Mataji: von «Mata», Mutter, und «-ji», Ehrerbietung ausdrückendes Suffix, das an Eigennamen angehängt wird. Mataji kann einen weiblichen Guru bezeichnen: liebe Mutter, verehrte hochgeschätzte Mutter etc.

Mata Nirmala Devi: zeitgenössischer weiblicher Guru.

Maya: Schleier der Illusion, der das göttliche Spiel verbirgt; Ignoranz und Verkennung.

Mokhsa: endgültige Befreiung der Seele, Auflösung des Ich im Unendlichen durch die Verschmelzung mit Brahman, dem Absoluten.

Muktananda: hinduistischer Asket (1908 geboren), der in den USA zahlreiche Zentren für Vedanta-Studien gegründet hat. In Indien trägt er den Beinamen Paramahamsa, «höchster Schwan.»

Nasya: zu therapeutischen Zwecken absichtlich erzeugtes Niesen, das durch Einbringen von Kräutern und Pfeffer in die Nase hervorgerufen wird.

Nathyogis: Yogisekte, die von der mythischen Gestalt des Philosophen Goraknath begründet wurde, über den zahlreiche Legenden im Umlauf sind. Die Sekte, die Shiva als oberste Gottheit anerkennt, hängt tantrischen Praktiken und einer alchimistischen Esoterik an.

Neti... Neti: Nicht das, nicht das, logische Formel, die in Form einer negativen Theologie die Unmöglichkeit, das Göttliche zu beschreiben, ausdrücken soll. In der buddhistischen Philosophie zentrale moralische Regel, die eine negative Lösung, das heißt das Nicht-Handeln vorschreibt.

Ojha: Exorzist.

Pandit: Im Sanskrit Bezeichnung für einen Gelehrten oder Theologen.

Parvati: Gemahlin des Gottes Shiva, den sie durch ihre asketische Strenge verführt; Mutter des Kindes Ganesha durch Parthenogenese.

Prasada: heilige Opfergabe, göttliche Gnade.

Prem oder Prema: Liebe zu allen lebenden Kreaturen.

Puranas: Sanskritschriften, die zwischen dem 4. und dem 14. Jahrhundert verfaßt wurden und der Sage nach Vyasa, dem legendären Verfasser der *Mahabharata* zugeschrieben werden; sind Quelle vielfältiger Erkenntnisse, die zum Gebrauch der niederen Kasten niedergeschrieben wurden.

Radha Swami Satsang: Beiname von Shivadayal Singh (1818–1878); gründete in Agra die Sekte Radhaswama-Satsanga, der auch Nicht-Hindus beitreten konnten und in der auch Gurus zugelassen waren, die kollektiv den Namen Sant Satguru erhielten und die Gottheit verkörperten.

Rajneesh (Bhagwan): gründete in Poona eine Sekte und einen berühmten Ashram, der viele Besucher aus den westlichen Ländern anzog. Rajneesh versuchte seine Sekte auch in den USA zu etablieren, mußte aber aufgrund von Schwierigkeiten mit der amerikanischen Justiz zurückkehren; er nahm daraufhin den Namen Osho an. Rajneesh ist 1990 in Poona verstorben.

Rama: eine der wichtigsten Inkarnationen Vishnus (die siebte), Hauptheld des Epos *Ramayana.* Er war ein Sohn des Königs Ayodhya, der gegen den Dämon Ravana, der seine Gemahlin Sita entführt hatte, einen langen und schließlich siegreichen Krieg führte; unterstützt wurde er dabei von einer Affenarmee, die von Hanuman, seinem treuen Diener, angeführt wurde.

Raman: kitzeln, scherzen, zum Lachen bringen.

Ramana Maharishi: indischer Philosoph hinduistischen Glaubens (1879–1950), Schüler Ramakrishnas, Gründer eines Ashrams in dem im Südosten Indiens gelegenen Bundesstaat Tamil Nadu, aus dem er herstammte. Ramana Maharishi nahm keine Schüler auf, und sein schriftliches Werk beschränkt sich auf einige religiöse Verse.

Ramayana: «Der Lebenslauf des Rama»; als Verfasser gilt der mythische Weise Valmiki, und wahrscheinlich entstand die Dichtung später als das *Mahabharata.* Gemäß diesem volkstümlichsten aller indischen Epen wird in Nordindien der Sieg Ramas über den Dämon Ravana gefeiert, wobei riesige, mit Sprengstoff gefüllte Pappmaché-Figuren, die den Dämon darstellen sollen, während des Dusserah-Festes angezündet werden.

Sadhana: Verhaltensregeln, die der Gläubige während der Meditation einhält, und im weiteren Sinne religiöse und geistige Vollendung.

Sai Baba: Name eines berühmten Heiligen aus Bombay; dieser Name wurde später von einem anderen Heiligen angenommen, der heute in Hyderabad verehrt und von zahlreichen Persönlichkeiten der indischen Politik konsultiert wird.

Sakhi: Freundin.

Samadhi: im Yoga Phase der totalen Vereinigung vor der endgültigen Verschmelzung, Verlust der Realität und Ende des Denkens;

Ekstase. Auf einer allgemeineren Ebene bedeutet im modernen Indien «ins Samadhi eintreten» soviel wie «sterben» – entsprechend der bei uns gebräuchlichen Wendung «den ewigen Frieden finden».

Sankara: (oder Shankara, oder Shankaracharya) (788–820): großer hinduistischer Philosoph, Brahmane aus Kerala, der in Benares lebte und eine Lehre verkündete, die sich auf die Kritik der Illusion gründete und die Erkenntnis als Quelle der Freiheit pries. Indem er den erstarrten Brahmanismus neu belebte, schuf er ein Gegengewicht zum Buddhismus und zum Jainismus. Gründer zahlreicher Klöster. Wurde kürzlich von der indischen Regierung als einer der wichtigsten Philosophen indischer Tradition geehrt, dessen Bedeutung über den Hinduismus hinausreiche.

Sannyasin oder Samnyasin: viertes und letztes Stadium im Leben des orthodoxen Hindu, sofern er als Brahmane geboren wurde und die erforderlichen drei voraufgehenden Stadien durchlebt hat: Lehrzeit (Brahmacharya), Ehe und Kinderaufzucht (Garhasthya), Rückzug in die Einsamkeit (Vanaprasthya). Der Sannyasin entsagt dem gesellschaftlichen Leben, feiert sein eigenes Begräbnis und verläßt seine Familie, um ein Leben in Askese zu führen, wobei er nur eine Strohmatte, einen Napf, eine Lota und einen Stab bei sich behält. Aber nicht jeder Brahmane ist automatisch berechtigt, ein Sannyasin zu werden, sondern dies ist ein Privileg, das vom Grad der Vollkommenheit der voraufgehenden Stadien abhängt, und über das jeder gemäß seiner individuellen «Pflicht» (Dharma) zu entscheiden hat.

Sarvam Dukham: «Alles ist Leid», Ausruf Siddharta Gautamas, des zukünftigen Buddha, als er Alter, Krankheit und Tod erblickt; und «Sarva» – «ganz, Gesamtheit».

Satyanang Saraswati (Swami): Name eines zeitgenössischen Gurus.

Shaka: ursprünglich «fremder Eindringling»; Bezeichnung der indischen Ära.

Shakya: Herkunftsfamilie Buddhas.

Shakta: Lehre der Shakti.

Shakti: Gottheit der Energie, Gemahlin des Gottes Indra, des Königs der Veden; im weiteren Sinne die weibliche Energie, die furchterregend und segenbringend zugleich ist. Ohne dieses fundamentale aktive Prinzip bleibt das männliche Prinzip machtlos.

Shanta: Seelenfrieden.

Shiva: neben Brahma und Vishnu der letzte Gott der hinduistischen Dreiheit; als Gott des Kreislaufs von Leben und Tod, der notwendigen Zerstörung und der Reinkarnation, ist Shiva der Gott der Yogis und – unter dem Namen Nataraja – der Gott der Tänzer. Er wird mit dem Haarknoten der Entsagenden dargestellt, mit einer Mondsichel über dem Kopf und der Göttin Ganga, die er gefangen hält; mit einer Kobra um den Hals, mit einem Schurz aus Tigerfell (was darauf hinweist, daß er ursprünglich ein Gott der Ureinwohner war, nämlich Rudra, der Gott des Himalaja) und mit dem heiligen Dreieck, dem Trishul, in der Hand. Er reitet auf einem weißen Stier, der Nandi heißt. Shivas Symbol ist der Lingam, ein erigierter Phallus, der in Yoni, dem weiblichen Geschlechtssymbol, ruht.

Siddharta: ursprünglicher Vorname Buddhas.

Sikhismus: Von dem Guru Nanak (1469–1538) im Punjab begründete Religion, die eine monotheistisch ausgerichtete Synthese zwischen Islam und Hinduismus schuf. Der Sikhismus erkennt die Kastenordnung des Hinduismus nicht an; einziges Objekt der Verehrung ist das Buch, der Granth Sahib, das der letzte lebende Guru den Gläubigen hinterließ und das fortan ihr einziger Guru sein sollte. Der Sikhismus begann eine militante Verteidigungsbereitschaft zu entwickeln, als ein Mogulherrscher im 17. Jahrhundert den damaligen Guru enthaupten ließ. Von da an befolgte jeder Sikh eine Reihe von Regeln, die sogenannte Khalsa, die fünf «K» umfaßt: Kesha, der Vollbart, sowie die lange Haartracht; Kangha, der eiserne Kamm; Kara, der Armreif aus Stahl; Kirpan, der Dolch, den ein Sikh ständig bei sich tragen muß; und Kachha, kurze, zum Kampf geeignete Kniehosen. Alle Sikhs tragen den Beinamen «Singh», der Löwe. Sie verfügen über eine unabhängige politische Organisation, Akali genannt. Seit 1984 wurden im Punjab zahllose terroristische Gewalttaten von Sikhs begangen; im Oktober desselben Jahres wurde Indira Gandhi von zwei ihrer Sikh-Leibwächter ermordet, nachdem sie die Erstürmung des wichtigsten Sikh-Heiligtums, des Goldenen Tempels in Amritsar im Punjab angeordnet hatte, weil dort ein Waffenarsenal angelegt worden war.

Siksa: Unterricht.

Sushumna: nach den physiologischen Vorstellungen des Yoga ein Energiekanal im Innern der Wirbelsäule. Dieser zentrale Kanal endet an der Schädeldecke, wo er sich zu einem Lotus mit tausend Blütenblättern entfaltet, dem Symbol der Ekstase.

Swami: Ehrentitel, den im allgemeinen spirituelle Meister erhalten, und insbesondere die aus Ramakrishnas Orden.

Tana: der Körper.

Tantra, Tantrismus: in seiner ursprünglichen Bedeutung bezeichnet Tantra die Fäden eines Gewebes und Lebensregeln. Im weiteren Sinn wird darunter jedoch eine sehr alte Lehre verstanden, die vom Hinduismus und in noch größerem Maße vom Buddhismus aufgenommen wurde. Der Tantrismus umfaßt Elemente der Philosophie, Esoterik, Alchimie, Physiologie sowie spirituelle und sexuelle Praktiken. Er lehnt das Kastensystem ab und räumt dem Prinzip der weiblichen Energie, Shakti, eine vorrangige Rolle ein, mit der man durch Meditation (Tantrismus des Rechte-Hand-Wegs) oder durch Geschlechtsverkehr (Tantrismus des Linke-Hand-Wegs) eine Symbiose eingehen kann. Die linke Hand ist nach hinduistischem Brauch ausschließlich zur Reinigung der

Körperöffnungen bestimmt und wird daher als unrein betrachtet; der Tantrismus lehnt diese Unterscheidung zwischen rein und unrein jedoch ab.

Udasinta: Traurigkeit, Melancholie, Depression.

Uddhavagita: abgeleitet von dem Namen Uddhava, dem Vetter Krishnas, der die Kuhhirtinnen tröstete, nachdem Krishna fortgegangen war; Titel einer heiligen Versdichtung, die zu den Dichtungen über Krishna gehört und 1310 in der Marathi-Sprache (von Maharasthra) verfaßt wurde.

Unmada: Wahnsinn.

Vairagya: Abscheu vor der Welt, der der Sannyasin entsagt hat.

Vaishnava: Name der Verehrer des Gottes Vishnu.

Vatsalya: Emotionszustand einer Mutter ihrem Kind gegenüber.

Vibhishana: Dämon, Halbbruder des Königs der Dämonen, Ravana (König von Lanka), Anbeter und Verbündeter des Gottes Ram im Kampf gegen Ravana; wird nach dessen Niederlage sein Nachfolger.

Vikrama: hinduistischer König, der eine neue Ära begründete, deren Beginn auf das Jahr 57 v. Chr. datiert wird; eine der Legenden um ihn erzählt, daß an seinem Hof neun Gelehrte lebten, die «neun Edelsteine».

Veda: «das was» von den mythischen Weisen, den Rishis, «gesehen worden ist», die heiligen Schriften der ersten Offenbarungen.

Vedanta: der letzte Teil der Veden, eine heilige Schrift, die die Gleichwertigkeit von Atman (der individuellen Seele, dem Selbst) und Brahman (dem Universalen, dem Einen) verkündet.

Vilas: Genuß.

Vishnu: nach Brahma und vor Shiva die zweite Gottheit der hinduistischen Dreiheit, Gott der Entwicklung der Kreaturen und des Lebens, deren Schöpfer Brahma und deren Zerstörer Shiva ist.

Yashoda: Name der Bäuerin, die Krishnas Ziehmutter wurde, nachdem seine leibliche Mutter gefangengenommen worden war.

Yoga: das Wort bedeutet «Joch»; Yoga ist eine philosophische Übung, die den ganzen Körper, der als Tempel betrachtet wird, miteinbezieht, um zunächst zur Ekstase – Samadhi – und später zur mystischen Verschmelzung – Moksha – zu gelangen.

Yogabhasya: Sanskritkommentare zu den *Yoga-Sutras*, einer von Patanjali verfaßten grundlegenden Schrift.

Yogavasishtha (siehe *Cudala*): heilige Schriften, die zwischen dem 9. und dem 12. Jahrhundert in Kaschmir verfaßt wurden.

Yogi, weibliche Form *Yogini:* Anhänger des Yoga, einer mystischen Praktik, die auf Atemübungen und einem Leben in Askese beruht. Yogis müssen zehn Prinzipien beachten: Sie müssen Achtung vor allen lebenden Kreaturen, vor dem Eigentum und vor der Wahrheit haben und müssen in Keuschheit leben; sie müssen Armut und Sittlichkeit geloben, müssen jeglichem persönlichem Ehrgeiz entsagen, müssen die Seelenkraft, den Geist und eine göttliche Persönlichkeit, die auch der Guru sein kann, verehren. Der Einfluß der Yogis auf die religiöse und philosophische Entwicklung Indiens war schon immer beträchtlich; Yoga wird, ob mit oder ohne spirituelle Zielsetzung, noch überall im modernen Indien praktiziert; es ist sogar Bestandteil offizieller Zeremonien bei Sportveranstaltungen für Jugendliche, und im Fernsehen werden jeden Morgen Sendungen mit Anleitungen zu Yogaübungen ausgestrahlt.

Yoni: das weibliche Geschlechtssymbol, Gegenstück zu Shivas Phallus, dem Lingam. Die am weitesten verbreitete Darstellung der Yoni ist ein ovales Bassin, in dem ein Lingam eingetaucht ist; an einer Seite des Bassins befindet sich eine Rinne, durch die flüssige Opfergaben wie Milch, Wasser und Honig in das Tempelbekken abfließen können.